本书是教育部人文社会科学研究青年项目"清代晚明史书写中的东林话语研究"（17XJC770003）的结项成果，受到昆明市哲学社会科学学术著作出版专项经费资助。

鼓楼史学丛书·区域与社会研究系列

阳正伟 ○ 著

Sound over the Air:
Donglin Discourse in the Writing of the Late
Ming Dynasty History in Qing Dynasty

隔空传音

清代晚明史书写中的东林话语研究

中国社会科学出版社

图书在版编目(CIP)数据

隔空传音：清代晚明史书写中的东林话语研究/阳正伟著.—北京：中国社会科学出版社，2022.3

（鼓楼史学丛书.区域与社会研究系列）

ISBN 978 - 7 - 5203 - 9824 - 4

Ⅰ.①隔… Ⅱ.①阳… Ⅲ.①东林党—研究—清代 Ⅳ.①K248.305

中国版本图书馆 CIP 数据核字(2022)第 035226 号

出 版 人	赵剑英
责任编辑	宋燕鹏
责任校对	冯英爽
责任印制	李寡寡

出 版	中国社会科学出版社
社 址	北京鼓楼西大街甲 158 号
邮 编	100720
网 址	http://www.csspw.cn
发 行 部	010 - 84083685
门 市 部	010 - 84029450
经 销	新华书店及其他书店

印 刷	北京明恒达印务有限公司
装 订	廊坊市广阳区广增装订厂
版 次	2022 年 3 月第 1 版
印 次	2022 年 3 月第 1 次印刷

开 本	710×1000 1/16
印 张	19
字 数	261 千字
定 价	98.00 元

凡购买中国社会科学出版社图书，如有质量问题请与本社营销中心联系调换
电话:010 - 84083683

目　录

下编　隔空传音
——清代晚明史书写中的东林话语

绪　言

一

陈寅恪曾提出：治史者要"与立说之古人，处于同一境界，而对于其持论所以不得不如是之苦心孤诣，表一种同情"。但也正如杨奎松指出的："并不是所有治史者都能够把陈寅恪所说的'古人'平等视之。可以说相当多的人其实只能'同情之理解'某些'古人'，而无法同情于另外一些'古人'""当你的情感或立场倾向于某些'古人'的时候，就容易移情和换位；能共情，理解也就很容易了。在此基础上，依照这一方面'古人'留下来的历史文献及其相关回忆史料等等，要还原有关他们的某些历史真实，自然也不会太困难。但这样的求真，也很容易和历史上的'古人'一样，深陷于另外一种偏向，即很容易爱其所爱，憎其所憎，因而也就很难对其他'古人'，特别是那些与你的研究对象处于对立面的'古人'去'同情之理解'了。不能还原其他'古人''不得不如是之苦心孤诣'，我们再努力写出的历史也还是片面的。"① 杨先生的这番宏论，或许可以借用来解释我研究并撰写成《善恶忠奸任评说——马士英政治行迹》《"小人"的轨迹："阉党"与晚

---

① 杨奎松：《历史写作的情感、概念与叙事》，此文系其 2019 年 4 月在华东师范大学历史系的一次讲演。

明政治》两书的原因。学界对东林"同情之理解"已很多，对东林的对立面"不得不如是之苦心孤诣"则缺少关注。笔者认为，如果明了晚明党局中的复杂人际关系、东林的过度逼迫等，马士英、阮大铖等与东林对立人员的遭遇和命运，也是值得给予一定"同情之理解"的。虽然两书的结论都尽量建立在史料考据和事理推断的基础上，但是"对东林有较多批评，为阉党说了些'好话'"（《"小人"的轨迹："阉党"与晚明政治·后记》），是否又会"深陷于另外一种偏向"？杨先生的提醒，使我不能没有这种担心。但不管如何，我以"同情之理解"之意探讨马士英、阉党，通过爬梳史籍，披露出一些不为人知的史事，得出一些不同于以往且自认为尚能站得住脚的认识，能多少纠正以往的上述"偏向"，就算自己的努力没有白费。又或者说，对历史人物的研究，立论想要兼顾所有"古人"，尤其是像东林、魏党这样截然对立的人群，本就是不容易做到的。

在两本拙著出版后，我又在阅读材料的过程中，发现清朝官修的《明史》，在对晚明党争及其相关人物的撰述时，较明显地接受东林的立场和观点，马士英被定为"奸臣"就是一个显著的例子。设立《阉党传》仍是如此，"盖党争影响明史纂修并未见平淡，此由阉党立传中即可明白矣"①。甚至对天启、崇祯、弘光明末三位皇帝的书写，也存在这种情况。美国学者伊佩霞撰写的《宋徽宗》一书（广西师范大学出版社 2018 年版），突破道德史观下的昏君奸臣叙事模式，以"了解之同情"的态度来重新认识宋徽宗，对我在写上述明末诸帝的有关问题时思路的开拓、立场的选择、史料的甄别阐析等方面，都给予了有益的启发。杨光《政治过程与历史书写——景祐三年范仲淹被贬事件发微》一文②，就北宋的"景祐事件"，跳出

---

① 陈文豪：《读明史"阉党"传——明史体例研究之一》，吴智和编：《明史研究专刊》1980 年第 3 期。

② 杨光：《政治过程与历史书写——景祐三年范仲淹被贬事件发微》，《北京社会科学》2019 年第 12 期。

范仲淹与吕夷简矛盾的既有叙事框架，转而从宋仁宗对这一事件的态度及其形成逻辑的视角，探讨欧阳修、富弼等对范仲淹有好感的人员如何为他辩护，其辩护言论又如何成为通行叙事，为后世接受，而前者又为何被人忽略，从而弥补了对这一问题研究的缺环。在传统帝制时代，一般认为君主在位时大权独揽，乾纲独断，军国大事都必须经过他的裁定。但是一个有意思的现象是，他们中的不少人的态度、思想、言论等，在后来的历史叙述中，又常常被虚化，而使他们处于一种"失语"的状态。另外，当时某些官员的态度、思想、言论等，虽在当时因为与皇帝或权臣的意志相左被打压，但后世却被广泛接受而成为通行叙事，"景祐事件"就是如此。似乎君主当时并没有"在场"发挥作用，或是先就认定君主的态度、思想、言论等是受到了身边小人的影响，而并不是出自他的本意，即使是在历史上还比较有英名的宋仁宗也不例外。君主意志被人左右乃至君主完全被架空的情形在历史上不是没有，但对于如宋仁宗这样的君主，完全否定其在"景祐事件"中意志和态度的存在及作用，也是不符合常理的。杨光的论文提示要突破一些史书记载的局限，关注君主在政治活动中的主体意识和主导作用，这对我透过东林话语，一定程度上复原天启、崇祯、弘光三帝的本来面目，有着很大的启示意义。

当然，《明史》并非一味地肯定东林，而是或明显或隐晦地对东林有所批评。如《明史·杨涟传》对移宫案的记载，就有与为东林立佳传的总基调不相符的地方，其他这样的例子，也还能在《明史》中找到不少。总的来说，《明史》多表彰一些东林人士在政治上的气节品格以及反抗宦官的举动，而对其讲学、结党则明确进行批判。在晚明，东林常建言批评时政，对此《明史》的评价就较为复杂，基本是看它出于上述哪种背景，而进行表彰或批判。永瑢等《四库全书总目》对顾宪成《小心斋札记》的评述，很能表明清朝对东林的这种倾向：

　　朝士慕其风者，多遥相应和，声气既广，标榜日增，于是依草附木之徒，争相趋赴，均自目为清流，门户角争，递相胜败，党祸因之而大起。恩怨纠结，辗转报复，明遂以亡。虽宪成等主持清议，本无贻祸天下之心，而既已聚徒，则党类众而流品混；既已讲学，则议论多而是非生。其始不过一念之好名，其究也流弊所极，遂祸延宗社。春秋责备贤者，宪成等不能辞其咎也。特以领袖数人，大抵风节矫矫，不愧名臣，故于是书过而存之，以示瑕不掩瑜之意云尔。①

应该说，代表清朝官方意志的《明史》对东林这样处理，既有立足史实的一面，也有根据自己的政治需要，对东林进行加工改造的一面。职此之故，对晚明党争问题虽已有两本拙著出版，但我仍觉得意犹未尽，深感东林为何在后世得到普遍的同情和赞誉的问题还没有弄清楚，于是便想改变过去主要着眼于晚明探究与东林对立的具体人物和群体行迹的做法，重点关注对后世认识和评价东林有重要影响的清代，以东林话语的形成、传播、接受等为切入点，考察其在清代的晚明史书中有哪些表现、如何表现、背后的影响因素等问题，再对晚明的党争问题延伸探究。

二

　　隔空传音是武侠小说里描述的内力高强的人，可以隔着一定的空间距离传音给他人的一种高超武功。本书书名用这个词，是想形象地说明晚明东林人士，也这样把自己的话语或是非观念超越时空传到清代，乃至到了今天仍对一些人的认识不无影响。

　　东林话语的强势传播，原因主要包括：第一，东林在晚明讲学

---

　　① 永瑢等：《四库全书总目》，中华书局1965年版，第817页。

议政、主持清议，与内阁、魏忠贤等政治势力斗争的实践活动，在当时就受到广泛的表彰，树立了其讲学之士、忠臣义士的形象；第二，东林自身、复社及其他支持者对其讲学之士、忠臣义士形象的再度塑造和维护，以及对非东林的诋斥；第三，后世出于各种现实的目的，官方与民间对东林大力提倡和表彰，尤其是清修《明史》总体上为东林立佳传，对与东林对立者则大力贬斥，对于近当代评述东林、非东林及晚明党争等产生了重要影响。

从明末以来史料的记载来看，确有很多反映东林讲学之士、忠诚义士方面的内容，但也并不全盘首肯东林，清修《明史》对这些材料均有采择，从而出现上述对东林褒贬兼具的情形。仅由东林自身及其支持者维护东林形象的言辞，就可以推知自明末以来对东林的批评也不少，否则也就无所谓维护了。这些批评东林和为非东林辩护的言论，较常见于有关史籍的记载中，在一些与东林有关的重要的人、事的叙述和评价上，不乏与东林忠义形象不符乃至相反的地方，而且它们往往都是出自向来被认为立论公允的当事人，甚至有些是出自东林自身及其继承者复社中的人员。这些批评东林、同情非东林的材料，就其系统性和可靠性来说，可能并不逊色于那些维护东林的材料。

虽然如此，但东林在世人心目中，却仍旧主要是忠诚、刚正、伟岸的正面形象，后人对它普遍抱有同情和崇敬之情，这又是如何形成的？一方面，如上所述，东林的确有一些讲学之士、忠臣义士的历史实迹或者说历史表现，并且有大量反映这方面内容的材料；另一方面，无疑也跟世人的主观思想和情感倾向分不开，这影响到他们对材料及其反映史实的选择性接受。如周明初说：

> 按照传统的观念，一般地把晚明时期的党派划分为正直派和邪恶派。东林党人被视作正直派，而其它诸党被看作是邪恶派，这样的划分当然不是没有根据的。如到了天启年间，投向魏忠贤结成阉党集团的，有很多是原来与东林党对立的诸党的

成员，而东林党人在魏忠贤专权时受尽了磨难，充当了悲剧的
角色。①

站在东林的立场来著书立说，而相对轻视、贬斥非东林，这是中国
传统史学"记功司过，彰善瘅恶"笔法的体现，也符合人们锄强扶
弱、抑恶扬善的心理和愿望，因而，不仅著史的人多汲汲于此，一
般的社会大众也乐于接受，并且进而在民间传扬。充斥于史书中对
东林"诸贤""众正"的美称，以及非东林"群小""逆党"的恶
名，便是这一主观思想和情感倾向下的产物。东林总是让人想到光
明、正气，与之对立的阉党则常常与黑暗、奸邪连在一起，甚至一
看其名号，便好恶立判。如孟森说："欲知当时之君子，大率为奄所
戮辱之人；欲知当时之小人，但观崇祯初所定附奄之逆案。而君子
又多在讲学之列，奄党则无不与讲学为难"②，正可反映这一倾向。
以东林的是非为是非，倾向于相信站在东林立场的言论，而对于不
利于东林的言论，不管是出自于谁，或者有意地将其过滤掉，或者
欠说服力地对其加以批判，乃至刻意进行曲解。一些以熟稔史料著
称的学者也是如此，只可解释为他们在主观上就先入为主地对东林
存有好感。这么说来，对东林的认识和评价，确实也是史学界一个
存在较严重情感先置和结论预设的问题。这使得对东林的研究成果
非常丰硕，但也正如美国学者贺凯早年所言："我们必须承认，要彻
底解释清楚东林运动，而不对朝廷中的反东林集团进行广泛的研究
是不可能的"③。只关注东林，偏重其言论，而忽视其对立方及其言
论，将使对东林的研究失去参照而变为自说自话。拙著《"小人"
的轨迹："阉党"与晚明政治》就是以阉党为研究对象，希望破除
上述主观性因素的影响，依据对前人关注不够的材料的收集和解读，

---

① 周明初：《晚明士人心态及文学个案》，东方出版社1997年版，第104页。
② 孟森：《明史讲义》，上海古籍出版社2002年版，第305页。
③ ［美］贺凯：《晚明东林运动》，费正清《中国的思想和制度》，Chicago Press 1957年版，第153页。

更加全面地展现晚明党争的真实面貌。

这一倾向的具体体现，如人们对本和东林亲近、甚至被认为曾是东林中人，被清修《明史》称作"奸臣"的阮大铖，只认为他曾帮助魏忠贤陷害东林，忽略他是为何与东林分裂和并没有参与陷害东林的材料；只看到他在崇祯初期"贤奸之辨"时上两疏投机的奸猾，不顾他说的东林"通内"即交结内官也是实情；只责难他在弘光时期复出后对东林、复社的疯狂报复，却无视东林、复社在此之前对他的过度逼迫。不只是阮大铖，与东林对立的魏广微、马士英等人也有类似情况。这么做，当然也有材料可据，但是撇开另一些不同乃至相反的材料，或是对其作预设结论性的批判、曲解，就是他们的主观思想和情感倾向在起作用。

方志远说万历帝、康熙帝对王阳明的评议，除了基于其学术和事功外，还出于当时的现实需求和价值取向，后者的作用甚至超过前者。[①] 同样，对后世不同时期、不同阶层的人来说，东林作为一种历史资源，其本身具有或者被人为赋予的一些特质，可以为他们借用来服务于各自的现实需要，这是世人对东林普遍存有好感的另一原因。正如茅海建所说："'善善''恶恶'是中国史学的传统准则。它附粘于史籍，却着眼于现实。"[②] 对被认为在鸦片战争中"卖国"的耆善如此，对自明末以来就广受赞誉的东林也是如此。

东林的这些特质，最重要的莫过于忠义形象及其遭受打压给人带来的悲情色彩，主要体现在他们反对内阁、内监的政治活动中。虽然细究之下，这些活动也不无可议之处，但在历史演进过程中它们不断被作为标识"东林忠义"的事件而受人表彰，其原貌如何、重要细节反倒越往后越没有人有兴趣去关注和揭示。就是说，人们更愿意相信、接受作为道德君子、忠臣义士的东林，并且把这个用

① 方志远：《盖棺未必论定：王阳明评价中的庙堂和舆论》，《清华大学学报》（哲学社会科学版）2021 年第 2 期。

② 茅海建：《天朝的崩溃：鸦片战争再研究》，生活·读书·新知三联书店 1995 年版，第 20 页。

来服务于当时政治统治、社会教化、个人修身等的需要。虽然这可能只是部分东林人士的实际样貌而非全部，即使部分东林人士也是既有与此相符的地方，也有与此相反的地方，但是人们常常会对此做以偏概全的处理，或者干脆将不利于东林的地方筛除掉。法国后现代主义的代表人物米歇尔·福柯认为："这些书写的历史真实，符合了某个时代大家的共识，所以大家都接受它并承认这种真实，于是它就成了'真实'。大家承认的共识，就是一种'权力'，它确定什么是'真'什么是'假'"，对东林道德君子、忠臣义士形象的书写，就是符合了"大家承认的共识"而成为"真实"，因此，形成了一种所谓的"话语权"。

再有，这还跟东林及其支持者维护东林言论的足够"强势"有关。比如天启时期东林党人杨涟弹劾太监魏忠贤二十四大罪状，掀起所谓"讨魏斗争"的高潮，很多史书都认为它导致了东林党与魏忠贤等人的彻底决裂，给东林带来巨大祸患，因而对杨涟有所批评。但是蔡士顺、郑鄤等与东林有关联的人，反对这样的看法，凡是对杨涟之举有所指摘的，就被他们诋斥为"无识者"①"小人"②，其接受范围远大于那些对杨涟批评的言论，这是东林强势话语的鲜明体现。再如复社人士吴应箕反对运用出自魏党中人的材料来评判晚明的人和事，称这种做法是"借逆辞而助之攻"③，认为信据魏党的言论就是助纣为虐。吴还说：

> 夫东林之能既见于天下如此矣，其攻东林者又作孽如彼矣。此即三尺童子能起而明其趋舍者，而世之人犹好指摘贤人君子

---

① 蔡士顺：《傣庵野抄》卷4，《四库禁毁书丛刊》，北京出版社1997年影印本，史部，69册，第448页。
② 郑鄤：《峚阳草堂文集》卷5《杨忠烈公集·序》，《四库禁毁书丛刊》，北京出版社1997年版，集部，126册，第352页。
③ 吴应箕：《两朝剥复录》卷1，《四库禁毁书丛刊》，北京出版社1997年影印本，史部，19册，第121页。

之细，以巧诋而乐道之。吾然后知大道之不明，而乱臣贼子之
不绝迹于天下也。①

对东林有所指摘的人，在他看来就是"乱臣贼子"。还有东林"六
君子"之一黄尊素的儿子黄宗羲，说东林的朋党之名是"小人"加
在其头上的，称非议东林的人为"无智之徒"②，等等。笔者曾见一
对夫妇吵架，有人想上前劝解时，妻子恶狠狠地说："谁要说我不
对，谁就是×××"，弄得劝架的人顿时语塞却步。东林及其支持者
的这些言论，也是这样的先声夺人，首先，占据声势优势。上述那
样的措辞，会让人感觉到他们的义愤填膺，不自主地相信他们所说
的，即使有了怀疑，也可能马上打消。因为谁要是说了东林的不是，
为非东林说了好话，谁就会成为"无识者""小人"，陷入他们设定
的是非逻辑，实际就是被他们的政治立场和情感倾向绑架。当然，
世易时移，今天已完全没有必要理会于此，只要掌握翔实可靠的材
料，据实阐述即可。

三

东林的上述形象，有一个形成、塑造、接受、传播、固化的过
程。东林活动的明末自然是这一过程的重要阶段，而清代官民对这
一形象的大体接受、传播，既前承明末的已有基调，又后启近当代，
影响了近当代对东林、非东林及晚明党争是非等问题的评述，到今
天仍方兴未艾，因此，具有重要地位。

温功义曾以明朝政府对梃击、红丸、移宫三案是非的判定为线

① 吴应箕：《东林本末》卷下"三案"条，《四库禁毁书丛刊补编》，北京出版社2005年影
印本，16册，第518页。

② 黄宗羲：《明儒学案》（二）卷58《东林学案一》，周骏富辑：《明代传记丛刊》第2册，
台湾明文书局1991年影印本，第1375页。

索，把东林与非东林的争斗分为两个回合，即天启初年东林党得势，追论三案，对三案的判定有利于东林党，到天启六年魏党颁布《三朝要典》，"三案翻了过来"；崇祯二年（1629）钦定逆案，"三案又翻了回去"，到南明弘光时期重颁《三朝要典》，"三案的是非，至此好像有翻转来了"。实际上，除了三案的是非外，两党对其他事情的判定及变化，也呈现出这种反复交替的特点。陈宝良说："明代党争，至明末尤盛，一直延续至清初顺治、康熙两朝。明末党争，燎原于神宗万历初年"，对从明末万历到清初康熙时期党争的大致过程和朋党势力消长的基本情况做了勾勒①，如果再把漏掉的弘光时期的情形补上，就比较全面了。弘光朝廷推翻钦定逆案，但很快就被清朝覆灭，复出的逆案人员还没有来得及像以往一样，采取种种举措，以展示自己的是非标准。两党的部分人员在清朝顺治时期仍被任用，且继续争斗，坚持的是各自的是非标准，但他们的人员构成与弘光朝廷复出的逆案人员无关。晚明时期两党交替掌权，因而，朝堂上所持的是非标准也随之变动不居，社会舆论虽总体上倾向于东林，但尚不足以对后世的认识和观感形成决定性影响，在这样的情况下，取代明朝的清朝对他们的态度如何，持什么样的评判标准，对后世的作用就显得非常重要。清代对东林话语的接受与传播，主要体现在官方、民间的历史著述中。《明史》作为清朝耗时近百年编修的官方正史，在对东林的书写上，既采择明末以来的史籍，又掺入统治者及与修《明史》史官的思想观念，对后世认知、评议东林尤其具有重要影响。《明史》总体上为东林立佳传，而把跟东林对立的人物归入《阉党传》《奸臣传》，代表了对两党及其争斗历史的态度，不啻是一锤定音，也极大地影响了后世对这一问题的判定。

但是清朝的这种态度，并不是从始至终都是如此。如清初摄政王多尔衮执政时，就称赞积极投顺的冯铨等魏党人员，在东林官员群起对冯铨等人发起攻击时，他还对冯铨等人进行袒护。那么，清

---

① 陈宝良：《中国的社与会》，浙江人民出版社 1996 年版，第 37—38 页。

朝统治者对东林态度变化的原因是什么，经历了怎样的过程，就是可以探究的问题。而且如前所述，《明史》对东林也并不是全盘肯定，它对东林话语的接受与传播是选择性的，即一方面在主流上为东林立佳传，称赞东林部分人士的高洁品格和忠义举动；另一方面其字里行间也常有所谓"抑扬顿挫"之意，批评东林的讲学、结党行为。但立佳传等内容往往更为人关注和提倡，后者则由于各种主客观原因没有受到应有的重视。个中究竟，自然也是值得探寻的。

上篇　讲学之士、忠臣义士

——晚明东林人士及其支持者对
东林形象的塑造和维护

晚明东林人士的讲学之士、
忠臣义士形象及其塑造

一　讲学之士

（一）

晚明万历时期顾宪成等重建东林书院之初，就已获得良好的社会声誉。时人官员田一甲说：

> 夫门户之说何自起哉！自昔吴门、太仓、四明、会稽、晋江（分别指申时行、王锡爵、沈一贯、李廷机——笔者按）诸奸辅钵传灯续，怙宠弄权。彼时一二孤愤之士，出而批鳞被逐。于是聚徒讲学以明性，会而演道脉。此谁不仰之，而谁訾之？无奈有奸雄自命，而初亦盗建言之名，继则窜道学之党，彼真道学者亦堕其术中而不知觉。于是以道学之名号召天下，凡生长其地者，宦游其地者，及旧之往来相知者，或实意仰高，或葛藤相绊，即以为周（敦颐）程（颐程颢）张（载）朱（熹）复出，而靡然从之。甚有为其所迫，不得不入者。于是门户之名立矣，假道学之手段到此益展矣。且其名利薰心，背公念炽，遂复遥制朝绅，逼挟台辅，夷跖惟其所造，云泥惟其所置。朝中复有一二奸雄，彼此借资，气脉相通，呼吸相应，以钳天下

之口，而操黜陟之权。于是门户之威炽矣。①

顾宪成、高攀龙等一批因批评时政、触犯阁臣而遭罢斥的官员组成东林书院，"聚徒讲学以明性，会而演道脉"，传播程朱理学，并以此得到社会舆论的支持，"孤愤之士""批鳞被逐"，即使非东林阵营的田一甲对此也很认可。但他也指出后来随着一些"奸雄自命，而初亦盗建言之名，继则窜道学之党"的人员混入，东林的作为遂由讲学论道转为干预政治，"遥制朝绅，逼挟台辅"，又与朝中"一二奸雄，彼此借资，气脉相通，呼吸相应，以钳天下之口，而操黜陟之权""门户之威炽矣"，东林由此便逐渐从书院转变成朋党。

官员刘国缙则说：

> 昔之夤缘也在要路，今之夤缘也在山林。夫山林何以夤缘也？山林之士雅负天民之望，而倡道淑人，有教无类，固自孔门家法，而无奈今人非古人也。山林之士名高于泰山北斗，而游其门者，即破甑可称为完璧。遂使势焰附势、功名富贵之士，奔走若狂，处其迹，舍要路而山林是图。若见以为淡于世味，而不知其淡也，正其所以味浓，实奸人之雄而伪夫之杰也。②

"山林之士"指的是在野讲学的东林人士，"雅负天民之望""名高于泰山北斗"，得人心而名声大，其政治能量甚至超过在朝为官者，以致一些"势焰附势、功名富贵之士"纷纷跟他们结交，"舍要路而山林是图"。这些山林之士并不是只限于讲学，而是以此为名行干政之实，"若见以为淡于世味，而不知其淡也，正其所以味浓"，表面上与世无争，实际则热衷于功名利禄，刘国缙称他们"实奸人之

---

① 文秉：《定陵注略》卷10《门户分争》，北京大学图书馆藏善本。
② 文秉：《定陵注略》卷9《淮抚始末》，北京大学图书馆藏善本。刘国缙在政治立场上与东林对立。黄宗羲：《明儒学案》（二）卷60《东林学案三·光禄刘本孺先生元珍》，周骏富辑：《明代传记丛刊》第2册，台湾明文书局1991年影印本，第1487页。

雄而伪夫之杰"。与田一甲"奸雄"混入才导致东林人士由讲学转为干政，乃至东林由书院转为朋党的说法不同，刘国缙认为东林这群"山林之士"本就是干政之人。而看史实，刘的说法不无道理。如万历三十五年，朝廷起用已辞官回乡的王锡爵重新出任内阁首辅，顾宪成此时虽身居林下，却致信劝他不要入朝。① 朝中的吏部主事姜士昌也响应。王锡爵给万历帝批评进言官员的密揭，被其门生淮扬巡抚李三才设计公开后，王受到南京户科给事中段然的弹劾，而段也与顾宪成、高攀龙等人有来往。② 再如当"淮抚之争"时，顾宪成也曾致信首辅叶向高等人为李三才辩护，御史张铨就以此批评他干预朝政：

> 若东林聚徒讲学，岂非美事。然使其隐居乐道，不干预国家之事，谁得而议之？顾宪成诚贤者也，乃三书之失，毕竟为千古难洗之愆。其他若高攀龙、刘元珍辈直节清风，超超尘表，臣等方望其早晚赐环，岂反相阨？③

东林如果只是讲学，田一甲、张铨是完全肯定的，他们与刘国缙一起指责的是东林在讲学之外还干预政治，或者借讲学之名干预政治。

至天启时期，官员朱童蒙仍说：

> 逮从游者众，邪正兼收，不材之人借名东林之徒，以自矜诩，甚至学士儒生挟之以扞文网，冠裳仕进借之以树党援。欲进一人也，彼此引手；欲去一人也，共力下石。京察黜陟，非

---

① 参见樊树志《东林非党论》，《复旦学报》（社会科学版）2001 年第 1 期。李三才公布王锡爵斥骂进言官员的密揭，引起官员对王锡爵的弹劾，使其复出落空，顾宪成事后称李三才为"社稷第一功"，是因为如王复出，将影响倾向于东林的阁臣叶向高。[日] 小野和子：《明季党社考——东林党与复社》，李庆等译，上海古籍出版社 2006 年版，第 190—191 页。

② [日] 小野和子：《明季党社考——东林党与复社》，李庆等译，上海古籍出版社 2006 年版，第 189—190 页。

③ 文秉：《定陵注略》卷 10《门户分争》，北京大学图书馆藏善本。

东林之竿牍不凭；行取考选，非东林之荐扬不与。日积月累，门户别而墙壁固。①

他列举万历后期至当时"借名东林之徒"干预科举、京察、铨选的各种表现，并认为这些使东林最终成为朋党。"邪正兼收"，有东林主动收纳的意思，与田一甲"奸雄"混入东林含回护之意不同，朱童蒙对东林是有所指责的。易代之后的清朝乾隆帝也认为东林对混入者不严加区别，致使其成员"糅杂混淆"难辞其咎："东林诸人，始未尝不以正，其后声势趋附，互相标榜，糅杂混淆，小人得而乘之以起党狱。是开门揖盗者，本东林之自取，迄明亡而后已"②。

乾隆四十六年（1781）皇帝上谕批评已退休在家却不安分守己的尹嘉铨："古来以讲学为名，致开朋党之渐，如明季东林诸人讲学，以致国是日非，可为鉴戒。"③ 这种对明末东林讲学引起党争的看法，自清初开始就在统治者的脑海中形成了，并对此深为忌讳，着意打击，如顺治十七年（1660）正月，皇帝下旨禁止结社订盟活动：

给事中杨雍建奏：朋党之害，每始于草野而渐中于朝廷，拔本塞源尤在严禁结社订盟，今之妄立社名纠集盟誓者所在都有，江南之苏松，浙江之杭嘉湖为尤甚。其始由于好名，其后因之植党，相习成风渐不可长。请敕部严饬学臣实心奉行，约束士子不得妄立社名，纠众盟会，其投刺往来，亦不许用同社同盟字样。违者治罪。倘奉行不力，纠参处分，则朋党之根立

---

① 《明熹宗实录》卷26，天启二年九月庚子，台湾"中央"研究院历史语言研究所1966年校印本，第1302页。

② 乾隆：《御制题东林列传》，陈鼎《东林列传》，《文渊阁四库全书》，台湾商务印书馆1983年影印本，史部，458册，第173页。

③ 方浚师：《蕉轩随录》卷5"尹侍郎"条，盛冬玲点校，中华书局1995年版，第189页。

破矣。得旨：士习不端，结社订盟，把持衙门，关说公事，相煽成风，深为可恶，著严行禁止，以后再有此等恶习，各该学臣即行革黜参奏，如学臣徇隐，事发一体治罪。①

杨雍建说发端于草野的结社定盟，会逐渐演变为朝堂上的党争，而江浙地区的这种风气最为兴盛，请求朝廷严禁当地士子的这种做法，"则朋党之根立破矣"，得到皇帝的首肯。杨所说的这一风气，无疑是接续自明末东林、复社等社盟活动。朝廷采取的实际举措，如对苏州金圣叹"哭庙案"的处理就是如此。"明之亡也，吴下讲学立社之风犹盛，各立门户，互相推排。金圣叹以惊才绝艳，遨游其间，调和之力惟多，其名尤著。所至倾倒一时，欲贵人嬉笑怒骂以为快，故及于祸。朝廷之初起是狱也，意欲罗织诸名士以绝清议，苦无以为辞，乃以哭庙事剪除之，以为悖逆莫大于此，骈而戮之，人当无异言"。明朝灭亡后，江南地区"讲学立社之风犹盛，各立门户，互相推排"，受到清朝的疑忌。顺治十八年二月，顺治帝驾崩，当哀诏传到苏州，众人小心翼翼之时，"而圣叹即以是率诸生抢入，进揭帖，继至者千余人，群声雷动，盖以吴县非刑，预征课税，鸣于抚臣，因民忿也"，清廷通过对哭庙案的处理，"吴下讲学立社之风，于是乎绝"②。金圣叹本是想联合诸生，通过哭庙之举控诉地方官的恶政，却被清朝借用来打压"讲学立社之风""罗织诸名士以绝清

---

① 蒋良骐：《东华录》卷8，中华书局1980年版，第131页。

② 孙静庵：《栖霞阁野乘》卷上"金圣叹之死"条，山西古籍出版社1997年版，第6—7页。关于哭庙案始末，参见抱阳生《甲申朝事小纪·三编》卷3"哭庙纪略"条，任道斌校点，书目文献出版社1987年版，第615—624页。该书想要表明的是，吴县县令任维初为应付江苏巡抚朱国治"索馈"之需，用严酷的做法追缴士民积欠钱粮，引起诸生不满，后者借去文庙为顺治帝哭丧之机，向集中在苏州府哭丧的江苏一众官员，呈报检举吴令罪状的匿名揭帖。朱国治为摆脱干系，曲意袒护吴令，利用职权诱诸生屈打成招，捏造各人供词，事由变为吴令为筹措兵饷，追缴钱粮，而"劣生""千百成群""震惊先帝之灵"；"声言扛打"命官，目无朝廷；违律散发匿名揭帖。由此，诸生集体反抗官员的苛政，变为"鸣钟伐鼓，聚众倡乱"。官府开始逮系的是诸生倪用宾等11人，金圣叹是后来才被人供出，最终在朱国治的操纵下被处斩，"妻子发遣，家产入官"。而朱后来在任云南巡抚时，因克扣军粮，被将士"脔而食之，骸骨无存"，该书认为这是他在哭庙案中贪赃枉法、草菅人命应得的报应。

议"。清朝对江南讲学、结社活动及其带来的清议的猜防和打压，是吸取其带来激烈党争导致明朝灭亡教训而推出的举措，也可以说明东林、复社由讲学立社向结党相争的嬗变。

不只是田一甲等非东林人员，在金坛创设志矩堂讲学的于孔谦与东林来往密切，"东林与盟，不时至常"①，他在给顾宪成的信中，指出东林书院内讲学之人也存在表里不一、品行不端、借讲学收揽人心者，提醒其讲学应注重内在德行和外在事功的兼顾，"诸丈大会龙山（今无锡惠泉），义理作何发明，德业作何劝勉，过失作何箴规，君子小人作何分别。此外亦感慨时事而有通商足国之上策乎？轸虑本原而有转移君心之要术乎"，劝其不要标立门户，"刘元城曰，愿士夫有此名节，不愿士夫立此门户，真千古名言也。诸丈幸三复之"②。东林人士缪昌期也认为东林书院自重建开始，就把讲学和干政结合在一起："东林诸君子有为讲学，而有意立名，党锢、道学之禁殆将合矣"，预感到东林这么做将招来后患。缪昌期在天启后期被魏忠贤等人迫害致死，是"东林七君子"之一，但钱谦益却称他"未尝心许东林，而疾党人兹甚。每叹曰：'吾惟恐人为伪君子，肯与人为真小人乎？'"③对东林有所疏离，尤其憎恶其中结党营私的人，"伪君子""真小人"的措辞，与上述刘国缙称的"实奸人之雄而伪夫之杰"一样，都非常严厉。钱谦益自身为东林中人，所撰的大量东林人士行状、墓志铭，大部分都是应后者本人、后人或者朋友嘱托而作，所以对东林大都给予高评，像这样对东林不利的言论极为少见。对于"有为讲学，而有

---

① 邹元标：《存真集》卷7《于孔谦墓志铭》，转引自 [日] 小野和子《明季党社考——东林党与复社》，李庆等译，上海古籍出版社2006年版，第149页。

② 于孔谦：《山居稿》卷4《与顾泾阳诸丈论学书》，转引自 [日] 小野和子《明季党社考——东林党与复社》，李庆等译，上海古籍出版社2006年版，第149—150页。

③ 钱谦益：《牧斋初学集》卷48《赠通议大夫詹事府事兼翰林院侍读学士缪公行状》，《四部丛刊初编》，上海书店1989年版，集部，345册，第551页。钱谦益与缪昌期交善，见《牧斋初学集》（卷48《奉直大夫左春坊左谕德兼翰林院简讨赠通议大夫詹事府詹事兼翰林院侍读学士缪公行状》，第552页）。

意立名"，缪昌期曾致信顾宪成，批评其与他人"互相标榜"①，在学术上相互吹捧，延揽声誉，以此来"立名"。这跟于孔谦给顾宪成的信一起，让我们看到东林书院中讲学之士"会而演道脉"之外的另一面。缪还对于人品多为人诟病的玉立向他宣扬得顾宪成眷顾，自称为"东林"，而"了不为动"②。由此，我们也能对东林人士孙慎行称他为"诤友"③，有所理解了。而有"小东林"之称的复社，其成员朱舜水也曾说：

> 大明之党有二：一为道学诸先生，而文章之士之黠者附之，其实蹈两船，占望风色，而为进身之地耳。一为科目诸公，本无实学，一旦登第，厌忌群公高谈性命。一居当路，遂多方排斥道学，而文章之士亦附之。④

他把晚明的党争归结为"道学诸先生"与"科目诸公"，即信奉道学的官员与通过科举入仕官员的纷争，其中"道学诸先生"指重建东林书院的顾宪成、高攀龙等人（这种分法实际并不合理，因为推崇"道学"的这些东林人士，也是通过科考进入仕途的）。对这些人，他说：

> 讲道学者，又迂腐不近人情。如邹元标、高攀龙、刘念台等，讲正心诚意，大资非笑。于是分门标榜，遂成水火，而国家被其祸，未闻所谓巨儒鸿士也。巨儒鸿士者，经邦弘化，康

---

① 缪昌期：《从野堂存稿》卷6《与顾泾阳》，《续修四库全书》，上海古籍出版社2002年影印本，集部，1373册，第557页。

② 缪昌期：《缪西溪先生自录》，黄煜：《碧血录》卷下，《中国野史集成》第27册，巴蜀书社1993年版，第568页。

③ 孙慎行：《恩恤诸公志略》"缪侍读"条，《中国野史集成》第27册，巴蜀书社1993年版，第495页。

④ 朱舜水：《朱舜水集》卷11《答野节问三十一条》，朱谦之整理，中华书局1981年版，第390页。此处对朱舜水身份的认定，依据眉史氏《复社纪略》（上海书店1982年版，第180—204页）。

济艰难者也。①

高攀龙等东林人士"迂腐不近人情"，并非"经邦弘化，康济艰难"的"巨儒鸿士"，也就是说他们没有经世致用的能力，而且"分门标榜，遂成水火"，结党相斗。同样曾是复社成员的顾炎武，对东林也有较多批评，并且以其为戒，警醒自身的立身处世。如王家范说："有惩于明末士风的浇漓，亭林毕生坚持不讲学、不设书院、不收门生""先生平素最看不惯江南士子'游于贵要之门'，稍具声势开口闭口便称'门生遍天下'，斥之为'世风日下，人情日谄'。"② 王夫之也"素恶东林、复社驰骛声气标榜之习，与中原人士、江介遗老，不相往来，故名亦不显"③。对于东林的"标榜"风气，即使邻国朝鲜的统治者也有所体察。四十四年七月，朝鲜的李朝肃宗令儒臣在朝堂上读《明史·神宗本纪》，随后发表评议说："东林标榜已起，末年诏书忧之至矣。及仙驭上宾，搢绅多不免鱼肉"④。肃宗的这番话，是要借明末史事警示朝鲜群臣结党。由此，也可看出他是站在万历帝的立场，对"东林标榜"给君主带来烦忧，也给自身带来祸患有所批评。因"四十四年"即 1718 年，时在康熙末年，所以这段文字中提到的《明史》，应该是指万斯同或王鸿绪撰写或领衔编写的《明史》。

　　顾宪成等人因在"国本"即皇位人选等问题上与万历皇帝看法相左而被罢归，重建北宋儒者杨时创办的东林书院，以讲学为手段干预时政，得到社会舆论、士林清议乃至政论时评的支持，俨然已成为当时社会的"意见领袖"，同时，朝中也不乏支持者，朝野结合，故常常能对时政产生重要影响，"东林之讲学，以干预时政为宗

---

　　① 朱舜水：《朱舜水集》卷 11《答林春信问七条》，朱谦之整理，中华书局 1981 年版，第383 页。
　　② 王家范：《明清江南社会史散论》，上海人民出版社 2019 年版，第 121 页。
　　③ 欧阳兆熊、金安清：《水窗春呓》卷 1 "王船山先生轶事"条，中华书局 1984 年版，第 6 页。
　　④ ［朝］李容元等纂辑：《国朝宝鉴》，奎章阁本。

旨，其盛时绝有势力于政局"①，上述田一甲、刘国缙、朱童蒙等人实际都已说到这一点。就拿对官员仕途迁转的影响来看，明末的张岱说："其党盛，则为终南之快捷方式"②，谈迁也说："仕途快捷方式，非东林不灵"③，加入东林不仅可以获得好的名声，借助东林的作用和影响，还有利于仕途的升迁，这样就不难理解上述人们要依附东林，或者东林能够吸纳人们加入的原因了。后来，复社以助力士子科考中第来吸纳人们，与此如出一辙。④ 崇祯时期的大学士黄景昉，曾经就某官员向顾宪成推让朝廷的任命一事而感叹道："若不得不让焉者！不然，身名扫地尽矣。更于此见东林威焰栗人"⑤。顾宪成虽然退居林下，在受到朝官的举荐时，别人竟然不敢与他相争，否则便会带来"身名扫地"的严重后果，由此可见东林对仕途的控制。"东林威焰栗人"，黄景昉对东林的批评之意是显然的。在清朝康熙时期的史官朱彝尊看来，这也是形成明末门户对立的重要原因。"明自万历间，顾、高诸君子讲学于东林书院，士大夫向风景从，主持清议，久而渐成门户。不得其门以入者，分镳而驰，迁染之途既殊，当是时中立不倚者寡矣"⑥。当时，士人都竞相加入东林，其中"向风景从"和"不得其门以入"两种情形的人员"相争如水火"，而"中立不倚者寡矣"。从具体人物来看，也确实有人因为被东林拒斥而与其走向对立。

这里有个事情值得一提。崇祯八年，史可法为其师东林人士左光斗写祭文：

① 孟森：《明史讲义》，上海古籍出版社 2002 年版，第 302 页。
② 张岱：《琅嬛文集》卷 3《与李砚翁》，云告点校，岳麓书社 1985 年版，第 146 页。
③ 谈迁：《枣林杂俎·智集》"分党"条，罗仲辉点校，中华书局 2006 年版，第 64—65 页。
④ 参见朱子彦《论复社与晚明科举》，《社会科学》2009 年第 2 期。
⑤ 黄景昉：《国史唯疑》卷 11，陈士楷等点校，上海古籍出版社 2002 年版，第 322 页。黄景昉于崇祯十五年六月入阁，次年即罢，张廷玉《明史》有传（卷 251，中华书局 1974 年版，第 6503—6504 页）。其为官时请求起用长期系狱的郑三俊等，政治上似倾向东林，但所著《国史唯疑》于东林有较多指摘。
⑥ 朱彝尊：《曝书亭集》卷 32《史馆上总裁六书》，《四部丛刊初编》，上海书店 1989 年版，集部，358 册，第 278 页。

　　盖师素擅文名，更称冰鉴。当其提衡冀北，八郡群空，法甫弱冠，亦随行遂队，步诸生后，声名固寂如也。师不以为不才，而拔之以冠八郡，且谓法曰："尔当于卯辰脱颖去。"维时法未之信，不虞两试暴腮，果以卯辰售也。从来文字遇合有奇焉如此者乎？①

史可法写这些，是为了感激左光斗不以身份低微选拔自己，同时，赞扬他具有识人之明。但是问题是，左光斗准确料到史可法考中举人的时间，到底是他真的神机妙算，还是偶然说中，或者他知道届时的考官是本党同志，所以敢事前就这样断定？从东林在科举中的巨大能量来看，不排除最后一种可能。

　　应该如何认识东林讲学与干政的关系？牛建强说东林干政是"非直接介入"②，即东林是通过讲学结社间接影响社会舆论，进而影响政治。张兆裕说明末朝堂上的建言经由一些机制和渠道，转变为社会舆论，即遵循"从建言到舆论"的演化路径③，但实际上也存在调转过来"从舆论到建言"乃至舆论和建言相互配合的情形，东林、复社都不乏这样的例子。此外，上述东林人士帮助他人中举、出仕、升迁，自己则长期退隐林泉，顾宪成万历三十六年十月被朝廷召任南京光禄寺少卿而拒绝，居于幕后操盘，而非直接立于台前，也可理解为一种"非直接介入"。陈宝良则说干政是讲学结社的直接延伸："士子入仕前结社结会，或者缙绅下野后聚会结社，其直接的影响必然导致在朝政中引起党争，这是不言而喻的事实"④。而日本

---

① 史可法：《史忠正公集》卷4《祭左忠毅公文》，商务印书馆1936年版，第48页。"卯辰"指丁卯、戊辰年，即1627年、1628年，史可法于1627年考中举人，又于1628年考中进士。
② 牛建强：《明后期政界之纷争——兼论东林学派政争之非直接介入》，《东北师范大学学报》（哲学社会科学版）1995年第1期。
③ 张兆裕：《从建言到舆论——明代民情表达方式的变化》，《山东社会科学》2018年第9期。
④ 陈宝良：《中国的社与会》，浙江人民出版社1996年版，第31页。

学者小野和子对此又有不同的看法：

> 书院是研究学问，也就是探究"道"的场所，是以此为中介的人和人的结集的场所。但是，如果那学问是实践性的，且具有政治内容的话，从书院到朋党之间的距离就绝对不远了，朋友关系成为促成自身的政治性党派的形成，也就是当然的事了。①

在她看来，书院可以只是纯粹研究学问的场所，并不会直接导致朝中的朋党之争，只有当其研究、讲求的内容与政治关联时，才具备了转化为朋党的关键条件。依此标准，东林书院的情形显然属于后者。

小野和子的《明季党社考——东林党与复社》一书，一再引述东林人士的言论来申明东林书院的朋党性质，该书第四章题目就赫然为"东林书院和党"。如《万历邸钞》的编者钱一本说："后世小人，动以党字倾君子倾人国，不过小人成群而欲君子孤立耳。或有名为君子，好孤行其意，即无党自命者，其中小人之毒亦深。"她由此申论道："这一条写于戊申即万历三十六年，和《万历疏钞》的编纂几乎同时期，当是东林书院活动活跃的时期。"钱一本在东林书院初创时，就提出小人为打压君子，常以结党为口实诬蔑君子，实际他们自己也结党，而君子又往往以"无党自命"，正中小人下怀，是故在与小人的斗争中孤立无援而经常落败。言下之意，钱一本认为君子应该结合起来对付小人，这实际也是顾宪成等人的政治主张在朝堂得不到实施，重建东林书院初衷的宣示。或者说，他们身虽退回林野，但心仍系于政治，想通过书院为平台、讲学为形式，实现所谓"君子"力量的联合，以此来达到政治目的。其他还有高攀

---

① ［日］小野和子：《明季党社考——东林党与复社》，李庆等译，上海古籍出版社 2006 年版，第 162 页。

龙写于万历四十三年的《朋党论》、顾宪成的学生丁元荐写的《士风》，都与钱一本有类似观点，因此，小野和子断定："东林派人士所采取的，不如说是这种对朋党的积极肯定论"，换句话来说，东林自身在思想观念乃至行动实践上并不排斥、否定朋党。但是她显然也接受东林的这些言论，"那是超越了以道德和学术为媒介的朋友结合，也可以说是一种政治结社，是可成为政治改革承担者的组织。在东林党的基础中，存在如以上论述那样的他们对于社会性实践的意欲，以及把他们结合起来的书院的网络"①。即是说，她虽然肯定东林的性质是朋党，但却是他们自己所说的"朝廷公党""君子之党"，而与过往王朝主要起消极作用的朋党不同，"他们以他们的学问、思想、政治主张，进行书院讲学，想唤起人们的舆论，组织虽说是松散的'朋党'来和阉党势力斗争。这其中，有着与过去的'朋党'明显不同的新的政治集团的诞生"②。这也决定了她这本书的立场倾向，"站在东林派的立场上进行论说的，表现了明显的善恶判断"③。

　　与小野和子不同，樊树志依据黄宗羲、吴应箕等东林后人或复社人士的言论，提出"东林非党"论，即东林只是一个讲学的书院，并不是一般意义上的朋党。黄宗羲在《明儒学案》之《东林学案》卷首开篇中确实提出：

　　　　乃言国本者谓之东林，争科场者谓之东林，攻逆阉者谓之东林，以致言夺情奸相讨贼，凡一议之正，一人之不随流俗者，无不谓之东林，若似乎东林标榜，遍于域中，延于数世，东林

---

　　① ［日］小野和子：《明季党社考——东林党与复社》，李庆等译，上海古籍出版社2006年版，第165页。

　　② ［日］小野和子：《明季党社考——东林党与复社》，李庆等译，上海古籍出版社2006年版，第232页。

　　③ 李庆：《中译本前言》，［日］小野和子：《明季党社考——东林党与复社》，李庆等译，上海古籍出版社2006年版，第6页。

何不幸而有是也？东林何幸而有是也？然则东林岂真有名目哉？亦小人者加之名目而已矣。①

他一方面说东林的朋党之名是"小人者"加给的，对"称之为两党"的说法不满，另一方面又说"神宗以来，朝中分为两党"②，"两党"自然是指东林和非东林，自相矛盾。而且黄宗羲为东林官员黄尊素之子，老师是东林人士刘宗周，自身也是"党人之习气未尽"③。如复社人士夏允彝写的《幸存录》一书对东林有所批评，黄氏便针锋相对地写《汰存录》一书对其逐条驳斥。④ 这样看来，他为东林朋党之名辩护的言论，恐怕不能完全信据。而樊树志所引吴应箕的言论，实际是认同东林为朋党的：

> 自顾泾阳削归而朝空林，实东林之门户始成。夫东林故杨龟山讲学地，泾阳公请之当道，创书院其上，而因以名之者。时梁溪、金沙、云阳诸公相与以道德切磨，而江汉、北直遥相唱和，于是人品理学遂擅千百年未有之盛。然是时之朝廷何如哉？夫使贤人不得志而相与明道于下，此东林之不愿有此也。即后此之为贤人君子者，亦何尝标榜曰吾东林哉？⑤

观吴氏此语，主要在于表明顾宪成等东林人士，因直言朝政弊端而

① 黄宗羲：《明儒学案》（二）卷58《东林学案一》，周骏富辑：《明代传记丛刊》第2册，台湾明文书局1991年影印本，第1375页。

② 黄宗羲：《明儒学案》（二）卷61《东林学案四·忠端黄白安先生尊素》，周骏富辑：《明代传记丛刊》第2册，台湾明文书局1991年影印本，第1488页。

③ 全祖望：《鲒埼亭集·外编》卷44《答诸生问南雷学术帖子》，《四部丛刊初编》，上海书店1989年版，集部，376册，第993页。

④ 黄宗羲：《汰存录》，《黄宗羲全集》第1册，浙江古籍出版社1985年版。就夏允彝对"三案"、淮抚之争以及杨维垣、王永光、温体仁、弘光帝、马士英、张捷等事件和人物的不利于东林，而对非东林稍表宽恕的言论，黄都一一加以驳斥。

⑤ 吴应箕：《东林本末》卷下"会推阁员"条，《四库禁毁书丛刊补编》，北京出版社2005年影印本，16册，第517页。

罢归讲学的不得已，一些同道也与他们唱和，"不得志而相与明道于下"，有批评时政和表彰东林讲学之意，东林全然成了一群讲学之士，干政的方面则被抹去。但他并没有否认东林为朋党："自顾泾阳削归而朝空林，实东林之门户始成"，樊树志实是误引。吴还曾就东林党人赵南星的境遇而议论说："党人岂真负国家哉，而固之罢之死之者？"① 可见他并不否认赵为"党人"。从小野和子所引用的上述东林人士不反对朋党或是不讳言自身结党的言论来看，黄宗羲、吴应箕应该是继承了这些观念和看法而已。樊树志还认为小野和子以万历二十一年的癸巳京察作为东林党的起源，是犯了常识性错误，因为万历三十二年东林书院才得以重建。实际东林书院的重建，与顾宪成兄弟、高攀龙等之前的言行主张有很大关联性，小野和子往前溯源并无不妥，清代谷应泰《明史纪事本末》所写"东林党议"，就是从癸巳京察谈起②。

　　两人都从东林人士或其支持者的某些关键性言论出发，对其性质、思想或政治主张等进行分析和推演，但得出的结论却截然相反，从论据的可靠性和论证的严密性来看，小野和子的见解显然更胜一筹。但是，她也存在一个问题，非东林也宣扬自己的正义性，称自己为"善类""忠良"，斥东林为"丑类""奸邪"，且其所说并非完全没有根据。小野和子虽然对此有较多引述，但都是基于东林的立场对其加以批判，因此，存在先定立场和预设结论的问题。在笔者看来，东林的性质并没有那么复杂，其道德人品或许总体上要优于政敌而符合"君子"的标准，某些政论主张或许要比政敌更符合礼法和公义，但这些并不能改变它就是一个一般意义上的朋党的性质，与中国古代其他时期的朋党并没有什么两样，所谓"朝中公党""君子之党"，不过是他们抬高自己、贬低敌人，古今都惯用常见的

---

① 吴应箕：《熹庙忠节死臣列传》"太子太保吏部尚书忠毅赵公传"条，《中国野史集成》第27册，巴蜀书社1993年版，第509页。

② 谷应泰：《明史纪事本末》卷66《东林党议》，中华书局1977年版，第1025页。

说辞而已。

余英时则注意到东林人士由在朝向在野的身份转化，以及这种转化的历史渊源和政治诉求所在：

> 但"得君行道"的理想事实上在王安石以后已趋于幻灭。明儒自王阳明以下大致已放弃了"得君行道"的上行路线，而改变方向，以讲学和其他方式开拓社会空间。他们说教的对象不再是朝廷，而是民间。在明代君主专制的高压时代，"得君行道"不仅已不可能，而且还会招杀身之祸。明末东林党人忍耐不住，挺身而出，其结局便是黄宗羲所谓"一堂师友，冷风热血，洗涤乾坤"。①

他说"自王阳明以下"的明儒由于"得君行道"的上行路线早已行不通而放弃，于是"改变方向，以讲学和其他方式开拓社会空间。他们说教的对象不再是朝廷，而是民间"。但东林人士还是不顾明代君主专制的高压想要"得君行道"，最终造成惨烈的结局，这应该是就东林人士对泰昌帝、天启帝父子争国本、争移宫，并借此在泰昌、天启初期推行自身的政治见解，却在天启后期受到严酷的打压而言。但是东林并不仅如此，他说的"改变方向，以讲学和其他方式开拓社会空间"的情形，实际上在东林身上也存在，这在上文中已较多提到。只是东林的讲学不只是为了在民间说教以争取其支持，说教的内容更常关涉政治，带有政治目的，且能对政治形成较大影响。即使是在民间说教，也常常是为了形成和影响社

---

① 余英时：《戊戌政变今读》，香港《二十一世纪》1998年2月号。"得君行道"是宋人提出的，侯旭东追溯认为儒生登上历史舞台在西汉武帝时有了制度保障，他们将实现王道理想的关键，寄托在辅佐皇帝上，"故为人君者，正心以正朝廷，正朝廷以正百官，正百官以正万民，正万民以正四方。四方正，远近莫敢不壹于正，而亡有邪气奸其间者"。侯旭东：《为中国奠基的秦汉时代》，甘阳、侯旭东主编：《新雅中国史八讲》，生活·读书·新知三联书店2021年版，第73—74页。

会舆论，进而影响政治，因此，毋宁说是东林实现政治目的的手段而已。顾宪成曾说："夫救世者有二端，有矫之于上，有矫之于下，上难而下易，势使然也。"① 在朝堂的"得君行道"和在民间说教，分别是"矫之于上"和"矫之于下"的具体实践。而吴铮强则认为："无论皇权与道德、性命之理的关系如何，在儒家的政治文化体系内，永远都无法改变皇权在政治上凌驾于士人之上这种现实的政治局面"，质疑余英时"宋代士阶层是政治主体"的观点。② 维舟也更认同古代士大夫"得（致）君行道"的做法："从韩愈、柳宗元到欧阳修的这些新儒家的兴起，他们不仅是投效君王，也是'以天下为己任'，试图重建理想社会秩序，只不过他们认为这一秩序只能寄托在这'天下一人'身上，所谓'致君行道'"，而认为余英时《朱熹的历史世界》所说士大夫试图以"道统"来限制"治统"的做法，"本身不具有独立权力基础的文官试图这样做，无异于缘木求鱼"③。杨念群也认为中国古代的士大夫，"跟政治有着暧昧难辨的关系"，在思想和身份上并不具有绝然的超越性，余英时"探索士大夫良知自觉的研究路线……毕竟太理想化了"④，这确乎更符合古今知识阶层对政治既疏离又积极参与的真实样态，它不仅由于知识阶层的主观意愿有此特点，客观上政治也希望把他们卷入进去。葛兆光则将宋代士大夫所说"天下惟道理最大，故有以万乘之尊而屈于匹夫之一言，以四海之富而不得以私于其亲与故者"，归纳为"以道理来约束皇帝"，"在'师'与'君''道'与'权'不能寻找到共同点，士人不能'得君行

---

① 顾宪成：《泾皋藏稿》卷8《赠风云杨君令峡江序》，《文渊阁四库全书》，台湾商务印书馆1983年影印本，集部，1292册，第102页。

② 吴铮强：《从理学的党争史到理学的政治文化史——评余英时〈朱熹的历史世界〉》，载《历史与思想（第1辑）：文化记忆与历史主义》，浙江古籍出版社2014年版。

③ 维舟：《以文制武：中国早熟政治制度的起源》，《经济观察报·书评》2019年6月。

④ 杨念群：《重建另一种叙事》，北京师范大学出版社2020年版，第299—300页。除了质疑士大夫面对政治具有的"超越性"外，杨氏还提醒不要迷信其对"道"的"贞洁性"（第58页）。

道'的时候，重建知识与思想的制高点，借助一个绝对和超越的领域，确立士大夫的批评权威，就成了这些处于边缘的士大夫实现政治意图的途径"①。对余英时"改变方向，以讲学和其他方式开拓社会空间"的看法加以发挥，他所讲的虽然是宋代士大夫，但放在晚明东林人士身上也贴合。陈宝良也曾主要就明代的情形说道："真儒者对于国家社会，无不都具关切的胸怀，即使己身不获朝廷之用，亦会通过批评朝政，藉此形成一股清议之风，对朝政产生制衡的作用。"② 如果从明末的国本之争等具体史实来看，东林人士所谓以"道统"来限制"治统"的做法，并不是虚空无力的，而是实实在在对君主起到了约束作用，一定程度上取得了成功。

归结起来，东林书院重建的初衷和实践，并不只是纯粹从事讲学活动，而是通过讲学直接或间接干预政治。以天启初期东林书院的重要代表人物高攀龙复归政坛为界，可以把东林分为前后两期。从万历三十二年顾宪成等重建东林书院，甚至更早的癸亥京察，到天启初期高攀龙复出是为东林的前期，在此期间，东林通过讲学、与各地书院声气相连、与朝中官员呼应、推荐人员出仕等方式，间接干预政治。从高攀龙复归政坛，到清朝顺康时期东林党人随着去世和统治者的打压而退出历史舞台，是为东林的后期，在此期间，东林直接对政治施加影响。前期以顾宪成、高攀龙等在野士人为代表，后期则以所谓"六君子""七君子"的朝堂官员为代表。前期顾、高等人还从事讲学活动，后期包括高攀龙在内的东林人士，进行的已全然是政治活动。近代江苏无锡人钱基博，对顾、高两位前辈老乡有段评语："余讲乡学，称高攀龙而不称顾宪成，以门户声气，而东林所由托始也。世之谈学风者，多举东林以为咨询，而余不置对。非不能对也，方明之衰，士大夫好议论，不顾情实；国家

---

① 葛兆光：《拆了门槛便无内无外：在政治、思想与社会史之间——读余英时先生〈朱熹的历史世界〉及相关评论》，《书城》2004 年第 1 期。

② 陈宝良：《德才之辨：明代士大夫的精神世界》，《安徽史学》2012 年第 4 期。

可毁，而门户不可毁；异己必除，而客气不可除。党同伐异以为把持，声气标榜以为结纳，而义理不以饬躬行，问学不以经世用。及其亡也，法纪荡然。武人跋扈，文人未尝不跋扈，而矜意气，张门户，以庠序为城社，以台谏为鹰犬。恩怨之私，及于疆场，不恤坏我长城以启戎心。国事愈坏，虚誉方隆。而东林讲学实阶之厉。始作俑者，顾宪成焉""处今日学风之极弊，而揭帜东林以为号，徒以长虚骄浮夸之气，而无救于世枉。顾宪成身在江湖，心存魏阙，结党合誉，实繁有徒，而气矜之隆，见道日浅，不如高攀龙之处变若定，死以从容。"① 对顾宪成酿成党祸，败坏国事极力批判，而于高攀龙理学成就、死节结局则多所称道，实际高氏天启初期复出后，言行上的党人色彩也很浓厚。对东林的性质等问题，应放在这样一个时段，并根据其参与政治的不同方式划分为两个阶段，才能较为完整确切地把握。由张宪博的《顾宪成赠谥、从祀文庙成败探析》一文②，可以看出这一时段不同时期的东林人士都对顾宪成赠谥抱支持态度，表明他们都把顾宪成作为自己的领袖加以推崇，也表明东林在这一时段思想宗旨、行动方针的一脉相承。这一点还有其他的例证，如天启时期的赵南星，对万历时期的李三才仍敬重，不容他人非议。崇祯初年，复社领袖张溥撰写《五人墓碑记》，称赞天启时期苏州的五名百姓为声援东林人士周顺昌，自发抗击魏党势力。崇祯十一年六月，复社发布《留都防乱公揭》讨伐阮大铖，起草者仍以顾宪成的从孙顾杲居首，目的是要借助顾宪成的影响，以增加这一活动的号召力。这些后文还会详细论述。

笔者认为，与其如田一甲等人为东林回护，说它本为讲学，无心政治，被"奸雄"混入，才利用东林的讲学来干政，不如说东林讲学本只是手段，影响、参与政治才是目的。清代无名氏撰

① 钱基博：《近百年湖南学风》，岳麓书社 2010 年版，第 97 页。
② 张宪博：《顾宪成赠谥、从祀文庙成败探析》，《中国史研究》2010 年第 4 期。

《东林事略》说：东林书院"其经生之所知者，绝无足听也，徒相与臧否人物，讽议国政，冀当国者闻而从之"[①]，就是直接认为东林讲经"绝无足听"，而只是借此干政。前文田一甲、张铨等人肯定东林的讲学之举而批评其干政，这里则连其讲学也一并否定了。但是田一甲等人的观点流传更广，如近人胡玉缙仍引用清末李慈铭的话说：

> 东林之气节足风千古，其讲学亦可也，其处山林而务持朝局、议公卿，则不必也。盖有明一代士夫，不好学而好名，其始也借朝廷以合声气，其继也藉声气以倾朝廷，故朝廷之党可离，而山林之局不可破，身退而权益盛，官黜而体愈尊，不可谓非姚江肇其端，而泾阳成其祸也。[②]

对其干政带来的弊端，进行了严厉的批判。万历二十一年礼科给事中李献可疏奏皇帝立储之事，阁臣王锡爵由此对吏部文选司郎中顾宪成说："当今所最怪者，庙堂之是非，天下必欲反之"。顾宪成反驳道："吾见天下之是非，庙堂必欲反之耳！"[③] 顾宪成在任小官时，就体现出对时事的关注和政治的热情，以"天下之是非"的代表自居，而与内阁代表的"庙堂之是非"针锋相对，因进言触忤皇帝被罢后，会甘心讲学不问政治，本也于理不合。他与诸同志在朝堂上"矫之于上"的努力失败后，便改为"矫之于下"即重建东林书院，

---

① 无名氏：《东林事略》卷中，《中国野史集成》第27册，巴蜀书社1993年版，第527页。"臧""讽""从"三字，原书缺字，此处是笔者根据上文所补。但是同书又说东林，"人品、理学遂擅千百年未有之盛"（卷下，第532页），对其传承理学大力肯定。再如既说"昭代"（卷上，第520页），表明是清朝人所撰；又说"今上所钦定逆案"（卷下，第535页），反映出作者是明朝人。下卷是对明末政事的议论，倾向于东林的立场很明显，也与上、中卷不同。这样来看，此书应是将不同时期不同作者的文字拼缀而成。

② 胡玉缙撰、王欣夫辑：《四库全书总目提要补正》，中华书局1964年版，第511页。

③ 谷应泰：《明史纪事本末》卷66，中华书局1977年版，第1027—1028页。这种庙堂是非与社会舆论的对立之态，嘉靖时期在围绕王阳明学术、事功的争论中即已出现。参见方志远《盖棺未必论定：王阳明评价中的庙堂和舆论》，《清华大学学报》（哲学社会科学版）2021年第2期。

正是要以讲学结社的形式实现当初引领社会舆论而获得社会舆论的支持，让自身代表"天下之是非"，以与皇帝和阁臣为代表的"庙堂"相抗衡的构想。夏允彝说："东林君子之名满天下，尊其言为清论，虽朝中亦每以其是非为低昂"①，可见他的这一构想很大程度上是实现了的。顾宪成重建东林书院的初衷如此，那么书院的讲学之士干政，应是顺理成章的。所谓"奸雄"混入东林借之以干政，实际应是与东林这一旨归相符的相互结合，当然"奸雄"的说法应是出自政敌的口吻，而且其道德品行、干政目的、行事方法等可能也不同于顾宪成、高攀龙等人，而存在可议之处。刑科给事中钱梦皋说："昔之山人，山中之人；今之山人，山外之人"②，是对前述刘国缙"山林之士"表述的浓缩。东林身在林下，却心系朝政，田一甲、刘国缙、朱童蒙、钱梦皋等人虽在政治立场上均与东林对立，但他们的这些言论却不能说没有事实根据。

可以再进一步探究的问题是，在野的东林人士为什么能够赢得社会舆论的支持，并进而主导社会舆论以影响政治？万历时期在国本、矿监税使等政治问题上举措屡屡失范，导致官方政治公信力急剧下降，出现所谓"塔西坨陷阱"，官方无论发表什么言论，无论做什么事情，社会都会给予负面的评价。"顾宪成和王锡爵关于'庙堂是非'和'天下是非'的讨论，集中反映了在社会思想多元化过程中'国家认同'或'政府认同'出现的危机。除了动用暴力，明廷对社会舆论、社会思潮的挑战完全没有应对办法，直接导致了信任危机和思想涣散。"③ 政府公信力下降，对社会舆论的引导和控制又失策、乏力，客观上为顾宪成等在野人士引领、影响社会舆论提供了契机。他们因为在国本等问题上的看法与万历皇帝相左而被罢官，

---

① 夏允彝：《幸存录》"门户大略"条，留云居士辑：《明季稗史初编》卷14，上海书店1988年版，第288页。

② 王鸿绪：《明史稿列传》卷202《沈一贯传》，周骏富辑：《明代传记丛刊》，台湾明文书局1991年影印本，96册，第385页。

③ 方志远：《明朝百年的社会进步与社会问题》，《吉林大学社会科学学报》2012年第5期。

已得到社会舆论的普遍称赞，积累了良好的政治声誉；重建东林书院讲学后，继续对时政发表意见，并能得到部分朝中、地方官员的支持，常常能对时政产生重要影响。这是对政治层面而言，此外，在社会层面，东林"大会四方之士""其他闻风而起者"① "江汉、北直遥相唱和"②，通过与各地的书院连接，声气相应，将其主张、见解经由各地书院和诸同志影响乃至引领社会舆论。"天下有道，则庶人不议"，晚明弊政不断出现，在传统士人的道义担当和参政意愿的驱动下，再加上苏松地区的乡评清议传统③，顾宪成等人不畏权贵，坚守道义，为官时指陈时政弊端，维护礼法传统，积极为民请命，在野后仍然对时政发表意见，且常常代表士林和民间，站在朝廷的对立面陈言，以及东林、复社善于通过刻书传布扩大其思想，从而形成舆论④，以此种种，得到社会舆论的认同和支持。上文说的某官员向顾宪成推让朝廷的任命一事，正是当时东林得到士林清议和社会舆论支持的反映，这种力量非同小可，对官员的约束甚至超越政治权力之上。再如当"淮抚之争"时，有官员称顾宪成等罢官讲学的人为"林下贤者"，称其反对的内阁首辅为"苏浙诸奸"⑤，也是东林得到舆论支持，进而为部分朝官认可的体现。内阁首辅沈一贯万历二十六年向皇帝上揭帖说：

> 往时私议朝政者不过街头巷尾，口喃耳语而已。今则通衢闹市唱词说书之辈，公然编成套数，抵掌剧谈，略无顾忌。所

---

① 黄宗羲：《明儒学案》（二）卷58《东林学案一·端文顾泾阳先生宪成》，周骏富辑：《明代传记丛刊》第2册，台湾明文书局1991年影印本，第1377—1378页。

② 吴应箕：《东林本末》卷下"会推阁员"条，《四库禁毁书丛刊补编》，北京出版社2005年影印本，16册，第517页。

③ ［日］宫崎市定：《明代苏松地方的士大夫和民众》，《日本学者研究中国史论著选译》第六卷，中华书局1993年版，第238页；何宗美：《明末清初文人结社研究》，南开大学出版社2003年版，第157页。

④ ［日］大木康：《明末江南的出版文化》，周保雄译，上海古籍出版社2020年版，第73—79页。

⑤ 文秉：《定陵注略》卷9《淮抚始末》，北京大学图书馆藏善本。

言皆朝廷种种失政，人无不乐听者。启奸雄之心，开叛逆之路。此非一人口舌便能耸动，盖缘众怀怨愤喜于听闻耳。①

民间艺人公然谈论朝政，民众乐闻朝廷种种失政，"庙堂之是非"与"天下之是非"，民间与政府在意识形态上的对立之态可见一斑，由此，也能明了东林评议时政获得舆论支持的时代氛围。同时也可想见，东林的忠臣义士和讲学之士的形象，在万历后期就已树立了。

不同于上述国家与社会对立的角度，葛兆光则从政治重心与文化重心分离的视角，分析北宋神宗时期的政治文化现象：

> 在洛阳聚集的这批士大夫，由于他们过去都曾经来自权力中心，关心的都是民族与国家的根本性问题，并且拥有相当庞大的社会和文化资源，于是，重建知识与思想的权威，确立士大夫的角色，就是这些失去了制约皇权力量的士大夫的理想。正是在这种关于皇权无限膨胀与知识权力萎缩的紧张中，洛阳渐渐成了一个士大夫聚会与议论的中心。②

这实际可视为是葛氏上述宋人以"道统"限制"治统"的具体例证，以此来分析晚明的东林议政，似乎也是合适的，只是政治中心和文化中心，由开封和洛阳变成了北京和无锡，"士大夫"由司马光等人变成了顾宪成等人。

李治安则认为由于科举制度的发展，宋元士人"开始向地方发展和重新回归乡里社会"，因而具备"地方性格"，这一变化"最终完成于明中叶，此时，宋元士人正式演变为明清士绅""其在应对乡役、宗族复兴、慈善救济和兴学教化四方面能动地弥补了专制国家

---

① 沈一贯：《敬事草》卷3《请修明政事收拾人心揭帖》，《续修四库全书》，上海古籍出版社2002年影印本，集部，1358册。

② 葛兆光：《洛阳与汴梁：文化重心与政治重心的分离——关于11世纪80年代理学历史与思想的考察》，《历史研究》2000年第5期。

支配乡村新方式下的诸多缺位，得以充当了官与民、官府权力与基层社会间的桥梁，得以充当基层社会新秩序中的主导力量"①。这可以从宋代至清代地方士人社会功能的长时段历史演变，为上述国家与社会、文化与政治视角的论述，在推动的阶层力量上提供佐证，但是，除了所说的弥补缺位、充当桥梁等支持的一面外，明代士绅尤其是江南士绅对于庙堂、"官府权力"，显然还存在前面说到的批判、对立的一面。

（二）

在以上对东林基本认识的前提下，本书以下再审视学界已有代表性研究的得失，并对一些相关联的问题做延伸探析，期望呈现东林更丰富的面相，形成更全面客观的认识。

综观来看，学界对东林的研究主要有两种路径。一者视东林为学派，把东林人士看作讲学之士，注重从思想史的视角归纳其学术思想。如梁启超、嵇文甫称东林为"王学修正派"，顾宪成、顾允成、高攀龙、刘宗周等人为纠正王阳明提出的"无善无恶说"对世道人心带来的不良影响，提出"主敬"等主张②。有的则称为"实学"，如王健《中国明代思想史》。③ 再如何宗美说："东林学派以学术收拾天下人心的思想，是心系社稷的士人间接干预政治的特有方式，也是其思想上讲'道脉''学脉'，弘扬经世致用之实学精神的必然选择。"④ 东林确有提倡实学，希望通过讲学解决社会现实问题的言论，如顾宪成说："官辇毂，念头不在君父之上；官辇毂，念头不在百姓之上；至于山间林下，三三两两，相与讲求性命，切磨德

---

① 李治安：《宋元明清基层社会秩序的新构建》，《南开学报》（哲学社会科学版）2008 年第 3 期。

② 梁启超：《中国近三百年学术史》，东方出版社 2004 年版，第 45 页；嵇文甫：《晚明思想史论》，东方出版社 1996 年版，第 80—110 页。

③ 王健：《中国明代思想史》，人民出版社 1995 年版，第 163 页。

④ 何宗美：《明末清初文人结社研究》，南开大学出版社 2003 年版，第 124—125 页。

义，念头不在世道上，即有他美，君子不齿也"[1]。高攀龙说："学者以天下为己任。"[2] 但是，他们这么说是一方面，具体怎么做的又是另一方面。实际情况是，他们在泰昌和天启初期、崇祯初期、弘光初期都曾掌权，但在事功上乏善可陈，这一点也是向来都为人所批评的。如上文引述的复社成员朱舜水的话，也表明在他看来，高攀龙等东林人士并不是"经邦弘化，康济艰难"的"巨儒鸿士"，即缺乏经世致用的能力。这是朱舜水在抗清失败，移居日本后跟友人反思明朝的亡国教训时所说。他强调"实理实学"，对空谈玄理的程朱理学进行批判，对坚守理学、不重事功的东林党人自然不会认可。近人邓之诚也说："东林之计，未必决于书生、而书生涉世太浅，出言太易，好为奇计，人人自命陈同甫，使其有议固不可，无其议而危疑之际，以口舌起猜疑犹不可。"[3] 邓氏将东林人士视为书生虽未必妥当，但对他们言论弊端的评说，确是入木三分的。重视道德，而相对轻视才能，这既是东林品评他人的重要标准，也是他们对自己的写照。如文震孟说："天下有无才误事之君子，必无怀忠报国之小人"[4]；黄道周说："首道德次才能"；刘宗周说："先守后才"[5]。这也得到一些人的赞许，如明人蒋棻说："予以世患无真品望，不患无真经济耳。所谓道德事功，垂之竹帛，贞之珉石"[6]。日本学者沟口雄三说孟子发明的"道德主义""思想优先"观念，到宋代以后才在政治场域被重新发现和有效利用，在宋代以

---

① 顾宪成：《小心斋札记》卷 11，清光绪三年至十二年（1877—1886）刻本。

② 高攀龙：《高子遗书》卷 8 下《与李肖甫》，见《文渊阁四库全书》，台湾商务印书馆 1983 年影印本，集部，1292 册，第 526 页。余英时《朱熹的历史世界——宋代士大夫政治文化的研究》提到，南宋士大夫"以天下为己任""蕴含着'士'对国家和社会事务的处理有直接参与的资格"（生活·读书·新知三联书店 2011 年版，第 211 页），高攀龙此语是原封不动地袭传而来。由此可见，东林人士在自身与国家和社会的关系上，与南宋士大夫的观念存在继承性。

③ 邓之诚：《清初纪事初编》，上海古籍出版社 1984 年版，第 117 页。

④ 陈鹤：《明纪》卷 52《庄烈纪一》，《四部备要》第 43 册，中华书局 1989 年版，第 656 页。

⑤ 黄宗羲：《子刘子行状》卷上，《黄宗羲全集》第 1 册，浙江古籍出版社 1985 年版，第 237 页。刘氏对此的详细言论，见黄宗羲《明儒学案》（二）卷 62《蕺山学案·忠端刘念台先生宗周》，周骏富辑：《明代传记丛刊》第 2 册，台湾明文书局 1991 年影印本，第 1510 页。

⑥ 蒋棻：《明史纪事》"东林党议"条，《清代稿本百种汇刊》，台湾文海出版社 1974 年版，44 册，第 290 页。

前，则是受"天谴论"支配。[1] 如此来理解东林人士的这些看法，便能多少有所释然。但是如只就东林来说，这些道德优先言论的背后，应还有政治主张的表达和政治利益的追求，而且也并不表明他们自身的道德表现真的有多高尚。实际上，明末真正缺乏的是能够有效应对内外困境的"真经济"人才，而所谓"真品望"的官员，则多数不堪实用，何况有些人的"品望"真伪也难以论定。明清易代之后，提倡实学的颜元说："愧无半策匡时艰，惟余一死报君恩"，论者多说明朝灭亡后，包括东林人士在内的一些士人殉难而死，意在说明其忠义之名实有其迹，但在颜元看来，是其因无力匡扶时艰，才觉得愧对"君恩"而选择赴死。

揆诸史实，一些东林人士在地方任职时，确能做到改革积弊，关心民众疾苦，得到他们的爱戴。如杨涟在万历三十六年至四十一年任常熟知县时，"是时东林大兴。每遇讲会必至无锡，与顾宪成、高攀龙诸君子探性理之要，询治道之原。政暇，即与邑之士子相勉励，讲道论德无虚日。每问民疾苦，徒行阡陌间。以是遍知闾里利弊，称当代神君云"[2]。业师范金民《晚明东林人士的经济主张及其社会实践》一文，认为在发展江南经济的几个关键问题上，东林人士提出了一系列经济主张，谋求国家、地方和人民三方的利益，为维护明王朝的统治和维持江南社会的稳定做出了贡献。[3] 历史上一些官员在地方任职时较有作为，为民爱戴，但晋升京官后，却缺乏应对全局复杂事务的能力[4]，因为在地方任职跟担任京官，两者对视野、能力等的要求，本不可同日而语。如对于明末的辽东战事等国

---

① ［日］沟口雄三：《中国的思想》，赵士林译，中国社会科学出版社 1995 年版，第 10—17 页。

② 陈鼎：《东林列传》卷 3《杨涟传》，《文渊阁四库全书》，台湾商务印书馆 1983 年影印本，史部，458 册，第 206 页。

③ 范金民：《晚明东林人士的经济主张及其社会实践》，《安徽大学学报》（哲学社会科学版）2019 年第 1 期。

④ 参见郑小悠《庚子事变"误国者"：出身寒微的技术官僚》，《东方历史评论》2019 年 7 月 30 日。

家层面的重大难题，东林就确实没有什么值得嘉许的表现，

> 然而从东林党执政的措施来看，却暴露了致命的弱点。他们只是忙于"搜举遗佚，布之庶位"，起用大批被黜的东林党人。再则是打击异己，排斥宿敌齐、楚、浙、宣、昆诸派。而对迫在眉睫的军政大事，则束手无策，暴露出东林党人长于政治批评家的气魄，而少于政治家的才能和风范。①

惯于意气用事，长于政治斗争，对实政要务却无心也无力。反倒是熊廷弼、袁崇焕等非东林官员，曾对辽东战事有所改善，得到史书的肯定。

对东林学术思想的探讨，日本学者鹤成久章《论东林学派"性学"思想之成立》一文，别开生面地认为东林学派提出的是"性学"，阐释了朱子理学、阳明心学，尤其后者"无善无恶说"与性学的关系，性学与理学、心学的区别，以及经由顾宪成、高攀龙、孙慎行、刘宗周、黄宗羲等人不断发展的历程。"以考亭（指朱熹——笔者按）为宗，其弊也拘；以姚江（指王阳明——笔者按）为宗，其弊也荡。"为纠正心学带来的弊害，东林学派"只提出性字作主，这心便有管束"。该文指出："要之，为了改正'理学'导致的弊害而提出'心学'，而提出性学最终又是为了改正'心学'所导致的弊害""东林学派的性学，绝不是企图回归'理学'之物，而应该将之视为追求具有独自性的学术思想""以东林书院为中心而开展讲学活动的思想家们，存在着上文中所指出的思想上共同倾向性这一点，毫无疑问是极为重要，不可忽视的。"② 与何宗美认为东林的实学思想具有政治意图一样，鹤成久章也指出："排斥无善无恶说，推崇'性善'的东

---

① 冷东：《叶向高与明末政坛》，汕头大学出版社1996年版，第111页。

② ［日］鹤成久章：《论东林学派"性学"思想之成立》，陈翀译，朱汉民、李弘祺主编：《中国书院》第六辑，湖南教育出版社2004年版。

林学派的讲学活动，其归根结底就是让天下的政治都走上正与善的方向"，也就是说，东林遵循的是正学术、正人心、正政治的演进路径。针对当时的思想界状况和现实社会问题，提出学术思想是他们的出发点，匡正政治才是他们的落脚点。葛兆光对余英时《朱熹的历史世界》改变哲学史或思想史学者"注意力集中在理学内部的理论构造方面"，而对理学进行"政治史解读"的做法表示认可，"把思想抽象为哲学，再把哲学变成悬浮在政治和生活之上的逻辑，这样的做法我一直不赞成，而将思想放回历史语境中，重新建立思想的背景，这样的做法我始终很认同"①。这对于一些脱离晚明政治语境，只纯粹讨论东林学术思想的做法，也是适用的。

葛荃的《作为政治人格的狂狷、乡愿与伪君子——以晚明东林诸君见解为据》一文，讨论东林的政治人格主张，即提倡狂狷，反对乡愿、伪君子，这似可作为东林反对齐、楚、浙、昆、宣等非东林及魏党的思想基础。但该文只限于顾宪成、高攀龙等核心人员，就其有关言论展开讨论，没有涉及东林中的所谓"依草附木之徒"，且没有举出东林提倡的这些政治品格以及所反对的乡愿、伪君子政治品格体现在政治场域的任何实例。该文表彰东林的狂狷政治品格及其主张，以此为基点，进而认为东林的"偏激"符合正确认识的形成过程，"持平公允之论正是在偏激之论或左或右的不断校正中形成的"，而且"当思想本身作茧自缚，在政治压制或其他外力的作用下，认识的桎梏已经郁结成精神壁垒之时。这时，得以拆解桎梏、洞穿壁垒的往往只能是'偏激'之论"②。但也是纯粹"说理"，缺乏实例佐证。如果具体看东林由于"偏激"，把本是己方阵营成员，或是本可争取的阮大铖、魏广微、马士英等人推向对立面，对东林乃至政局、国运都造成恶劣影响，与上述言论就显得是风马牛不相及了。

---

① 葛兆光：《拆了门槛便无内无外：在政治、思想与社会史之间——读余英时先生〈朱熹的历史世界〉及相关评论》，《书城》2014 年第 1 期。

② 葛荃：《作为政治人格的狂狷、乡愿与伪君子——以晚明东林诸君见解为据》，《东岳论丛》2008 年第 6 期。

　　葛荃的论文是就东林的政治品格而言，而邓志峰的论文《万历中期以后的在朝王学》则试图挖掘与之对立的非东林的学术思想基础①。作者发现同为隆庆二年（1568）进士，万历时成为阁臣的申时行、王锡爵等人，在学术思想与政治行为上具有相似性，"在总体上乃是王学的拥护者，并在事实上成为在朝王学的代言人"。他们信奉孟子"为大人者言不必信，行不必果"的言论，承袭王门后学中会通派"出则为帝者师，处则为天下万世师"的教条。针对"理论界还没有为阉党提供一种学说可以和反对结交阉宦的正统的程朱理学相抗衡"，该文视程朱理学为东林坚守的学术思想，把在朝王学视为阉党的学术思想基础，因为王阳明及其后学王畿、王艮、颜钧、何心隐、罗汝芳等，都有结纳宦官、权贵以推行自己思想主张的言行。"万历、天启之际外廷的官员纷纷与内廷合作，并进而形成阉党，和王学，特别是会通派王学给他们提供的这种理论上的开脱不无关系。"

　　该文还从非东林与东林在学术思想上的差异，通过对当时官僚机构、官员离合关系的梳理，进而推导出二者对政治制度运行或政治力量作用的不同认识，并以此作为二者的重要区别。"大概地说，在朝王学与东林之间的区别，在政治上首先表现为二者对制度的不同理解。……东林党人更强调的是以制度——以文官政治为中心的制度，来规范君权"，因此，坚持立皇长子朱常洛，"依靠一定的制度行事，有利于政权的稳定，假如外廷权力得以贯彻，那么君主的贤明与否并不是最重要的""相反，对于在朝王学内阁而言，皇权是政治制度的中枢，现实的途径只能是通过影响皇帝来达成有利于自己或外廷的目标。因此，在朝王学对于制度本身并不重视，在经、权关系上，无疑更倾向于后者。"换言之，在制度设计上，认为皇权与廷权谁应该在实际政治运作中占主导地位，或者说廷臣对皇权是要绝对依附还是应该有所约束，就是二者的分水岭。对于明朝官员约束皇权的主张，早在 20 世纪 80 年代黄仁宇的《万历十五年》一

---

　　① 邓志峰：《万历中期以后的在朝王学》，《薪火学刊》第 3 卷，复旦大学出版社 2016 年版。

书中就已提出①。

该文显然是把阁权作为皇权的代表，因此，万历时期的所谓阁部之争、言路势力与内阁的纷争，都被认为有"规范君权"的用意，确实反映了东林政治主张与活动的某些方面和特征。但是，首先，这与前述余英时说东林想要"得君行道"颇不相同，对君权，邓文认为东林想要约束，余文则认为东林想要依附，或者说得到其支持以推行自己的政治主张。出现这样的反差，应是因为他们各自关注的对象不同，如争国本一事，对万历帝来说是约束，对皇长子朱常洛拥护，则可以理解为为日后寻求支持；促使李选侍移宫，将朱由校扶上皇位，也可以这样看。也正是在这个意义上，两人的看法都因观照面较窄而存在局限。邓文说东林强调以文官政治规范君权，所以对于朱常洛并不计较其"贤明与否"，但这是就其登基后的欠佳表现而言，东林在国本之争中拥护他，还是认为他贤明当立的，作者在这里是在以果推因，以己意逆推东林之意。而且，如果不计较"贤明与否"，则福王朱常洵也可以拥护，还可收到与万历皇帝意见一致而得其支持即"得君行道"的效果，又何必硬要逆皇帝之意拥护朱常洛而受其打压？其次，官员职位的变化也会导致其对制度运行理解的相应变化，这个并不受作者说的东林与非东林的分野所限。如万历五年首辅张居正的父亲去世，他违背礼制关于"守孝"的规定而实行"夺情"，翰林院编修吴中行、检讨赵用贤上疏批评他却被施以廷杖刑罚。时任礼部右侍郎的王锡爵率赵志皋、张位等十余人就此事质问张，从而与后者交恶，获得与内阁相抗的好名声，成为清流领袖，此时，他是主张约束皇权的。但当王锡爵入阁后，马上就与皇帝站在同一阵线，与在国本等问题上和皇帝意见相左的廷臣恶语相向，又转为依附皇权了。② 这也就是通常说的屁股决定脑袋！

正如邓文所说，张居正之后的众多阁臣都依附皇权，而其中原

---

① 黄仁宇：《万历十五年》，中华书局1982年版，第87页。
② 无名氏：《东林事略》卷中，《中国野史集成》第27册，巴蜀书社1993年版，第525页。

因，除了跟他们的政治信念和个人才干有关外，还因为当时内阁的客观环境相比张居正执政时期已不可同日而语。自张居正死后，阁权也逐渐式微，"自江陵（指张居正——笔者按）罹祸而惩噎委餟，纶扉始轻"①。之后的阁臣悸于万历帝亲操政柄后对张居正的严酷清算，多"依阿自守""循默避事"②。黄景昉《国史唯疑》中的一段文字，很能反映万历一朝张居正之后阁臣这种变化的原因：

> 或举江陵勋绩为当时对症药者。叶文忠（指阁臣叶向高——笔者按）曰："上所为疑群臣，正鉴初年江陵专制擅权，浸淫至是耳。令江陵在，凛凛救过不暇，何勋绩之有？"李文节（指阁臣李廷机——笔者按）亦云："江陵信对症，其如上之不冲年何？"③

可见，张居正执政时代，年轻的皇帝对他全权委任，内廷大力支持，外廷官员主要也是支持，因此，他能够全力施展，推行改革。但张居正死后，这些条件都已不复存在，变为皇帝要亲操权柄，内阁、内官权力均被削弱，外廷也分化为内阁的支持者和反对者。张居正改革暂时扭转了明朝衰颓的国势，但在他死后，明朝社会弊病更加严重，人们批评在他之后的阁臣缺乏他的魄力和才干，无力解决当时的社会问题，而忽略了上述客观条件已发生的变化。田澍《防范第二个张居正的出现：万历朝的政治特点——"明亡于万历"新解》一文，认为张居正在位时，为防止第二个张居正出现以威胁自己的权势，着意选用胆识、才能都较为平庸的人充任阁臣，侧重从张居正之后阁臣个人的缺陷，分析内阁中枢机构衰微的原因，及其对明朝灭亡带来的影响。④

---

① 吴岳：《清流摘镜》卷1《党祸根源》，《四库禁毁书丛刊补编》，北京出版社2005年影印本，17册，第585页。

② 张廷玉：《明史》卷218《赞语》，中华书局1974年版，第5768页。

③ 黄景昉：《国史唯疑》卷11，陈士楷等点校，上海古籍出版社2002年版，第317页。

④ 田澍：《防范第二个张居正的出现：万历朝的政治特点——"明亡于万历"新解》，《史学集刊》2020年第4期。

但从张璁到高拱的历任强势阁臣，未见得就没有像张居正一样防范竞争对手的人，但是强势阁臣仍然不断出现，可见，还有其产生的客观条件，防范只能奏效于前任阁臣在位时。即使张居正也曾受到高拱的防范，对其表示忠顺。① 而张居正之后的历任阁臣，也未见得就都是胆识、才能欠缺之辈，当张居正防范时会收敛蛰伏，当张去世后，则可能如之前的阁臣一样强腕揽政。这种情形没有再出现，主要应是上述客观条件发生了重大转变，因此"明亡于万历"，主要还是应归于万历帝应对时局不善，而不该由张居正来担责。

比如，泰昌及天启初期，太监王安和首辅刘一燝曾联合推行一些新政。② 据东林六君子之一顾大章的孪生兄弟顾大韶说，王安曾想与刘一燝效仿万历初期冯保、张居正所为③，实际就是想架空天启帝。天启初期，皇帝因年轻、缺少文化教育和行政训练而易于控制，内宫、外廷又有王安与刘一燝的合作，如后宫再得女主支持，张居正时期的权力格局和执政模式似可再现。因此，张宪博对东林党人杨涟、左光斗在移宫事件中过于逼迫李选侍（当时也有一些东林官员主张让李选侍抚养、教导朱由校，但是杨、左等人坚决反对，在他们的推动下，李选侍最终从乾清宫移出），使东林错失"宫府一体"，重现张居正时代执政模式的机会而有所批评。④ 但是两者实际有重大区别，除了李选侍的因素外，王安和刘一燝对内宫和外廷都不能完全掌控，前者受到与天启帝关系密切的客氏和魏忠贤的挑战，早早就被杀⑤，后者也与阁臣叶向高有矛盾⑥。而且天启帝也不是如想象的那样易于控制，对于王安与他的关系，清人谷应泰说："安引国家故事，司起

---

① 参见韦庆远《张居正和明代中后期政局》，广东高等教育出版社1999年版，第409—410页。
② 黄尊素：《黄忠端公文略》卷3《汪文言传》，《四库禁毁书丛刊》，北京出版社1997年影印本，集部，185册，第46页。
③ 顾大韶：《炳烛斋稿·王安传》，《四库禁毁书丛刊》，北京出版社1997年影印本，集部，104册，第586页。
④ 张宪博：《再论"移宫"》，《中国史研究》2002年第3期。
⑤ 参见拙著《"小人"的轨迹："阉党"与晚明政治》，中国社会科学出版社2016年版，第131—133、140—141页。
⑥ 张廷玉：《明史》卷245《缪昌期传》，中华书局1974年版，第6352页。

居甚严密，而日取诗书礼法相绳，（帝）大不堪"①。王安约束天启帝过严，可以看作是仿效冯保对万历帝的做法，但引起天启帝的极度反感，身经其事的首辅叶向高说这给他带来了杀身之祸："上英明欲自操断，憎安刚蹶严切，绳束举动不自由，属安求退，遂黜充南海子净军，而尽用安所排挤者管机事，从狱中赦刘朝，使掌南海，讥察之，安遂缢死，暴其尸"②。而刘一燝，顾大章曾劝他："先归主权，则相权自重，言路自清，逆而行之者祸也"③，可见他曾侵夺"主权"，是想效仿张居正所为的表现。而天启帝对待王安、刘一燝，跟他的爷爷万历帝对待冯保、张居正如出一辙，难说没有受其影响。这说明，从万历亲政清算张居正开始，皇权猜防、打压阁权的做法，此后的君主也继承下来了，天启帝如此，崇祯帝让对内忧外患"未尝建一策"，只知一味"迎合帝意"的温体仁担任阁臣八年④，也是其表现。

阁臣上要应付已长大成人、猜疑心重的皇帝，下又受到百官的不断发难，处在两者的夹缝中境遇艰难。为应对这样的处境，阁臣在依附、偏向皇权的前提下，也在皇帝与廷臣以及廷臣相互的争斗之间普遍采用调停的做法。如首辅申时行曾领衔外廷的争国本活动，但在万历十九年又上密揭给皇帝斥责争国本的官员，这件事情被揭露后，使他受到在皇帝和外廷之间阳奉阴违的批评。他后来这样解释：

> 政有政体，阁有阁体，禁近之臣，职在密勿论思，委曲调剂，非可以悻悻建白，取名高而已也。王山阴之争留一谏官，挂冠而去，以一阁老易一谏官，朝廷安得有许多阁老？名则高

---

① 谷应泰：《明史纪事本末·补编》卷5《宦官贤奸》，中华书局1977年版，第1598页。

② 叶向高：《蘧编》卷11，《四库禁毁书丛刊补编》，北京出版社2005年影印本，25册，第531页。

③ 顾大章：《顾尘客先生自序》，黄煜：《碧血录》卷上，《中国野史集成》第27册，巴蜀书社1993年版，第563页。

④ 张廷玉：《明史》卷306《温体仁传》，中华书局1974年版，第7935页。

矣，曾何益于国家？阁臣委任重，责望深，每事措手不及，公他日当事，应自知之，方谓老夫之言不谬也。①

申时行认为阁臣是"禁近之臣，职在密勿论思，委曲调剂"，在皇帝近前办事，对一些事情的处理不得不有所隐秘，当皇帝与外廷之间有冲突时，还要在两者之间实行调剂，实际是想表明自己在争国本事情上的"两面派"做法是不得已而为之。这些自然不同于言官"悻悻建白，取名高而已"，可以依恃自己的职守无所顾忌地进言，并且以此提高他们的名望。基于此，他对阁臣王家屏为了留住疏奏早日立储，触怒皇帝被罢斥的礼科给事中李献可，而公开与皇帝抗争，抗争未果被罢官很不以为然，认为这是忘记了自己的身份和职掌，把自己等同于言官。东林党人钱谦益后来为申时行在国本之争中的做法辩护说："神庙时储位未安，文定（指申时行——笔者按）从容调护，谊不得如疏贱小臣咋呼欢鸣，激眦上怒。言者不察，讹为将顺。流传膏饰，久而滋甚"②，认为他的"调护"做法并没有什么不妥，而批评"疏贱小臣咋呼欢鸣，激眦上怒"。对于阁臣与其他廷臣的区别，曾在万历和天启时期两度出任首辅的叶向高也说："阁臣与廷臣所处不同，廷臣主发奸，不愤激则不尽情；阁臣主平章，若附和反致偾事"③，阁臣与廷臣的地位和职掌不同，所以两者的政治表现也有异，与申时行的说法相同。而作为另一方当事人的皇帝，也对臣下同样抱有这种期待，如崇祯帝说："大臣论事，须体国度时，不当效小臣图占地步，尽咎朝廷耳"④。东林党人邹元标万历时

① 钱谦益：《列朝诗集小传》丁集中《申少师时行传》，周骏富辑：《明代传记丛刊》第11册，台湾明文书局1991年影印本，第585页。

② 钱谦益：《牧斋初学集》卷65《资政大夫兵部尚书赠太子少保申公神道碑铭》，《四部丛刊初编》，上海书店1989年版，集部，346册，第724页。

③ 赵吉士：《续表忠记》卷2《叶文忠公传》，周骏富辑：《明代传记丛刊》，台湾明文书局1991年影印本，64册，第615页。

④ 黄宗羲：《明儒学案》（二）卷62《蕺山学案·忠端刘念台先生宗周》，周骏富辑：《明代传记丛刊》第2册，台湾明文书局1991年影印本，第1509页。

期因进言两次被黜谪，颇有为担道义奋不顾身的气概，但泰昌时起复为刑部侍郎后，一改先前的风格而主张官员之间"和衷"，他解释自己前后不同的原因说："大臣与言官异，风裁卓绝，言官事也；大臣非大利害，即当护持国体，可如少年悻动耶!"① 邹元标虽然说的是自己的前后变化，但他说的"大臣"应该是涵括阁臣在内的，而且这也可以作为上述官员职位变化，会导致其对制度运行理解相应变化观点的另一个例证。而邹元标说的"大臣与言官异"的情形，并非明末所独有，赵冬梅就北宋司马光等新晋宰执与台谏官，在对待熙丰新旧党争问题态度上调解抑或揪斗的对立而议论道：

> 至少从表面上看，新晋宰执与台谏官之间的分歧是"代际的"：宰相大臣年龄更长、资历更深、政治经验更丰富，因此容纳性更强，政策主张相对保守；台谏官年龄更轻、资历较浅、政治经验相对较少，因此更倾向于坚守抽象的道德原则，攻击性更强。②

这一"代际的"分歧放在明末政坛也若合符契。针对大臣与言官履行职责的不同要求，阁臣许国认为应该区别对待："大臣犹鞭楠也，宜取其阅历，略其寸朽；言官犹江河也，宜导之疏通，息其风波"③。对大臣的选任重在阅历经验丰富和老成持重，不计较小的缺失；对言官则应该像江河一样加以引导，使之疏通而不掀起风波。

内阁的调停有时也能收到较好的效果。如叶向高在万历末年任首辅时，眼见"士大夫好胜喜争"，而"务调剂群情，辑和异同"④。

---

① 张廷玉：《明史》卷243《邹元标传》，中华书局1974年版，第6301—6304页。
② 赵冬梅：《和解的破灭：司马光最后18个月的宋朝政治》，《文史哲》2019年第5期。
③ 王家屏：《光禄大夫柱国少傅兼太子太师吏部尚书建极殿大学士赠太保谥文穆颍阳许公国墓志铭》，焦竑：《国朝献征录》卷17，周骏富辑：《明代传记丛刊》，台湾明文书局1991年影印本，119册，第700页。
④ 张廷玉：《明史》卷240《叶向高传》，中华书局1974年版，第6233、6235页。叶向高曾在万历三十五年至四十二年任首辅。

天启初年被再次召回出任首辅后，他仍然秉持这一做法，对当时东林与魏忠贤等人之间的纷争"数有匡救"①。如东林党人周宗建天启二年五月疏参魏忠贤一事，就是得他调解才予平息。② 再如天启四年四月刑科给事中傅櫆参劾内阁中书汪文言，进而牵连东林左光斗、魏大中等人，魏忠贤正是对他有所忌惮才没有借此发难。"当是时，忠贤欲大逞，惮众正盈朝，伺隙动。得櫆疏喜甚，欲借是罗织东林，终惮向高旧臣，并光斗等不罪，止罪文言。然东林祸自此起。"③ 因此，钱谦益曾称赞他"妙于调御"④。

叶向高在天启时期的调停能够取得一定效果，除了他前朝重臣的威望、个人具有的才智外，还与他和东林、魏忠贤两方均有交情有关。"叶向高可以明确算作东林党人"⑤，而与魏忠贤的关系，他自己也曾说道：

> 魏忠贤者，故名进忠，与上少时相狎昵，既登大宝，甚委用之，为改今名，寖寖干政事，中外虑之。余在阁每以正言相规劝，忠贤多唯唯，凡有传谕至阁，其不可行事，余辄执争，

① 张廷玉：《明史》卷 240《叶向高传》，中华书局 1974 年版，第 6237 页。

② 周宗建之参疏见《周忠毅公奏议》卷 2《历陈阴象首劾魏珰进忠疏》，《四库禁毁书丛刊》，北京出版社 1997 年影印本，史部，38 册，第 363—366 页。时间记为四月，而《明熹宗实录》（卷 22，台湾"中央"研究院历史语言研究所 1966 年校印本，天启二年五月丙申，第 1083 页）记为五月，此处从后者。周宗建说上疏后，"于文华殿上撤讲之后，进忠恨臣，摘臣疏中千人所指一丁不识两语诟辩，至怒激之声直达宸听"（卷 2《请斥逆珰魏进忠并郭巩交通设陷疏》，第 366—369 页）。叶向高居中调解，才平息此事。黄景昉亦钦佩地说此事是得叶向高"谈笑解"（《国史唯疑》卷 11，陈士楷等点校，上海古籍出版社 2002 年版，第 336 页）。

③ 张廷玉：《明史》卷 240《叶向高传》，中华书局 1974 年版，第 6237 页。当时叶向高以曾题授汪文言为中书舍人而引罪求去，得旨不允（《明熹宗实录》卷 41，台湾"中央"研究院历史语言研究所 1966 年校印本，天启四年四月己酉，第 2344 页）。叶此举，似是因为左光斗在反驳傅櫆时，曾提到汪文言是由叶题授内阁中书（《明熹宗实录》卷 41，天启四年四月丙午，第 2340—2341 页）。

④ 钱谦益：《牧斋初学集》卷 51《礼部右侍郎兼翰林院侍读学士赠太子少保礼部尚书谥文毅郭公改葬墓志铭》，《四部丛刊初编》，上海书店 1989 年版，集部，346 册，第 585 页。陈鼎、夏燮也都对叶向高的调停效果予以肯定，分见陈鼎《东林列传》卷 17《叶向高传》，《文渊阁四库全书》，台湾商务印书馆 1983 年影印本，史部，458 册，第 391 页；夏燮：《明通鉴》卷 79，沈仲九点校，中华书局 1959 年版，第 3053—3054 页。

⑤ 邓志峰：《万历中期以后的在朝王学》，《薪火学刊》第 3 卷，复旦大学出版社 2016 年版。

　　甚至拂衣欲去，忠贤亦不恨也。①

　　可见他与魏忠贤的合作是较为融洽的，他甚至还在一定程度上压制着魏，由此也可印证上文提到的魏对他的忌惮。对此，东林后人李逊之说："逆珰用事，福清（指叶向高——笔者按）竭其才智，与之周旋，亦能挽回一二。"② 另一后人文秉也说："福清叶向高时为首辅，才能笼罩，忠贤颇敬礼之。"③ 甚至当天启四年六月东林党人杨涟上疏弹劾魏忠贤二十四大罪状时，据叶向高称，他当时曾受杨涟所逼而上揭皇帝，请求让魏忠贤"退居私第""告老乞休"，或者辞去东厂职务，召还之前被罢官的王纪、邹元标等人。④ 上揭后，黄景昉说："或传忠贤意粗动，为其党力持止"⑤，他的调停建议几乎打动魏忠贤，却被魏的党羽所破坏。

　　但是调停之举也常常受到廷臣的指责。如复社成员陈子龙说：

　　　　自江陵得罪，而政体始变。上不能无以擅权市恩之意重疑其下，而为政者务于矫前人之失，每阳为推远权势以释上疑，而时时能因人主之喜怒小为转移以示重于下。于是下疑辅臣者愈深，责辅臣者愈重，至于揣摹摘衅，舛午胶戾。⑥

陈子龙这么说，用意在于批评张居正之后的阁臣在皇帝和廷臣之间

---

　　① 叶向高：《蘧编》卷17，《四库禁毁书丛刊补编》，北京出版社2005年影印本，25册，第575页。

　　② 李逊之：《三朝野纪》卷2下《天启朝纪事》，上海书店1982年版，第60页。

　　③ 文秉：《先拨志始》卷上，上海书店1982年版，第149页。

　　④ 参见叶向高《蘧编》卷17，《四库禁毁书丛刊补编》，北京出版社2005年影印本，25册，第575页；金日升：《颂天胪笔》卷11《叶向高》，《续修四库全书》，上海古籍出版社2002年影印本，史部，439册，第392—394页。

　　⑤ 黄景昉：《国史唯疑》卷11，陈士楷等点校，上海古籍出版社2002年版，第336页。

　　⑥ 陈子龙：《安雅堂稿》卷2《太保朱文懿公奏议·序》，《续修四库全书》，上海古籍出版社2002年影印本，集部，1387册，第680页。周明初《晚明士人心态及文学个案》一书对张居正之后的历任阁臣在"依阿心态"下，依违于皇帝和群臣之间的种种表现，有较为详尽的论述（东方出版社1997年版，第61—74页）。

上下其手，既在表面上把重要政务都交给皇帝决断，表明自己没有揽权，又常常利用皇帝的喜怒，将自己的意志加入到对政务的处理中，向廷臣表明自己地位的重要。因而导致廷臣怀疑他们为了逢迎皇帝，有意不肯担当作为，对他们的责难越来越严厉，双方的关系也由此日趋紧张。上述申时行在国本之争中的做法就是被这样看待，像钱谦益那样表示理解的言论并不是主流。

叶向高的调停虽取得一定成效，但也非常艰难，他说自己在万历时期：

> 窃意群情方哄之时，且宜镇之以静，示之以包容，俟其曲直既明，成败自判，如摧枯毁齿，因其自然，则可以不伤。而谈者又责其怯懦畏事，不知以如此之阁臣，事如此之英主，天颜隔千九阍，事权操于六部，而欲用一手一足之力，尽厌天下之人心，窃恐皋夔稷契而在，亦有所不能也。①

他的调停之举被人批评为"怯懦畏事"，像上述黄景昉《国史唯疑》中引用的叶向高的话一样，他在此又表明了自己夹在猜忌心重的皇帝和难缠的廷臣之间，不得不实行调停的苦衷。叶在天启初期再次出任首辅后，又在明朝的制度设计上抱怨阁臣肩负重大责任，却无相应之权力，因而弄得里外不是人："国家革中书省，政事尽归六部，今之阁臣与古之宰相，其委任权力相去何啻天渊，而中外咎责丛集一身"②。他在东林党和魏忠贤之间的调停，最终因天启四年六月杨涟上疏弹劾魏忠贤二十四大罪状导致双方彻底决裂而告失败。尽管杨涟上疏之事，在当时也是由他"两解之"才"事稍息"③，但

---

① 叶向高：《答刘云峤》，陈子龙等《明经世文编》卷461，中华书局1962年版，第5049页。

② 《明熹宗实录》卷21，天启二年四月乙酉，台湾"中央"研究院历史语言研究所1966年校印本，第1071页。

③ 文秉：《先拨志始》卷上，上海书店1982年版，第150页。

他仍然被批评在杨涟等人的"讨魏斗争"中首鼠两端，缺少担当。如谈迁说他"惧祸谋两全，竟不能力持"①，李逊之也说："迨杨公之言入，举朝望之主持。乃既不能得于内，又无以解于外，惟有一去以谢责而已。噫！身为元老，委蛇中立，而欲收无咎无誉之功，得乎哉？"② 将这种批评发挥到极致的是汪有典："阉焰之炽也，首辅叶向高以持禄之鄙怀，饰调停之谬说。假包荒以长乱，托中立以滋奸。驯至火迫昆冈，祸侵剥肤"，认为叶向高为保住自己的爵禄而实行调停，助长了魏忠贤的气焰，导致其杀害东林诸人，"是则向高祸始教猱，致逆珰势成骑虎。曩非熹宗晏驾之早，则明之天下固已揖让而移耳。……公（指叶向高的门生缪昌期——笔者按）谓向高非削国之相，实亡国之相，岂不深中也哉！"③ 汪氏不仅严厉指责叶向高，连带也为天启帝在位时间短促而感到庆幸，言下之意，如天启帝不死，魏忠贤势必还将有恃无恐地作恶，明朝的灭亡将更早到来。叶向高在杨涟上疏月余后离去，曾极其灰心地表示：

> 时党祸复炽，门户诸君多争官竞进，耽耽者以伺其隙。而太宰赵君（指赵南星——笔者按）刚果自用，物情愈失，余再三规劝，竟不听。中官素欲揽权，屡传中旨。余触事力争，久亦厌苦。士大夫往往有欲借内力以行其意者，比杨涟疏上，益

---

① 谈迁：《国榷》卷86，张宗祥点校，中华书局1958年版，第5286页。
② 李逊之：《三朝野纪》卷2下《天启朝纪事》，上海书店1982年版，第60页。
③ 汪有典：《史外》卷6《缪昌期传》，《四库禁毁书丛刊》，北京出版社1997年影印本，史部，20册，第394—395页。据吴应箕《熹庙忠节死臣列传》，杨涟、左光斗、缪昌期曾商量参魏之事，缪动员座师首辅叶向高相助未成，而与之失和。缪因杨涟上疏受牵连，在被逮途中自撰年谱，说自己得祸因为与叶的嫌隙，吴应箕认为"斯言过矣"。他说"亡国之相"来自辽东战场广宁失陷后，缪因向叶进言未被采纳而说出，表明缪对叶早已心生怨望（"赠詹事府詹事翰林院侍读学士缪公传"条，《中国野史集成》第27册，巴蜀书社1993年版，第513—514页）。孙慎行：《恩恤诸公志略》还认为缪为杨修改参魏奏疏，并因此得祸（"缪侍读"条，《中国野史集成》第27册，巴蜀书社1993年版，第496页）。

驱与之合，余亦无奈何矣。①

他批评赵南星等东林党人应对时局不善，埋下了巨大危机，也厌倦了长期居中调停，两边不讨好的做法；而且杨涟上疏驱使和东林对立的官员与魏忠贤相结合，双方的破裂、争斗已不可避免，自己只能离开纷扰的朝廷。

张居正死后，万历帝对他的严酷清算，以及由此引起的对大臣擅权的猜忌，使之后的阁臣都害怕重蹈覆辙，不敢造次。人们向来多是批评张居正之后的阁臣缺乏其气魄和才干，不能对弊病丛生的时局有所改进，但实际时过境迁，政治环境已发生深刻变化，张居正之后的阁臣已没有了充分施展的客观条件，致使其只能在皇帝和外廷官员的夹缝中求自保，进而期望通过调停之法对政治稍有助益。调停是张居正之后的阁臣较普遍采用的做法，君臣丕隔，甚至时常对立，官员之间又严重分化，君与臣、臣与臣之间的纷争无法消除，阁臣的调停确实是不得不然，即使是政治上被认为倾向于东林的叶向高也是这样做的。以往的研究都强调张居正之后阁权不断膨胀，所以常以阁权为中心来探究万历党争的起因和分野，如林丽月说："申时行、王锡爵、沈一贯步其（指张居正——笔者按）后尘，交结中官，专断朝政"，内阁权势熏灼，与六部矛盾尖锐，官员对两者各有依违，形成所谓"阿内阁派"和"附吏部派"②，从而引发党争。日本学者小野和子依据当时言路势力的向背，也将万历朋党划分为所谓"内阁派"和"反内阁派"。但从上面的分析可以看出，张居正之后的阁权并非不断膨胀，而是日益式微，因此，这样的研究取向是值得商榷的。

而天启后期魏忠贤专权，被认为其党羽的阁臣魏广微在杨涟、

① 叶向高：《蘧编》卷17，《四库禁毁书丛刊补编》，北京出版社2005年影印本，25册，第579页。八月，叶向高因巡城御史林汝翥之事为诸阉所辱而连疏求去（《蘧编》卷17，《四库禁毁书丛刊补编》，北京出版社2005年影印本，25册，第577—578页）。

② 林丽月：《阁部冲突与明万历朝的党争》，《台湾师范大学历史学报》1982年第10期。

左光斗等"六君子"被逮入诏狱后，也曾上揭请求将其从诏狱移至刑部，有加以援救的意思，并因此触怒魏忠贤而罢归。明末的蔡士顺认为魏广微这么做，是因为吏部尚书崔景荣在他家中连坐三日，敦促他援救杨、左，而并不是出于他的本心。而且在此一个月以前，御史高弘图已上疏这么请求。① 但不管怎么说，魏广微究竟还是冒险上揭，并且因此招来祸端②。除了蔡氏仍对他不依不饶外，东林及其后人也不肯原谅他，"比坐忤归，顾物论未以是宽之。声嘈嘈恒在余耳"③。阁臣顾秉谦也曾和魏广微一样，请求将周起元等"七君子"从诏狱移送法司。④ 阁臣冯铨也参与了援救，因崇祯初期"钦定逆案"开列冯铨罪名时曾说："传闻揭救周宗建等，又分遣中使时曾有阻止"⑤。像对待魏广微一样，冯铨此举也被认为是别有所图，如《今史》封面有某氏题字云："冯涿鹿（铨）谢疏即辨疏也，其为七臣（缪昌期、周顺昌等）请恤，正是巧于弥缝"⑥。虽然魏广微等人的举动被认为是被迫而为或预先为自己留条后路，但如果放在张居

---

① 蔡士顺：《傃庵野抄》卷5，《四库禁毁书丛刊》，北京出版社1997年影印本，史部，69册，第475、476页。魏的请求没有被允准，但许显纯曾因此对东林六人短暂停刑（魏大中：《魏廓园先生自谱》，黄煜：《碧血录》，《中国野史集成》第27册，巴蜀书社1993年版，第561页）。魏广微上揭触怒魏忠贤，于是称自己是受崔景荣指授而为，崔因此被削夺（徐乾学：《明史列传》卷93《崔景荣传》，第770页）。高弘图天启初期疏请起用东林党人赵南星，巡按陕西时因题荐属吏，又为时任吏部尚书的赵南星所纠。天启后期魏忠贤专权，其党羽以高与赵有隙，四年十二月召高起故官，次年六月高果然弹劾赵，但又言："国是已明，雷霆不宜频击""诏狱诸臣，生杀宜听司法"，申救当时被魏忠贤及其党羽陷害投入诏狱的杨涟、左光斗等东林党人，被魏忠贤矫旨切责，罢官闲住（张廷玉：《明史》卷274《高弘图传》，中华书局1974年版，第7027页）。

② 对魏广微拟严旨切责的是阁臣冯铨（李逊之：《三朝野纪》卷3上《天启朝纪事》，上海书店1982年版，第81页），反映出魏党内部的矛盾斗争。魏五年八月罢归，死于天启七年，崇祯初仍"有诏削夺，寻入逆案，列遣戍中"（王鸿绪：《明史稿列传》卷287《魏广微传》，周骏富辑：《明代传记丛刊》，台湾明文书局1991年影印本，97册，第637页）。

③ 黄景昉：《国史唯疑》卷11，陈士楷等点校，上海古籍出版社2002年版，第338页。

④ 王鸿绪：《明史稿列传》卷287《顾秉谦传》，周骏富辑：《明代传记丛刊》，台湾明文书局1991年影印本，97册，第636页。据该传，顾由于内阁争权斗争，于六年八月致仕，崇祯时入"逆案"。二年，昆山民众焚掠其家，年届八十的他逃匿于渔舟中得以幸免，献银于朝，才得以寄居他县，最后死于异乡。张廷玉《明史》（卷306《顾秉谦传》，第7845—7846页）与之相同。

⑤ 文秉：《先拨志始》卷下，上海书店1982年版，第229页。

⑥ 见谢国桢《增订晚明史籍考》，上海古籍出版社1981年版，第133页。谢氏推测题字的是清代后期的翁同龢。

正之后阁臣具有的共性来看，这些也未尝不可以视为是在东林和魏党之间实行的一种调停。虽然他们在政治上更倾向于魏党，在情理上也不至于前仆后继地触忤魏忠贤而取祸，但阁臣在张居正之后的角色转换，又使得他们必须在两者之间有所调停。再往后，崇祯十四年皇帝二度召周延儒入阁，其中，复社出力较多，黄宗羲说复社支持周复出，是为了"以为两家骑邮"①，即让周充当复社与魏党之间改善关系的中介。南明弘光时期，阁臣马士英曾想调和东林党人刘宗周与魏党阮大铖的关系，"马辅士英初亦有意为君子，实廷臣激之走险。当其出刘入阮时，赋诗曰：'苏蕙才名千古绝，阳台歌舞世无多。若使同房不相妒，也应快杀窦连波'。盖以若兰喻刘，阳台喻阮也"②。可见阁臣对政治纷争的调停，从张居正死后的申时行等人开始，一直延续到明朝灭亡。

崇祯初期黄立极、施凤来、张瑞图、李国楷四位阁臣被监生胡焕猷弹劾曾阿附魏忠贤，他们辩解说：

> （魏忠贤）假先帝之严命索臣等官衔，臣等能不与乎？与之亦臣等之罪也。然以忠贤之势，取旨如寄，而谓臣等敢惜其微衔以撄虓虎之怒乎？至于取旨褒赞，则亦往日一二文书官称上命便依票拟之，一言不合，则令改票，甚至严旨切责，此事从来俱在。臣未承乏之先，为日已久，臣等不尽受罪。但票拟不能尽其职，计惟有见机之作，而彼且操虺蝎之毒以随臣等之后。盖彼不惟视臣等之去就轻，而视臣等之生死亦轻也。且夫以去就生死争之而有益于国，犹若可为也。虎狼之性，愈触则愈怒。今四年来乳虎养鹰，罗钳吉网，毒遍天下。去就生死之争，其效可见于此矣。不得已徘徊其间，冀有毫发之益于国，则亦少

---

① 黄宗羲：《南雷文定》卷7《陈定生先生墓志铭》，王云五主编：《丛书集成初编》，商务印书馆1936年版，2463册，第111页。
② 李清：《三垣笔记》卷下《弘光》，顾思点校，中华书局1982年版，第101页。

尽臣等区区之心耳。①

魏忠贤在天启帝的支持下掌握朝政，操纵圣旨，阁臣的票拟权实际形同虚设，无力与其抗争，只能在满足其要求的情况下，尽力为国家谋取些利益。这番话固然有把责任都推给魏忠贤，为自己开脱的嫌疑，但也未尝不能反映他们当时的处境艰难，进退失据。其中的张瑞图还说："今日政府，譬承家之主伯，操舟之长年也。怒涛惊浪之中，有正舵法，无荡舟法；则当仆隶恣横之时，有匡正法，亦无决弃法。"② 他把阁臣比喻为船夫或家主，当船处于惊涛骇浪中，船夫应该把稳舵，不能弃舟而去；当家中的仆隶恣横的时候，家主应该对其所作所为加以匡正，而不能将其决弃了之。实际也是想表明，在魏忠贤专权下，自己与其他阁臣迎合魏忠贤的诸多做法，是在客观形势约束下的不得已为之。明末清初的孙承泽曾同情李国樖说："夫人臣不幸而直浊乱之时，引去不能，眈就不可，惟在委蛇而不失其正，斯可为难矣"③，处于当时的情境下，走不了，又不愿完全顺服，只能艰难地在保持正心的前提下委曲求全。这让

---

① 谈迁：《国榷》卷88，张宗祥点校，中华书局1959年版，第5406页。《国榷》此处所载是节文，四位辅臣上疏全文见万斯同《明史稿》，他们详细列举了自己在天启时期的挽救成绩，如魏忠贤想要陷害国丈张国纪而对其加以保护，为惠世扬、耿如杞等人脱罪，"宁远大捷"为袁崇焕争得奖励，"黄山之案"避免官方的镇压，等等。四人得以礼遇而去，黄立极在钦定逆案中"居末等，落职闲住"，给事中马斯理上疏认为处罚太轻，应予重处，但未被采纳（卷354《黄立极传》，《续修四库全书》，上海古籍出版社2002年影印本，史部，330册，第270页）。胡焕猷被革去监生，之后似乎就销声匿迹，见不到他的任何记载。或许是他不为魏党所容，东林也要避嫌所致。

② 转引自黄江华《明大学士张瑞图及其夫人墓志铭浅析》，《福建文博》2010年第4期。该文还依据张瑞图姻亲林欲楫所作《墓志铭》，提到张在魏党专权时期的一些匡救之处。

③ 孙承泽：《畿辅人物志》卷12《李文敏国樖》，《续修四库全书》，上海古籍出版社2002年影印本，集部，540册，第702页。魏忠贤因李国樖是其同乡，天启六年七月援引其入阁，但李"每持正论"，曾保护张国纪、方震孺等人。崇祯初期，国子监生胡焕猷参劾李被褫夺衣冠，李为其求情得以免罚，被时人称为"长厚"。他于元年五月请辞，并举荐韩爌、孙承宗等东林党人（万斯同：《明史》卷225《李国樖传》，《续修四库全书》，上海古籍出版社2002年影印本，史部，330册，第271页）。张廷玉《明史》对此记载与万氏相似（卷251《李国樖传》，中华书局1974年版，第6480—6481页）。与其他三位阁臣不同，李未入"逆案"，表明其上述行为得到较普遍认可。

人想起前面申时行、叶向高为自己调停之举辩护的话，他们要应对的是皇帝，黄立极等人要应对的是打着皇帝旗号的魏忠贤，都很艰难则是相同的。

而王家屏、沈鲤等立场倾向于廷臣的阁臣，最终，只能因违逆皇帝而被罢黜，虽获得清议的好评，却于政治改良没有多大帮助。阁臣的调停，万历时期主要是在皇帝与廷臣以及廷臣之间进行，天启时期则主要是在东林党人和魏忠贤之间进行。他们的调停，常常能得到皇帝的支持，却往往被一些廷臣批评为缺乏担当，玩弄权术，并且不能做到秉公无私。但这是站在廷臣的立场，如果就阁臣的处境来说，他们的调停以及被批评的各种不足，实际也有不得已的苦衷。鉴于皇帝与廷臣以及廷臣之间，东林党人和魏忠贤之间，都是针锋相对，各不相让，而他们实际上拿谁都没有办法，这也注定了他们的调停必定以失败告终。

另外，除了邓志峰说的阉党外，东林也有结交内官的实际举动。林丽月论述了东林与太监陈矩的结交情状，又指出东林与司礼监的正式结交始于王安①，但是对后者结交的具体情形并未详究。二者关系密切，在万历末年东林党与政敌的争斗中，与东林交好的汪文言在齐、浙、楚各党之间"设奇用间"，出谋划策的则是王安，"齐、浙果大搆，卒以两败，而楚遂归正。（王）安之谋居多，其奔走先后以卒成之者，文言也"②；"移宫"事件，据顾炎武说是王安与杨涟串合促成：王安"素不快于（李）选侍，为涟等内应""兵科给事中杨涟先上疏自明，被旨褒嘉过当。人谓其结王安以取旨如响答者"③，王夫之也说："杨大洪（指杨涟——笔者按）之刚，而所用

① 林丽月：《明末东林运动新探》，博士学位论文，"国立"台湾师范大学历史研究所，1984年；《"击内"抑或"调和"？——试论东林领袖的制宦策略》，《台湾师范大学历史学报》1986年第14期。

② 黄尊素：《黄忠端公文略》卷3《汪文言传》，《四库禁毁书丛刊》，北京出版社1997年影印本，集部，185册，第46页。

③ 顾炎武：《顾亭林诗文集·熹庙谅阴记事》，华忱之点校，中华书局1959年版，第434、443页。

以卫主者王安"①；而东林党人在泰昌及天启初期得以复起，据复社人士夏允彝说，首辅叶向高的仲孙曾告诉他，是得力于汪文言向王安的举荐。②而对阁臣，东林除了反对所谓"苏浙诸奸"外，也有如邓文所说的王家屏、沈鲤、叶向高等为东林所支持的人，而且，万历后期他们还曾设法支持漕运总督李三才入阁③。也就是说，所谓"在朝王学"官员结交内官、权贵的行为表现，在东林身上也有，因此，它不只是非东林的思想基础。同样，程朱理学影响下的东林官员，与"规范君权"的政治主张也没有必然关系，他们也完全可能依附皇权，就如前面余英时说的东林也曾想"得君行道"。可见，东林与非东林对某些官僚机构人员的结交或背离，只是根据是否有利于推行自己的政治主张，维护本集团的利益，并没有什么特殊的思想根源。

陈畅《东林学派的"新心学"建构——论明清之际哲学转向的一个新视角》是这方面的最新研究成果，论文聚焦哲学领域的东林学派和学术，以黄宗羲《明儒学案》为依据，分别以顾宪成、高攀龙、孙慎行为代表，探讨东林学派的开端、发展和完成形态，以及东林学术思想的连续性与突破点，"东林学术就不再是一种不成熟的理论调和形态，而是完备、成熟且具有其真正特出思想意义的创造性体系"。又由于孙慎行的"新心学"，影响了刘宗周、黄宗羲师徒的学术思想，进而影响清代的浙东学派，由此，展现出明清之际哲学思想转向的思想历程。同时，论文也对近代以来学界就东林学术在王学、朱子学上的依归问题存在的观点分歧，进行了简要介绍和评述。④

一者视东林为党派，视东林人士为政治人物，注重从政治史的

① 王夫之：《读通鉴论》卷25《顺宗》，中华书局1975年版，第874页。
② 夏允彝：《幸存录》"门户杂志"条，留云居士辑：《明季稗史初编》卷14，上海书店1988年版，第297—298页。
③ 参见［日］小野和子《明季党社考——东林党与复社》，李庆等译，上海古籍出版社2006年版，第191—192页。
④ 陈畅：《东林学派的"新心学"建构——论明清之际哲学转向的一个新视角》，《中山大学学报》（社会科学版）2020年第3期。

视角总结其政治主张。上述邓志峰的论文把对政治制度运行理解的不同，作为东林和非东林的区别，实际也已提出了东林的政治主张。日本学者小野和子的专著《明季党社考——东林党与复社》在这方面较有代表性，认为东林党的政治主张，就是依据明太祖的祖训和法律规定，加强六部的行政决定权，尤其是吏部的人事任免决定权；开通言路，由言官"持天下之公是公非"，对六部行使监察权。简言之，就是"事权归六部，公论听科道"，同时，限制皇帝、内阁的权力，"内阁反映天下之公，预先做成天子之旨的原案""朝廷只不过是认可这些而已"①。这种安排，实际是对张居正时代利用考成法确立的内阁—六科—六部—地方抚按逐层垂直监察体制的反动②，六科"持天下之公是公非"，不仅监察六部的行政，还要在很大程度上影响内阁的决策，而皇帝的"朝廷只不过是认可这些而已"，因此，六科俨然已处在权力架构的最顶层。与邓志峰的论文相同，小野和子该书也认为东林是主张约束皇权的，并且在东林的做法上比邓文论述得更为具体。

从史实来看，东林"开通言路"的主张，早在张居正死后就得到了很大程度的实现，不仅言路官员对政治的影响不断扩大，而且形成了一种以建言为高的政治风尚，即所谓"建言成风"。张居正为排除干扰强力推行改革措施，使六科给事中和十三道监察御史言官为主的言路要么成为自己的帮手，要么受到打压。而张居正死后言路势力又得以抬头，除了他们自己的不断争取外，主要还因为得到万历帝的扶持。为报冯保、张居正曾经压制自己的宿怨，万历帝支持李植、羊可立等言官攻击他们及其阵营人员，掀起批张风潮，言官在其中充当了打手的角色。他因愤恨张居正所为而对阁臣擅权的猜忌，也使继为首辅的申时行等人"务反居正所为，以和厚接物"。如申时行就曾说：

---

① ［日］小野和子：《明季党社考——东林党与复社》，李庆等译，上海古籍出版社 2006 年版，第 127—128 页。

② ［日］小野和子：《明季党社考——东林党与复社》，李庆等译，上海古籍出版社 2006 年版，第 9—10 页。

"臣等才薄望轻，因鉴人前覆辙，一应事体，上则禀皇上之独断，下则付外廷之公论，所以不敢擅自主张。"① 当然，前面已谈到，他的这种说法，也有人认为是表里不一的。叶向高也说：

> 今日之壅隔，其受病甚深，由来甚久。盖当主上冲年，江陵为政，一切政事，不相关白，至于起居食息，皆不自由。上心积愤不堪，深恶臣下之操权矣。代者窥见此意，曲为将顺，后来相沿，无所救正。②

而阁臣的收敛、阁权的式微，也使言路失去昔日的控驭而逐渐舒张，"于是言路之势又张"③。

万历帝掀起的批张风潮，虽然满足了他的报复心理，但后来对张居正的清算渐趋高涨，甚至超出他的初衷。虽然这场清算运动，最后，因为万历帝处分有关言官而逐渐冷却④，但言路势力逐渐兴起的势头却不可遏止。正如时人所说的"创为一种风尚"⑤"此风既成，莫可救止"⑥，已经形成了一种政治风尚，不会因为皇帝处分几个言官就罢息。

万历帝的扶持导致了言路势力的复兴和发展。但复兴后的言路势力大有目空一切、谁也不放在眼里的架势，甚至常常把皇帝也作

---

① 《明神宗实录》卷219，万历十八年正月甲辰，台湾"中央"研究院历史语言研究所1962年校印本，第4100页。

② 叶向高：《答刘云峤》，载陈子龙等《明经世文编》卷461，中华书局1962年版，第5049页。

③ 赵翼：《廿二史札记》卷35"明言路习气先后不同"条，王树民校证，中华书局1984年版，第803—806页。而据张廷玉《明史》卷215《传赞》："世宗之世，门户渐开。若言路者，各有所主，故其时不患其不言，患其言之冗漫无当，与其心之不能无私，言愈多而国是愈益淆乱也"（中华书局1974年版，第5690页），则嘉靖时言路就已产生弊端并酿成党争。

④ 李植、江东之、羊可立等人的罢斥，可参见樊树志《晚明史（1573—1644年）》（复旦大学出版社2003年版，第421—423页）。樊先生字里行间也对该时期的言官举动不满，并认为其导致了党争的发生（第415页）。

⑤ 《明神宗实录》卷164，万历十三年八月己酉，台湾"中央"研究院历史语言研究所1962年校印本，第2987页。

⑥ 张廷玉：《明史》卷231《薛敷教传》，中华书局1974年版，第6047页。

为攻击的对象，更重要的是他们不顾一切的建言之举，往往能够得到社会舆论尤其是士林清议的同情和共鸣，这反倒使皇帝常常处于一种两难的境地——对其加以处分，正好满足了其求名的本意，自己却落得骂名；接受其意见，又实在难以做到，因为，这不符合他多疑猜忌、刚愎自用、耻为臣下所挟制的性格，更何况有些进言确实是虚空无实，鸡零狗碎。所以面对言路的失控和不断"渎扰"，他都采用不予理会即章奏留中、缺官不补的怠政方式与之相抗，这当然也让一部分实心进言的人受挫，影响了政务的处理，进而败坏了政事。而缺少了皇权、阁权的制衡，又更加助长了言路势力的恶性膨胀，及至操纵政局，分门别户，酿成党争。由此也可以看出，上文余英时、葛兆光说的文官士大夫以"道统"约束"治统"，其力量并不是虚空的，而是实实在在能够起到作用，国本之争最终使万历帝接受立皇长子朱常洛为太子的主张，就是最好的证明。而他们所操持的道统，因其并没有相对固定的内涵，所以也常常被他们借题发挥，以之为名而行争权夺利之实。

张廷玉《明史·赵用贤传》评述张居正死后言路势力要么比附内阁，要么与之相抗，以此"分曹为朋"：

> 明至中叶以后，建言者分曹为朋，率视阁臣为进退。依阿取宠则与之比，反是则争。比者不容于清议，而争则名高。故其时端揆之地，遂为抨击之丛，而国是淆矣。①

但由此也可看出此时与内阁相抗的"建言者"，已能获得士林清议的高评，而内阁则成为"抨击之丛"，再度表明内阁权势的衰落。到了万历后期言路势力更加膨胀，几乎可以操纵政局，而内阁则完全为其所挟制。如万斯同《明史·夏嘉遇传》说：

---

① 张廷玉：《明史》卷230《传赞》，中华书局1974年版，第6027页。

神宗久倦勤，而方从哲独柄国，碌碌充位，帝于中外章奏悉留中，无所处分。惟言路一攻，则其人自去，不待诏旨也。以故台谏之势，积重不返，有齐、楚、浙三方鼎峙之名。齐为给事中亓诗教、周永春，御史韩浚。楚为给事中官应震、吴亮嗣。浙则给事中姚宗文、御史刘廷元。而汤宾尹辈阴为之主，号为"当关虎豹"，放废天下清流殆尽。其党给事中赵兴邦、张延登、徐绍吉、商周祚，御史骆骎曾、过庭训、房壮丽、牟志夔、唐世济、全汝谐、彭宗孟、田生金、李徵仪、董元儒、李嵩辈与相倡和，务以攻东林排异己为事。其时考选久稽，屡趣不下，言路曾无几人，盘踞益坚，后进当入为台谏者，诸党人必钩致之门下，由是其党愈固，当事大臣莫敢撄其锋。而诗教为从哲门生，吏部尚书赵焕耄而暗，又诗教乡人。两人一从其指挥，以故诗教势尤张。①

万历帝怠政，章奏留中，缺官不补，内阁长期只有方从哲一人，言路也长期为几人把持。言路攻击官员，由于得不到皇帝的裁断，被攻击的人往往会依照常规和表明自己的气节而离去，言路俨然已控制官员的进退。"台谏之势，积重不返"，形成齐、楚、浙、昆、宣等朋党，与东林相争，双方都不断吸纳"后进当入为台谏者"以壮大力量，即使内阁首辅、吏部尚书都受其控制。万斯同《明史·刘廷元传》所记载的一件事情很能反映当时言路的权势：朝廷召宣大总督涂宗浚为兵部尚书，御史刘廷元两次上疏反对，涂最终不敢履任。万氏由此感叹："大僚非其气类者不得安其位，由是天下大权尽归言路。"②

---

① 万斯同：《明史》卷341《夏嘉遇传》，《续修四库全书》，上海古籍出版社2002年影印本，史部，330册，第122页。张廷玉《明史》卷236《夏嘉遇传》与之基本相同（中华书局1974年版，第6161页）。

② 万斯同：《明史》卷354《刘廷元传》，《续修四库全书》，上海古籍出版社2002年影印本，史部，330册，第275页。该传所载齐楚浙党人员与《夏嘉遇传》又有所不同。

万历后期言路势力的发展，形成齐、楚、浙、昆、宣等朋党与东林相争的局面，可见言路势力在万历帝的扶持下发展起来后发生了分化。而东林提出开通言路的政治主张，与其上述由言官行使监察职能的制度设计互为表里，初衷可能是更加促进言路势力的发展，畅通进言渠道以振刷政治，但是也有为了自己一方能够更多对政治施加影响的目的。但复兴后的言路势力发生分化，形成多党共抗东林的局面；并且言路势力的职能也发生严重变异，不见多少振刷政治，倒是热衷于呼朋引类，操控政局。可见，所谓开通言路，由言官"持天下之公是公非"的设想，在帝制传统渊远，官僚体制非常牢固且架构完善，其中的杰出人物常能借助皇权的支持，对政治运行起决定性作用的时代行不通，反不如张居正的集权做法有效。正如田澍所说：

> 在晚明史的研究中，一些学者过多地注意了明代新因素的出现，而极少关注明代政治的真正走向。事实上，16—17 世纪的明代社会变迁是缓慢的，传统政治仍然起着极大的作用。……后张居正时代阁权的衰落使朝廷控制社会的能力迅速下降，即明代国家的领导力越来越弱，而当时社会的发展不可能产生新的力量来弥补这一权力巨变中的真空，相反依然需要强有力的中央集权。也就是说，晚明时代并不意味着需要一个弱化的中央集权，否则，面对日益繁杂的内外情势，无法做出正确的选择和强有力的政治引导。在晚明时代，强力的行政中枢决策仍然是第一位的。①

从这个意义上说，阁臣张居正等强调"纪纲"即上下行政等级，以保证政令的畅通和施行，在当时可能是更有利于解决问题的。也正

---

① 田澍：《防范第二个张居正的出现：万历朝的政治特点——"明亡于万历"新解》，《史学集刊》2020 年第 4 期。

是因为这样，当明末风雨飘摇，朝廷左支右绌仍难力挽狂澜于既倒时，难怪有人会重新忆起张居正。小野和子抱持"追求民主的热忱和对理想政治的憧憬"这一现实关怀，从中国古代政治思想的演进脉络着眼，试图挖掘东林思想主张中的民主、启蒙意义，将东林派"开通言路"的政治主张，与清末的变法运动、孙文"三民主义"中的民权主义联系起来①，但是，如果从开通言路的主观目的、客观结果、东林的实际政治表现及对当时政局造成的影响来看，她的看法可能不无穿凿附会和人为拔高之嫌。类似的比附做法，民国时期的林语堂早就有过。如他说：明代"朝廷御史官员实际上等同于现代公共信息员，他们的弹劾和请愿活动可能被认为是人民心声的表达"，高评东林书院的"政治批判运动""成为反对党心惊胆战的舆论中心""始终保持一种激进的批评态度，旨在清除政治病毒"②。

相比于小野和子支持东林代表的言路而对内阁加以批判，上述邓志峰的论文则对内阁的处境表示了一定的同情。"也正是因此，对这一时期的在朝王学内阁而言，要想在毫不退让的独裁君主与慷慨激昂的外廷儒臣中间找平衡，无疑是一件痛苦之事。"他对于"在以往研究中，由于道德主义色彩过浓，以申时行为首的在朝王学内阁首先在人格上遭到贬低"不以为然，"尽管我们确实可以找到证据，把天启时代阉党视作在朝王学的衣钵，但却并不能把罪责完全算在在朝王学头上，那种以君子小人、正义非正义等一分为二的模式所作的研究，与历史实相相比，未免有简单化之嫌。从根本上说，在朝王学的政治理念是独裁君主政体的必然产物。一种僵固的政治结构，要么使理想的精神诉求成为以卵击石，撞的粉身碎骨；要么迫使另外一些政治力量采取更为柔软的手段，在现实的权力夹缝中游走。从朱子学到阳明学，在政治上的深刻变化，与宋代君师共治体

---

① ［日］小野和子：《明季党社考——东林党与复社》，李庆等译，上海古籍出版社 2006 年版，《中译本前言》第 6 页、《序》、第 134—136 页。

② 林语堂：《中国新闻舆论史》，王海等主译，中国人民大学出版社 2008 年版，第 53、58 页。

制被明朝君主独尊体制所取代，这一趋势是相应的。而就明代的具体变化而言，表明正统以后，因为君权失范导致宋代政体的短暂复归，至此又重新破局，回到了明初体制。"作者能突破道德主义的藩篱，从君主专制制度自身存在的弊端，分析东林和阉党两种学术思想、行动主张存在的合理性，并且将之置于宋代至明代政治体制的演变，及其带来的学术思想的变化这一政治文化背景下探讨，虽然把朱子学和在朝王学分别作为东林和非东林思想基础的看法不无可议之处，但相比那些预设结论的厚此薄彼的看法，要更能体现"了解之同情"而切合历史实际。

把东林作为学派或党派，两者都有材料可以依凭，都能言之成理。实际所谓东林人士，不少都是兼具讲学之士和政治人物两种身份，不管是黄宗羲《明儒学案》中所列的东林人物，还是魏党《东林党人榜》等所列的东林人物，都可以看得出来。因此，这些人既是学派中人，也是党派中人，他们的学术思想和政治主张只是一个问题的两面。更何况，中国古代以经学为内核的学术思想，从来都是与政治密不可分的。东林从顾宪成到刘宗周具有一脉相承的思想体系，即主张讲学以正人心，进而匡正世风。如邹元标说："天下治乱，系于人心；人心不正，关乎学术。"① 刘宗周说："先生曰：天地晦冥，人心灭息，吾辈只有讲学明伦，庶几留民彝于一线乎？""先生痛言世道之祸，酿于人心，而人心之恶，以不学而进。今日理会此事，正欲明人心本然之善，他日不至于凶于尔国，害于尔家。"② 可见，在东林人士那里，学术与政治本是连在一起的。如果从东林正学术—正人心—正政治的诉求演进来看，阐明学术思想是他们的出发点，而推行自己的政治主张才是他们的落脚点。

---

① 查继佐：《罪惟录》卷10《邹元标传》，浙江古籍出版社1986年版，第1621页。
② 刘宗周：《刘子全书》卷40《先君子蕺山先生年谱》，清道光会稽吴氏刊本。

二　忠臣义士

万历之后谈东林讲学的材料很少见，如上述对东林讲学以干政的争论或批评也很少见，而多见的是对他们政治活动的记录。东林早期尚有顾宪成、高攀龙等退居林野、抱持学术见解与理想之人，后来就不再有这样的人物出现，而称为"东林"者多是一些官僚，虽有刘宗周、黄道周等理学家，但他们也都同时是官僚。这说明东林成员的学者身份逐渐淡化隐去，官僚身份则日趋强化凸显，并在很多人身上成为唯一身份。成为纯粹官僚的东林人士，又被塑造出忠臣义士的形象，如天启四年六月杨涟弹劾魏忠贤二十四大罪状，向来就都将它看作是东林反抗魏忠贤、彰显忠义本色的典型事例。但是细究材料就会发现，一些其他的隐情和细节也被忽略了。

（一）

杨涟上疏弹劾魏忠贤的直接诱因，是这年三月吏部尚书赵南星调用邹维琏为吏部属官。关于此事的大致来由，张廷玉《明史》说：

> 吏部尚书赵南星知其（邹维琏——笔者按）贤，调为稽勋郎中。时言路横恣，凡用吏部郎，必咨其同乡居言路者。给事中傅櫆、陈良训、章允儒以南星不先咨己，大怒，共诟谇维琏。及维琏调考功，櫆等益怒，交章力攻。又以江西有吴羽文，例不当用，两人迫羽文去，以窘辱维琏。[①]

晚明言路势力横行，已见于上文论述，赵南星没有征求江西言官的意见，而调用江西人邹维琏为吏部稽勋司郎中，后又改为考功司郎

---

① 张廷玉：《明史》卷235《邹维琏传》，中华书局1974年版，第6137页。

中，引起江西言官傅櫆等人对邹维琏的攻击。当时吏部验封司主事吴羽文也是江西人，吏部属官中同时有两个江西人，不符合常例，傅櫆等人迫使吴羽文去位，给人造成是被邹维琏逼走的印象。

这次纷争实际是由东林的内讧造成的。如邹维琏说："臣同乡省中二三臣同过臣寓，若教臣，又若憾臣，而独科臣傅櫆奋然草疏欲驳臣。……允儒、良训犹是角口常情，而櫆则硬坐臣为倖进，且以新推铨司程国祥亦坐臣为曲成"，将傅櫆与章允儒、陈良训两人区别看待。当时的东林官员李应昇同样说："云中（指傅櫆——笔者按）自是一种意见，鲁斋、岵月（指章允儒、陈良训——笔者按）吾辈人也，乃愤愤生疑，中细人之挑唆，至使两正人（指邹维琏和吴羽文——笔者按）无端蒙其毒，阋墙招侮，岂不可为痛哭哉！"①认为"吾辈人"章、陈是被人挑唆，才"阋墙"参劾邹维琏。崇祯初期东林主导的惩治魏忠贤党羽的"钦定逆案"，傅櫆入案②，章、陈两人则不入，可能跟这个也有关系。与之不同，后来的复社人士吴应箕则认为是章、陈先攻击邹，才被傅櫆钻了空子："章允儒、陈良训疏相攻，因起玄黄之端，傅櫆乘而操戈"。章、陈之所以参劾邹，是因为自身利益受到邹的损害："或曰维琏欲以知府转章、陈，故为所不容云"③。不管是受人挑唆，还是出于维护自身利益，章、陈弹劾邹都表明东林内部的分裂。而被认为在这场纷争中"挑唆""乘而操戈"、崇祯时期入"逆案"的傅櫆，在此之前的一些事情上也曾与东林保持一致态度，如以"红丸案"处理不当为由弹劾首辅方从哲④；当刑部尚书王纪被罢免时，他也予以相救⑤。这表明，傅櫆是因为参

---

① 李逊之：《三朝野纪》卷2下《天启朝纪事》，上海书店1982年版，第53页。

② 谈迁：《国榷》卷90，张宗祥点校，中华书局1958年版，第5473—5476页。

③ 吴应箕：《两朝剥复录》卷1，《四库禁毁书丛刊》，北京出版社1997年影印本，史部，19册，第123页。

④ 王鸿绪：《明史稿列传》卷202《方从哲传》，周骏富辑：《明代传记丛刊》96册，台湾明文书局1991年影印本，第390页。

⑤ 《明熹宗实录》卷24，天启二年七月癸亥，台湾"中央"研究院历史语言研究所1966年校印本，第1234页；张廷玉：《明史》卷240《叶向高传》，中华书局1974年版，第6237页。

劾邹维琏才与东林走向对立，在此之前，他与东林在很多事情上的见解相同，而他参劾邹维琏可能又是受了东林人士的鼓动，晚明政坛人际网络、政治派性的复杂多变由此可见一斑。四年九月，赵南星被罢归，邹维琏与其一起离去。

纷争继续扩大，傅櫆接着又参劾内阁中书汪文言，并牵连东林党人左光斗和魏大中，"汪文言狱"由此肇端。

> （汪文言）初充歙县门役，复谋充本县库胥，窃藏拟戍，潜逃京师，遂父事内监王安，内外交通，事露拟配，人皆以为灾。初而且敢易改名字，营纳今官。左光斗身在宪府，不能追论而且引为腹心，魏大中职忝谏垣，不行驱除，而且助其资斧。

汪文言本是徽州歙县的小吏，受与东林交好的于玉立影响，"由此知朝廷之上某某者为正人，某某者为邪人"，所谓的"正人""邪人"当然分别是指东林和非东林。后来他又受于派遣入京，结交当时为东宫伴读太监的王安，"相与谈世事之得失，辩人才之邪正，安听之亹亹不怠"，把自己对朝中官员"邪正"的看法，对王安施加影响。他在万历末年曾帮助东林离间齐、楚、浙三党，泰昌及天启初期又在王安和首辅刘一燝之间穿针引线，推动了一些新政措施的出台，"两朝宫府之难，维持调护；外则撤税阉、发内帑、起用诸贤，一切善政，安与南昌（指首辅刘一燝——笔者按）同心共济，文言居中通彼我之怀""时正人颂其功不置口，嫉之者日以益众"。天启初期因与王安的密切关系，受到顺天府丞邵辅忠的参劾，化险为夷后他仍然不知退却，反而更与官员交结，尤其与东林党人来往密切，"文言益游公卿间，门外之辙益众，福清题授内阁中书，一时正人蒲州、高邑、应山、桐城、嘉善（指韩爌、赵南星、杨涟、左光斗、魏大中——笔者按）俱延之入幕"①。此时，傅櫆参劾汪文言结交太监王

---

① 黄尊素：《黄忠端公文略》卷3《汪文言传》，《四库禁毁书丛刊》，北京出版社1997年影印本，集部，185册，第46页。张廷玉：《明史·魏大中传》中附记汪文言的内容与此大同小异，应是取材于此（张廷玉：《明史》卷244《魏大中传》，中华书局1974年版，第6334—6335页）。

安，钻营不法，左光斗、魏大中执掌监察、进言之权，不但不揭露他，反倒跟他来往密切。左、魏也分别上疏辩解，左还反击说傅櫆与东厂理刑太监傅继教结为兄弟①，而这种"通内"之举是为当时法律所禁止的②，两人都得到优旨慰答。

傅櫆参劾汪文言牵连魏大中、左光斗，据张廷玉《明史·魏大中传》，是由于魏大中反对对浙江巡抚刘一焜的恤典，刘为江西南昌人，魏因此得罪江西言官章允儒，于是唆使傅櫆上弹疏，仍是上述东林内部矛盾的体现。同时，傅櫆也受到吏科右给事中阮大铖的怂恿："会给事中阮大铖与光斗、大中有隙，遂与允儒定计，嘱櫆劾文言，并劾大中貌陋心险，色取行违，与光斗等交通文言，肆为奸利。疏入，忠贤大喜，立下文言诏狱。"③ 阮大铖最初也亲近东林，"清流自命"，为左光斗"引为同志"④。清初朱彝尊《静志居诗话》说："大铖在《东林点将录》，号没遮拦。"⑤《东林点将录》是东林的政敌编写的东林成员名单，因出自不同时期不同的人之手，有不同的版本，收录的人员名单也有不同。朱氏看到的这份《东林点将录》，也为同一时期的阎若璩见过。⑥ 这么说来，阮大铖与东林闹翻也可视为是东林的一场内讧。他与东林"有隙"，是由于与魏大中争吏科都给事中一事：

---

① 王世贞撰、王政敏订、王汝南补：《新刻明朝通纪会纂》卷4《熹宗哲皇帝》，《四库禁毁书丛刊》，北京出版社1997年影印本，史部，13册，第92页。左、魏二人辩疏，见蔡士顺《僾庵野抄》（卷4《四库禁毁书丛刊》，北京出版社1997年影印本，史部，69册，第437—438、438—439页）。

② 《大明律》卷2《职制》，《续修四库全书》，上海古籍出版社2002年影印本，史部，862册，第433页。

③ 张廷玉：《明史》卷244《魏大中传》，中华书局1974年版，第6334—6335页。

④ 钱澄之：《所知录》卷5《阮大铖本末小纪》，《四库禁毁书丛刊》，北京出版社1997年影印本，史部，72册，第185页。

⑤ 朱彝尊：《静志居诗话》卷21《顾杲传》，《续修四库全书》，上海古籍出版社2002年影印本，集部，1698册，第480页。

⑥ 阎若璩撰、吴玉搢编：《潜邱劄记》卷6《与王山史书》，《文渊阁四库全书》，台湾商务印书馆1983年影印本，子部，859册，第518页。

四年春，吏科都给事中缺，大铖次当迁，光斗招之。而赵南星、高攀龙、杨涟等以察典近，大铖轻躁不可任，欲用魏大中。大铖至，光斗意中变，使补工科。大铖心恨，阴结中珰寝推大中疏。吏部不得已，更上大铖名，即得请。大铖自是附魏忠贤。①

当时，吏科都给事中职位空缺，按照官员晋升的条件，应由阮大铖担任，左光斗开始也招服丧在家的阮来京就任。但赵南星等人认为阮为人轻躁，怕马上就要开始的京察他会惹出事端，而想让魏大中来担任此职，左于是改变主意让阮任工科都给事中。吏科都给事中与工科都给事中虽都是正七品的官员，但前者能参与朝廷人事安排、考察官员等要务，故有"首垣"之称，这应是阮、魏要争夺它的原因。赵南星等人改用魏大中，跟前述任用邹维琏一样并不合规，由此也可看出东林当时的权势，可以违反常规任用官员，并且任用的都是己方满意的人员。如当时的李清、章正宸就认为："然大铖资俸居先，迫之去者过。"② 复社人士归庄说：东林党人"激成阮入彼党，未始非失计。盖阮实有可用之才，惜诸君子无使贪使诈之作用也"③，把此事作为阮大铖背离东林、转投魏忠贤的分界线，并认为阮有"可用之才"，对东林"无使贪使诈之作用"而有所批评。言外之意，他虽对阮的人品不认可，但仍认为他尚有才干。而阮大铖借助魏忠贤之力夺得吏科都给事中一职，又表明东林的权势虽大，但魏忠贤仍能轻易制衡乃至凌驾于其上。此后，阮大铖"到任未数日，即请终养归，以缺让魏公大中"④，似乎只是为泄一时气愤，并

---

① 王鸿绪：《明史稿列传》卷287《阮大铖传》，周骏富辑：《明代传记丛刊》第97册，台湾明文书局1991年影印本，第647页。张廷玉：《明史》所记与之相同（卷308《阮大铖传》，中华书局1974年版，第7937页）。

② 李清：《三垣笔记》卷下《弘光》，顾思点校，中华书局1982年版，第114页。

③ 归庄：《归庄集》卷10《随笔二十四则》，上海古籍出版社1984年版，第517页。

④ 钱澄之：《藏山阁集·文存》卷6"皖髯事实"条，《续修四库全书》，上海古籍出版社2002年影印本，集部，1400册，第645页。

非真要与东林为敌。魏支持阮，阮似乎也必须有所回报。因此，清末的夏燮认为"东林诸君子之绝大铖自此始"，即争夺吏科都给事中一事是东林与阮大铖分裂的起点，同时，阮"乃附忠贤，与奄党为死友"，在魏忠贤往涿州进香的路上"叩马献策"①，即为魏忠贤出谋划策陷害东林。奇怪的是，当魏大中奉旨就任吏科都给事中面谢皇恩时，却又被圣旨严切责备。圣旨如此反复，傅櫆此时又一反常态，上疏指出这份圣旨来自皇帝绕过内阁的"中旨"："此旨之自中传出者无疑也"，并说"职非敢为大中等解也，特职恐行邪之径为害不小"②，声明自己不是要为魏大中叫屈，而是认为"中旨"这种做法不合乎内阁拟旨、皇帝批红的常规，易于被皇帝的亲信太监操纵"行邪"，对政治带来重大危害，不言而喻他指的是魏忠贤。

　　天启初魏忠贤杀害与东林交好的太监王安，因而与东林开始决裂，"大珰魏忠贤阴持国柄，初亦雅意诸贤。而诸贤以其倾杀王安，弥恨恶之"③。之后东林掀起长期的"讨魏斗争"④，两者的关系渐趋恶化。魏忠贤一直伺机报复，傅櫆的参劾几乎被他利用来"罗织东林"，"当是时，忠贤欲大逞，惮众正盈朝，伺隙动。得櫆疏喜甚，欲藉是罗织东林，终惮向高旧臣，并光斗等不罪，止罪文言。然东林祸自此起"⑤。上述操纵"中旨"切责魏大中应就是他采取的行动，但最终因为忌惮首辅叶向高这位旧臣的威望，只对汪文言治罪，而暂时没有波及左光斗、魏大中等人，然而东林已就此

---

① 吴应箕：《忠节吴次尾先生年谱》，上海图书馆 1995 年影印本。

② 蔡士顺：《傃庵野抄》卷 4，《四库禁毁书丛刊》，北京出版社 1997 年影印本，史部，69 册，第 441 页。

③ 夏允彝：《幸存录》"门户大略"条，留云居士辑：《明季稗史初编》卷 14，上海书店 1988 年版，第 290 页。

④ 详见拙著《"小人"的轨迹："阉党"与晚明政治》，中国社会科学出版社 2016 年版，第 136—138 页。

⑤ 张廷玉：《明史》卷 240《叶向高传》，中华书局 1974 年版，第 6237 页。当时叶向高以曾题授汪文言为中书舍人而引罪求去，得旨不允（《明熹宗实录》卷 41，天启四年四月己酉，台湾"中央"研究院历史语言研究所 1966 年校印本，第 2344 页）。叶此举，似是因为左光斗在反驳傅櫆时，曾提到汪文言是由叶题授（《明熹宗实录》卷 41，天启四年四月丙午，第 2340—2341 页）。

埋下祸端。

但是这里要说明的是，"罪文言"的并不只是魏忠贤及其党羽，而是东林党人合力促成。前文谈到，汪文言在万历末年及泰昌、天启初期都曾给予东林极大帮助，被赵南星、杨涟、左光斗、魏大中等人倚重。但当他被逮入诏狱后，"素不喜文言"① 的黄尊素受魏大中嘱托，告知审理此案的锦衣卫指挥同知署镇抚司刘侨："文言无足惜，使缙绅之祸由文言不可"，得刘侨相助，由是"谳辞卒无所坐，中旨廷杖之而已"②，只对汪文言治罪，而没有牵连其他人。魏大中这么做，很有为了保住自身，让汪文言一人担责的意味。但是，此事并没有就此了结，不久刘侨就因对此事的处理引起魏忠贤的不满而被削籍③。汪文言在系狱几个月后，四年十二月又为御史梁梦环参劾，五年四月死于诏狱，当北镇抚司向朝廷上报此事时，圣旨说："汪文言不以病闻，如何遽死？"④ 无疾而终，可见其死得蹊跷。杀害汪文言的是代刘侨主掌镇抚司、魏忠贤的死党许显纯，他借汪文言之手栽赃给杨涟、左光斗等东林党人，又将他杀害造成死无对证。⑤ "然

---

① 徐乾学：《憺园文集》卷25《赠太仆寺卿黄忠端公祠堂记》，《续修四库全书》，上海古籍出版社2002年影印本，集部，1412册，第627页。

② 黄尊素：《黄忠端公文略》卷3《汪文言传》，《四库禁毁书丛刊》，北京出版社1997年影印本，集部，185册，第46页；黄宗羲：《南雷文定》卷11《辩野史》，王云五主编：《丛书集成初编》，商务印书馆1936年版，2463册，第173页。张廷玉：《明史》卷244《魏大中传》删去了魏大中托黄尊素的内容（第6335页）。

③ 谈迁：《国榷》卷86，张宗祥点校，中华书局1958年版，第5278页。

④ 《甲乙记政录》，《续修四库全书》，上海古籍出版社2002年影印本，史部，438册，第241页。汪文言之死，是因为魏忠贤及其党羽要借其牵连东林党人，"杀文言然后可以赃诬众正也。观此者，则文言之所以死，死文言之所以死众正矣"（蔡士顺：《儌庵野抄》卷5，《四库禁毁书丛刊》，北京出版社1997年影印本，史部，69册，第474页）。

⑤ 张廷玉：《明史》卷306《许显纯传》，中华书局1974年版，第7873页。"六君子"之一的顾大章，当杨涟、左光斗、魏大中、周朝瑞、袁化中死于诏狱后，魏忠贤及其党羽为了应付舆论，将其从诏狱移往法司定罪。刑部尚书李养正对顾的判词与镇抚司相同，魏忠贤等人又准备将他移往镇抚司。顾不堪再次受辱，遂自缢于刑部牢狱（张廷玉：《明史》卷244《顾大章传》，第6342页）。李养正在万历后期即已与东林相忤（张廷玉：《明史》卷245《周起元传》，第6350页）。其人未入逆案，或许是此前已亡故。"七君子"之一的高攀龙，在被逮捕之前就投水自尽（张廷玉：《明史》卷243《高攀龙传》，第6314页）。许显纯于崇祯元年六月伏诛。

（汪文言）至死不肯屈服，以赃诬杨（涟）、左（光斗）"①，他对东林也算是肝胆相照了。但崇祯初期东林党人重返政坛，却没有给他平反。

对于"肇祸"的傅櫆，后来，李清为他辩解说："若櫆连纠左光斗、魏大中等虽谬，然纠狎邪汪文言，自快人意，况以纠逆珰故，致服阕后终珰世不出，何云逆案？吏部尚书张捷每声其枉，然不启亦不雪，或曰先经杨维垣纠，意弗许也"②，肯定傅櫆纠劾汪文言的举动，但又说他不应牵连左光斗、魏大中等人，并且认为傅櫆有上述"纠逆珰"即参劾魏忠贤操纵"中旨"的举动，此后，服父亲之丧，魏忠贤专权的天启后期一直都没有出仕，因此，不应被列入崇祯时期旨在打击魏忠贤党羽的"逆案"。但李清所说的傅櫆"纠逆珰"之举，夏允彝认为是"藉忠贤自解"，即借参劾魏忠贤为自己开脱，这应该是指上述被左光斗参劾的"通内"，同时，他也批评东林不应结交汪文言招来祸患。③ 对此，谈迁也持相同看法，批评东林不应对"憸而贪"的汪文言"群嘘竞诩"④。可以看出，夏、谈还承认东林与汪文言有关联，李则把两者截然分开。但三人所说都是站在东林的立场，在傅櫆参劾汪文言牵连东林一事上想为东林开脱，而全部归过于汪文言，实际仍是当初魏大中、黄尊素的做法。就像前面说的，汪文言在泰昌、天启初期曾辅助推行一些善政，政治上倾向于东林，也因而遭到东林敌党的忌恨。得意时可能确有一些不

---

① 李逊之：《三朝野纪》卷 2 下《天启朝纪事》，上海书店 1982 年版，第 52 页。但是，张廷玉：《明史》又说杨涟等人，因担心会被酷刑折磨致死，都"诬服"曾接受熊廷弼的贿赂（卷 244《左光斗传》，第 6332 页）。

② 李清：《南渡录》卷 5，何槐昌点校，浙江古籍出版社 1988 年版，第 227 页。"逆案"人员杨维垣曾在崇祯初期反对起用傅櫆（《崇祯长编》卷 3，天启七年十一月乙亥，台湾"中央"研究院历史语言研究所 1967 年校印本，第 119 页）。

③ 夏允彝：《幸存录》"门户杂志"条，留云居士辑：《明季稗史初编》卷 14，上海书店 1988 年版，第 297 页。

④ 夏允彝：《幸存录》"门户杂志"条，留云居士辑：《明季稗史初编》卷 14，上海书店 1988 年版，第 297 页；谈迁：《国榷》卷 86、卷 87，张宗祥点校，中华书局 1958 年版，第 5276、5302 页。

端行为，上文李、谈说他"狎邪""憸而贪"应实有其迹。素有为澄清吏治而不拘一格用人之名的赵南星，与其他东林人士不顾这些与他结交，应是看中他与伴读太监王安交好、首辅叶向高用他为内阁中书，并由此得到很多实惠。李、夏、谈三人都认为汪品德有瑕疵，东林不该与之结交，却没有看到这些，而这些也成为傅櫆弹劾东林的重要把柄。东林抛弃他，则是在他受到参劾时，为求自保急于跟他划清界限，崇祯初期再度掌权也不肯为他恢复名誉。要用到他时对他"群嘘竞诩"，要撇清干系时他就"无足惜"了，这样的交往，似乎只为功利，而无任何情谊可言。或许在东林及其支持者看来，汪文言只是一枚棋子而已，留还是舍，褒抑或贬，全看他的利用价值所在。

官员间的纷争，尤其是东林人士的内讧，使傅櫆连番参劾邹维琏、汪文言等人。此前，傅櫆曾经在一些问题上与东林政见一致，此后，当工部郎中万燝因响应杨涟上疏弹劾魏忠贤被廷杖致死，巡城御史林汝翥又因得罪中官将被廷杖时，他也上疏抗论。[1] 他参劾邹维琏、汪文言等人有站得住脚的理由，这么说他只是依据自己的判断行事，如果要说幕后推手，倒是章允儒、陈良训等东林党人以及本与东林亲近的阮大铖起了作用，这些在史料中有明确记载。而没有材料表明他受到了魏忠贤的唆使，相反魏忠贤正是想利用他的参劾，对"讨魏"的东林党人展开报复，并且他还受到傅櫆操纵"中旨"的参劾。傅櫆似乎一直都在被利用，先是被卷入东林的内讧，后又被魏忠贤借助对付东林。傅櫆参劾魏忠贤操纵中旨，夏允彝批评他是借以"自解"，但这仍可看成是他按自己的判断行事。之后他回家守制，魏党专权时想起复他，为他拒绝，他的连番参劾，结果除了得罪东林，列名逆案外，并没有换来任何对自己的"好处"。这

---

① 谈迁：《国榷》卷86，张宗祥点校，中华书局1958年版，第5289页。林汝翥被杖缘由及其主要履历，见李聿求《鲁之春秋》（卷11《林汝翥传》，浙江古籍出版社1984年版，第113—114页）。

么来看李清为他列入逆案抱屈，也并不是完全没有根由。崇祯时期复出掌权的东林党人把傅櫆列入逆案时，不知是否想过章允儒、陈良训等东林党人也参与了弹劾邹维琏，以及在幕后指使傅櫆参劾魏大中？

　　说到东林的内讧，这里还有两则未见有人提及的材料。其一，据魏大中自撰年谱，"某"想升官，为魏劝阻，因此，与之产生矛盾，从某的任职经历和致信阮大铖来看，其人应是左光斗。魏说阮得到吏科都给事中一职后，他"以阮故未绝于吾党，凡事诚意相商，必不至大决裂。乃某意既弗善予，复不善阮，欲乘此两去而更有所属"①，认为自己对阮还能笼络，左才是引起这场争执且对自己步步进逼的人。东林人士郑鄤后来在整理刊刻他的年谱时，也注意到了这一问题，"中及同志矛盾语，存其真不欲删，从来小人之乘君子，未有不起于君子之隙者也。后之君子是可以观"②。他留下这些记载未予删除，除了"存其真"外，还为了警醒君子应精诚团结，避免被小人钻了空子，这也表明他对魏说的与左的矛盾并不怀疑。黄宗羲说父亲黄尊素调停魏、阮的矛盾，阮"意亦少转"，但"无奈桐城之疏彼也"③，"桐城"指的就是左光斗，功亏一篑是因为左要疏离阮。如果吏科都给事中之争一事真如魏大中、黄宗羲所说，则《明史》所说左、阮的"同志"关系是怎样恶化的，而且有关阮大铖为人及其后续与东林、复社的诸多波折，都可能要重新认识和评价。

　　其二，清代中期安徽黟县人俞正燮所撰《癸巳存稿》说，江西人邹元标因万历初期反对首辅湖北江陵人张居正"夺情"被贬，途

---

　　① 魏大中：《魏廓园先生自谱》，黄煜：《碧血录》卷上，《中国野史集成》第27册，巴蜀书社1993年版，第559页。

　　② 郑鄤：《序》，见黄煜：《碧血录》卷上，《中国野史集成》第27册，巴蜀书社1993年版，第536页。

　　③ 黄宗羲：《明儒学案》（二）卷61《东林学案四·忠端黄白安先生尊素》，周骏富辑：《明代传记丛刊》第2册，台湾明文书局1991年影印本，第1488页。但是在为魏大中之子魏学濂写的墓志铭中，黄氏又与左光斗、魏大中的后人一样，把阮大铖视为陷害左、魏的元凶（黄宗羲：《翰林院庶吉士子一魏先生墓志铭》，见《黄宗羲全集》第二十册《南雷诗文集中》，浙江古籍出版社1985年版，第432—434页）。这里面似乎尚有一些疑窦等待解开。

中向湖北地方官员求助，未蒙应允而对湖北人心存怨恨。天启后期邹勘理湖北夷陵人熊廷弼之狱，诬陷他行贿等罪状，致其被杀，又牵连湖北应山人杨涟被杀。当时"助元标攻杨涟者，江西仅一傅櫆"，这里所说有误，傅櫆并没有参劾杨涟，但是，他参劾魏大中、左光斗等人，引起杨涟弹劾魏忠贤，下文将对此详述。俞氏这么说，意在说明邹陷害熊、杨，连"江西公论"也不认可，甚至他的父亲也以此"切责"他。俞氏还说黄宗羲《明儒学案》因感于邹此举不合公论，而对他有"深而险"的记述。① 而早在清初的王昆绳，就已提到邹元标杀熊廷弼之事。② 这条材料既有对晚明党争人、事的认识，也同样具有颠覆性。

傅櫆的参劾影响巨大，崇祯时期的阁臣黄景昉说：

> 使邹维琏不调铨部，即傅櫆疏何自发？汪文言局何自破？左光斗、魏大中祸何自生？事既不可调停，于是杨涟为一决之计，锋复不可回迤。于是魏忠贤为百足之图，机绪相生，端委隐露，就从到头一错始。为诸君子者亦何苦以其所爱好人好官，基朝家数十年灾祸为哉！③

他连用三个反问句，表明此事带来的一连串不利于东林的反应，致使杨涟不得不上疏参劾魏忠贤二十四大罪状，"为一决之计"，即决一死战。杨涟没有像左光斗、魏大中一样针锋相对地弹劾傅櫆而参魏忠贤，是因为魏既已表露想要借此事报复东林的意图，在他及其他东林人士看来才是"小人"们的后台，而必须设法铲除的有重大威胁的

---

① 俞正燮：《癸巳存稿》卷 8"熊廷弼狱论"条，辽宁教育出版社 2003 年版，第 245 页。但查《明儒学案》，称邹元标为"先生"，颇为敬重，并没有"深而险"的记载［黄宗羲：《明儒学案》（二）卷 23《江右王门学案八·忠介邹南皋先生元标》，周骏富辑：《明代传记丛刊》第 2 册，台湾明文书局 1991 年影印本，第 533—535 页］。

② 方苞：《方苞集》卷 5《书杨维斗先生传后》，刘季高校点，上海古籍出版社 1983 年版，第 120 页。

③ 黄景昉：《国史唯疑》卷 11，陈士楷等点校，上海古籍出版社 2002 年版，第 335 页。

人，而且这也是为了接续之前的"讨魏斗争""魏忠贤者，小人之城狐也，塞穴薰鼠，固不如隳城变社也"①。结果没有扳倒魏，反倒导致他变本加厉地反噬，归根结底都是由赵南星不合常规调用邹维琏肇因，"就从到头一错始""为诸君子者亦何苦以其所爱好人好官，基朝家数十年灾祸为哉"，黄景昉对赵南星等人利用掌握的人事大权为自己一方谋取利益，造成政局纷扰，为国家埋下严重祸患的举动是不以为然的。《明史》称黄景昉"不附阉，无嫌于东林"②，在政治立场上应属于中立者，因此，他对东林的这一意见值得重视。

万历二十一年（1593）癸巳京察，参与其事的吏部考功郎赵南星，因处分内阁支持的官员而被迫卸任后，万历三十五年在高邑家内设思党亭，写作《思党亭记》一文追忆癸巳京察中和他一起作为党人被罢黜的官员。③小野和子说："'思党亭'这个颇具挑战性的名称，不仅对于这个时期的政争，而且在考虑天启时期他们作为东林党人的政治活动时，也是极为重要的。"④换句话说，赵南星在天启时期的"结党"行为，早在万历时期就有了思想苗头。赵南星天启时期复出后，所作所为确实党人色彩浓厚，后文对此还有论及。

（二）

傅櫆由参劾汪文言牵连左光斗、魏大中，却为何由杨涟来"为一决之计"弹劾魏忠贤？这应当与其自身"顾命之臣"的遭遇有

---

① 黄宗羲：《明儒学案》（二）卷61《东林学案四·忠端黄白安先生尊素》，周骏富辑：《明代传记丛刊》第2册，台湾明文书局1991年影印本，第1488页。

② 张廷玉：《明史》卷251，中华书局1974年版，第6495页。

③ 赵南星：《味檗斋文集》卷8《思党亭记》，王云五主编：《丛书集成初编》，商务印书馆1936年版，第348—350页。赵针对他人就此亭取名的疑惑，回应说"植党"是"当国者"驱逐"君子"的口实，这自然是说他和其他同道，在癸巳京察中因处分内阁的亲信官员而遭其罢官，因此，他认为只要是"有益于国家"，不必争辩"我非党也"。易言之，如果有益于国家，结党也无妨，他对自己"结党"是不隐晦的，这也是上述东林自认为是"朝中公党""君子之党"的重要依据。

④ ［日］小野和子：《明季党社考——东林党与复社》，李庆等译，上海古籍出版社2006年版，第164页。

关。泰昌帝弥留之际曾三次召见大臣，而当时身为兵科右给事中从七品"小臣"的杨涟都受命参与，这种殊遇在中国传统政治社会中极为少见，"公虽欲不誓死以报，其可得哉！"所以在后来催促李选侍从乾清宫移出，以保卫皇长子朱由校的"移宫"事件中，他是所有官员中最为尽心尽力的一位，"五日夜不交睫，头须尽白"①。谈迁说杨涟"负气节，贾武敢任""光庙特召时，预于顾命，琐臣之奇遭，孰若文孺（指杨涟——笔者按），宜感奋而不顾其身也。排闼定位，移宫避嫌，俱首自文孺"②。清初汪有典说："公区区一曹郎，非有贵戚肺腑之亲，大臣心膂之重。直以光宗病中之诏，奉为顾命之尊，身先勋旧大臣，攘臂疾呼，夺天下于妇人之手，而归之主器。"③ 张廷玉《明史》则简化表述，说杨涟"自以小臣预顾命，感激，誓以死报"④。而且，杨涟在移宫事件后虽然一再升迁⑤，"名震天下"⑥，但关于此事的议论却一直都没有停止，其中，不乏攻击他别有用心者。"负气节，贾武敢任"的性格，"顾命之臣"的身份，主导移宫引起的诸多非议，以及曾与左光斗共同促成李选侍移宫而为人合称"杨左"，左被参劾势必要施以援手，由杨涟来弹劾魏忠贤

---

① 钱谦益：《牧斋初学集》卷50《都察院左副都御史赠右都御史加赠太子太保谥忠烈杨公墓志铭》，《四部丛刊初编》，上海书店1989年版，集部，345册，第567页。杨涟在移宫事件中的具体表现，参见孟森《明史讲义》（上海古籍出版社2002年版，第289—291页）。

② 谈迁：《国榷》卷87，张宗祥点校，中华书局1958年版，第5307页。

③ 汪有典：《史外》卷5《杨涟传》，《四库禁毁书丛刊》，北京出版社1997年影印本，史部，20册，第385页。

④ 张廷玉：《明史》卷244《杨涟传》，中华书局1974年版，第6320页。

⑤ 在围绕"移宫"事件的争论中，许多人对杨涟和贾继春都予以肯定，但实际上二人却被不同对待。杨于天启元年正月乞归回籍，天启二年又起为礼科都给事中，不久又擢为太常少卿，三年冬拜左金都御史，四年春迁左副都御史（张廷玉：《明史》卷244《杨涟传》，中华书局1974年版，第6323—6324页）。而贾则于天启元年四月被"除名永锢"，其后虽屡经官员举荐，都未能起复。直到四年冬，魏忠贤逐去杨涟等人，才以中旨召复原官。杨、贾两人一荣一枯，很可以看出天启初期政局，确是为东林所操控。或是鉴于此，黄景昉曾委婉谈到杨涟诸人致祸的原因说："诸君各做大官，居要路，致怨有因"（《国史唯疑》卷11，陈士楷等点校，上海古籍出版社2002年版，第341页）。

⑥ 姚希孟：《公槐集》卷3《移宫论略》，《四库禁毁书丛刊》，北京出版社1997年影印本，集部，178册，第328页。

"为一决之计"，似乎也是理势所必然。当时，东林内部如缪昌期将弹劾魏忠贤与正德年间铲除太监刘瑾对比，不无忧虑地对左光斗说："内无张永，外无杨一清，一不中而国家从之可几幸乎？"① 认为当时想要扳倒魏忠贤，内外条件都不具备。黄尊素也曾有所劝阻②，但是杨涟都没有接受，并且抢在李应昇之前上弹疏③。

与杨涟在移宫事件中对立的贾继春，曾指出杨涟上疏的动机说："王安以修隙之故，倡为移宫之说。杨涟、左光斗，希宠助虐，昧心说谎，逼辱康妃（指李选侍——笔者按），亏损圣德。傅櫆参汪文言、左光斗、魏大中，涟在其中矣，于是先发遮饰之计，而参内之疏出。参内者，其所借之题目也，总不过为自掩计耳。"④ 他说杨涟是因为左光斗、魏大中等同志受到傅櫆的参劾，而先发制人地上此疏参劾魏忠贤以"自掩"，即掩饰自己在移宫事件中与王安串通，以及与汪文言交结。贾继春在天启初的移宫事件中，因与杨涟等人意见相左被"除名永锢"⑤，以上是他在天启五年被魏忠贤等人复起后的言论，固然有重提旧恨之嫌；但是他认为杨涟上疏与移宫事件和傅櫆参劾汪文言等事情有关，经上文论述，应该是符合实情的。

杨涟毅然决然地上疏参劾魏忠贤，但之后也有所畏怯，"犹有酿祸虞"⑥。上疏没有得到回复，他又想在上朝时当面奏明皇帝，却最终被魏忠贤布置的党羽吓得"目慑气夺"而作罢⑦。当工部郎中万燝因参劾魏忠贤不肯拿出宫中废铜铸钱，以用于万历帝的"陵工"而被廷杖致死后，他感到自己也有危险，还曾就去留问题征求同党

---

① 汪有典：《史外》卷 6《缪昌期传》，《四库禁毁书丛刊》，北京出版社 1997 年影印本，史部，20 册，第 394 页。

② 徐乾学：《憺园文集》卷 25《赠太仆寺卿黄忠端公祠堂记》，《续修四库全书》，上海古籍出版社 2002 年影印本，集部，1412 册，第 628 页。

③ 李逊之：《三朝野纪》卷 2 下《天启朝纪事》，上海书店 1982 年版，第 54 页。

④ 文秉：《先拨志始》卷下，上海书店 1982 年版，第 175—176 页。

⑤ 万斯同：《明史》卷 354《贾继春传》，《续修四库全书》，上海古籍出版社 2002 年影印本，史部，330 册，第 281 页。

⑥ 黄景昉：《国史唯疑》卷 11，陈士楷等点校，上海古籍出版社 2002 年版，第 337 页。

⑦ 文秉：《先拨志始》卷上，上海书店 1982 年版，第 149 页。

的意见，黄尊素劝他辞官离开朝廷以避祸，但没有被接受。① 他最终被罢官，逮进诏狱酷刑拷打致死。东林内部起初对于是否要弹劾魏忠贤并未完全达成一致，后来被魏忠贤等人迫害而死的东林"六君子"，当身陷牢狱时也有所离心。周朝瑞、袁化中为保住自己，曾请顾大章转告杨涟，要他自行了断。② 周朝瑞在交完自己的"赃款"后，还埋怨顾大章没有交完，牵连他不能出狱③。

杨涟弹劾魏忠贤最终失败，其个人以及东林在主观上的不足与失误较多，是重要原因。它是由赵南星不合常规调用邹维琏为吏部属官产生的纷争直接引起的，东林的诸多内讧又被魏忠贤所利用，逼使东林与魏忠贤"为一决之计"；而由杨涟担负此任，又跟他自己的性格、"顾命之臣"的殊遇以及主导移宫招来的非议等有关。杨涟此举，既有出于反宦官干政的公义，又有维护东林集团和个人利益的私心。如苗棣就曾尖锐地说：杨涟所参魏忠贤二十四条罪状，"没有一条是同国家实际面临的严峻局面直接相关的""东林党的忠臣们对于国家所面临的政治、经济和军事危机倒不那么关心"④。但是人们向来关注较多的是杨涟等人的公义，私心则被忽略了。

杨涟上疏掀起了"讨魏斗争"的高潮，导致了东林党与魏忠贤等人的彻底决裂。不少人都对杨涟上疏激化与魏忠贤的矛盾，导致其反噬的做法有所批评，如身经此事的太监刘若愚《酌中志》："贤

---

① 黄尊素：《黄忠端公文略》卷3《答堂翁杨大洪问去留书》，《四库禁毁书丛刊》，北京出版社1997年影印本，集部，185册，第47—48页。

② 李逊之：《三朝野纪》卷3上《天启朝纪事》，上海书店1982年版，第80页；顾大韶：《炳烛斋稿·先兄陕西按察司副使赠太仆寺少卿塵客府君行状》，《四库禁毁书丛刊》，北京出版社1997年影印本，集部，104册，第594页。周先前与杨涟"最善"（吴应箕：《熹庙忠节死臣列传》"赠太仆寺卿礼科周公传"条，《中国野史集成》第27册，巴蜀书社1993年版，第516页）。

③ 燕客：《天人合征纪实》，《中国野史集成》第27册，巴蜀书社1993年版，第578页。

④ 苗棣：《魏忠贤专权研究》，中国社会科学出版社1994年版，第98页。二十四条罪状大致可以归结为：第一、十八、二十二条，为违背祖制、法令。第二至七条、第十九条，为斥退东林，引用亲信，即"亲乱贼而仇忠义"。第八至十一条、第十四条，为戕害宫妃、王安、外戚。第十二、十三、二十三条，为逾制营私。第十五至十七条，为危害地方，草菅民命。第二十、二十一条，为利用东厂做不法之事。第二十四条，为恃宠而骄，威胁朝廷。

既得瓦全，便从此改心，放手为恶，无所忌惮，实杨公此疏激成之也"①。朱长祚《玉镜新谭》："杨涟首触凶锋，以二十四罪之疏入，海内缙绅之祸从此始，忠贤之杀机亦从此始。"②夏允彝《幸存录》："杨涟二十四大罪之疏上，遂为不共仇。"③黄景昉《国史唯疑》称此疏"首发难端"④，吴岳《清流摘镜》也以此疏为"珰祸发端"⑤。其中，不乏夏允彝这样的复社人士和朱长祚、黄景昉等常被认为立论公允的人。

但也有人反对这种观点，如蔡士顺的看法就截然相反：

> 此疏诛珰，取祸甚烈。无识者乃谓焚林之祸，疏实召之，以为应山（指杨涟——笔者按）咎，而不知此疏为诸正人之宝筏也。不然玄黄相攻，门户已耳。孰为诛珰，孰为媚珰，而别白若此乎！削夺诛戮，苦海波涛中，有此疏在，则斗杓可依，其功大矣。⑥

他认为杨涟上疏激化了与魏忠贤的矛盾，引起他的反扑而给东林带来灾祸，因此，责怪杨涟的说法是颠倒是非，杨涟的上疏正是后来辨别是非，彰显东林正义的重要标识。但所谓"诛珰""媚珰"的评判标准，显然是源自对宦官鄙夷的传统政治观念，以及对东林"讨魏斗争"的肯定，本身就存在先入为主的不足；而且对杨涟为何

---

① 刘若愚：《酌中志》卷11《外廷线索纪略》，《续修四库全书》，上海古籍出版社2002年影印本，史部，437册，第476页。
② 朱长祚：《玉镜新谭》卷2《罗织》，《四库禁毁书丛刊》，北京出版社1997年影印本，史部，71册，第318页。
③ 夏允彝：《幸存录》"门户大略"条，留云居士辑：《明季稗史初编》卷14，上海书店1988年版，第290页。
④ 黄景昉：《国史唯疑》卷11，陈士楷等点校，上海古籍出版社2002年版，第337页。
⑤ 吴岳：《清流摘镜》卷2《珰祸发端》，《四库禁毁书丛刊补编》，北京出版社2005年影印本，17册，第592页。
⑥ 蔡士顺：《傃庵野抄》卷4，《四库禁毁书丛刊》，北京出版社1997年影印本，史部，69册，第448页。

要上疏"诛珰"，其中存在的隐情等问题，都避而不谈。蔡士顺是东林"七君子"之一的李应昇的舅父①，他对于此事的看法，难免受这层亲情的影响。与蔡士顺一样，东林人士钱谦益曾举出"世之议公（指杨涟——笔者按）者有三"："以移宫贪功""以交奄（指王安——笔者按）钓奇""以攻奄（指魏忠贤——笔者按）激祸"，并逐条为杨涟辩护。② 郑鄤也说："君子惜公（指杨涟——笔者按），其说亦有二，曰：移宫太骤，纠逆（指魏忠贤——笔者按）近激"，也为他辩护，并说："凡为此者，与于小人之甚者也"③。如果对杨涟有所指摘，就被认为是"小人之甚"。崇祯时期的东林人士姚希孟"雅不善"杨涟，曾致信杨涟之子说："其所以决裂至此者，必有巨奸为之魁，然在诸世丈，得毋嫉恶太严，调停未尽以致此耶？"④ 东林阵营内部的人也持杨涟上疏激化矛盾从而引来祸端的说法，说明此事并不是完全没有可以议论的地方。而且就史实来说，在杨涟上疏之前，东林和魏忠贤虽有纷争，但并没有完全破裂；在此之后，魏忠贤等人便逐渐对东林展开报复，后者受迫害的范围和程度也远超越过去。这样看来，双方的关系变得不可调和、彻底决裂，确实是以此为界的。

明末天启时期的党争，初期东林开展"讨魏斗争"，取进攻态势；后期魏忠贤及其党羽对东林实施残酷报复，东林全无招架之力，只能引颈受戮。而天启四年六月杨涟弹劾魏忠贤，则是政局转变的一个关键节点。当时及之后就有对杨涟弹劾魏忠贤举动的质疑，所

---

① 李清：《三垣笔记》卷上《崇祯》，顾思点校，中华书局1982年版，第32页。谢国桢也曾指出："士顺当亦党籍中人也。"（谢国桢：《增订晚明史籍考》，上海古籍出版社1981年版，第184页）

② 钱谦益：《牧斋初学集》卷50《都察院左副都御史赠右都御史加赠太子太保谥忠烈杨公墓志铭》，《四部丛刊初编》，上海书店1989年版，集部，345册，第569页。

③ 郑鄤：《峚阳草堂文集》卷5《杨忠烈公集·序》，《四库禁毁书丛刊》，北京出版社1997年版，集部，126册，第352页。

④ 姚希孟：《公槐集》卷16《应山杨公子》，《四库禁毁书丛刊》，北京出版社1997年影印本，集部，178册，第479页；张廷玉：《明史》卷245《缪昌期传》，中华书局1974年版，第6353页。

以蔡士顺等人要极力辩护，并且给质疑者以"无识者""小人之甚""逆辞"等的指责。换句话说，如果质疑杨涟的举动，不仅表示其人缺乏识见，其品德也有欠缺。回到前面说的向来都把杨涟弹劾魏忠贤当作彰显东林忠义的典型事例，除了杨涟等人惨死诏狱的结局容易引起同情外，东林的强势话语也起了重要作用。

杨涟的"忠义"形象到了清代仍然受到推崇。清初，黄宗羲的朋友冯悰，其门人不知道杨涟，冯生气地说："读书者须知当代人物，若一向不理会，读书何用"①。可见时间一长，杨涟的事迹逐渐为后人淡忘，但其支持者仍注意宣扬，以使其代代相传。雍正时期，凌如焕督学湖北，将杨涟的玄孙杨可镜作为拔贡。但杨可镜参加朝考时却文理荒谬，部议革除其功名，凌如焕降一级调用。但雍正帝却降下特谕："杨涟父子，两世忠义，其子孙虽文艺不工，亦当格外造就"，对两人都免于处罚②，由对东林人士的褒奖，法外推恩于其子孙。清末夏燮撰《忠节吴次尾先生年谱》，说杨涟参魏忠贤的疏文"传入南中，家钞户诵，顿觉忠义之气鼓畅一时"。如果他说的可信，则可见当时东林所获得的民意支持。但这也可能是夸大乃至虚构之词，因为时间相隔已久，其意不过是借民间的反应来凸显杨涟之举的正义。

---

① 黄宗羲：《思旧录·冯悰》，见《黄宗羲全集》第 1 册，浙江古籍出版社 1985 年版，第 389 页。
② 陈康祺：《郎潜纪闻初笔》卷 2 "世宗崇奖忠节"条，中华书局 1984 年版，第 33—34 页。

清者自清

——清除"依草附木之徒"

如前文所说，顾宪成重建东林书院，借讲学以干政虽也受到诸多批评，但还能得到后来黄宗羲等人的辩护，而同一时期与东林关系密切的于玉立则几乎被人一致声讨。万历三十八年当顾宪成因致信阁臣叶向高、吏部尚书孙丕扬为漕运总督李三才辩护，被一些人指责是"遥执朝权"①"一时攻淮抚者，并攻锡山（指顾宪成——笔者按）"，东林因而卷入纷争时，给事中商周祚说：

> 目前最水火者，则疑东林与护东林两言耳。疑者摘其一事之失，一人之非，或至混诋林泉讲学之人，则人心不服；护者因人摘其一事之失，一人之非，或至概訾论者伪学之禁，则人心亦不服。疑者不服不免牵淮抚以钳之，以淮抚李三才素窃林贤之誉以自固者也；护者不服则亦牵苏浙之脉以钳之，以林下贤者素弹苏浙诸奸而被黜者也。意有主奴，袒遂分右左，而党议于是乎渐起。

"疑东林"和"护东林"两方相争，各自夸大其事，大事牵引人员，是以引起"党议"。他还认为东林中除于玉立被参论还要等待勘定外，"其余尚多贤者，臣愿与诸臣共挽毂而推之"，对东林的其他人

---

① 文秉：《定陵注略》卷9《淮抚始末》所引三十九年二月沈正宗疏、三十年五月李朴疏。

员较为推崇，并提出自己评定官员的标准："论人者采生平为实录，不必曰吾某党故及也，为三窟藏身之计；旁观论人与论于人者，听是非之自定，不必曰此某党故论之，此某党故被论也，为党同伐异之举"①，即应注重生平所为，不应只依据门户。商周祚被认为是反东林之人②，在围绕韩敬科场案的纷争中与东林对立③，崇祯时还被列入"逆案"。但他此时的言论，却并不反对东林，称为"林下贤者"，赞扬东林的讲学之举，而称反对东林者为"苏浙诸奸"，也确实指出了当时官员纷争的一些弊病。当时，御史张铨说于玉立就是混入东林的"附丽之徒"④。万历后期为齐、楚、浙、昆、宣"诸党人魁"⑤、天启初期被东林党人赵南星视为"四凶"之一⑥的亓诗教也说："宪成自贤，玉立自奸。"⑦

当淮抚之争时，于玉立曾想援引韩敬相助东林，却最终把他推向敌对阵营。于、韩二人为儿女姻亲：

> 于颇以纨绔畜之，敬深以为恨。及登第后，方喜葭莩之借光，而不知其饮恨甚也。时适当淮抚之事，因淮抚而并及锡山，徐兆魁前驱最力。于寓书于敬，授以疏稿，令攻兆魁，保举淮抚，且云不特一时之誉望攸归，而日后之爱立可握券以取也。敬接疏稿，反以授兆魁。于是彼党合喙以攻于，推驳无完肤。⑧

于玉立对韩敬"纨绔畜之"，引起韩的憎恨。当韩万历三十八年科

① 文秉：《定陵注略》卷9《淮抚始末》，北京大学图书馆藏善本。
② 张廷玉：《明史》卷236《夏嘉遇传》，中华书局1974年版，第6161页。
③ 文秉：《定陵注略》卷9《庚戌科场》，北京大学图书馆藏善本。
④ 文秉：《定陵注略》卷10《门户分争》，北京大学图书馆藏善本。
⑤ 张廷玉：《明史》卷236《夏嘉遇传》，中华书局1974年版，第6161页。
⑥ 李逊之：《三朝野纪》卷2上《天启朝纪事》，上海书店1982年版，第43—44页。
⑦ 文秉：《定陵注略》卷10《门户分争》，北京大学图书馆藏善本。
⑧ 文秉：《定陵注略》卷9《庚戌科场》，北京大学图书馆藏善本。

举中第后，于本想借他之力参劾徐兆魁，因后者在淮抚之争中攻击李三才及其支持者顾宪成，并且为他写好了弹疏。但韩却把弹疏交给了徐兆魁，于是于玉立便成为东林反对者竞相攻击的对象，这应该就是《明史》说的"攻东林者，率谓玉立遥制朝权"[1]，也是他受到众人指责的原因所在。于玉立要韩敬参与政争，"且云不特一时之誉望攸归，而日后之爱立可握券以取也"，是为了当时获得好的名声和以后捞取好处，可见其政治投机的动机。无名氏撰《东林事略》说：东林人士以建书院为名，"徒相与臧否人物，讽议国政""玉立既参议其中，则往往致西北之同志君，令多方奏论之，以故附四明（指首辅沈一贯——笔者按）用者辄罢去"[2]，于在东林中起的是招收徒众，以抗衡对立者的作用。由此也可以理解夏允彝说他是"东林中用胜于体之子也"[3] 的原因所在，他善于政治权谋，疏于个人道德修行，前文缪昌期对他自称东林"了不为动"，可能也是出于此。而商周祚、亓诗教这样的非东林官员对顾宪成和于玉立区别看待，应该是顾在干政之外，还有讲学的举动，于则纯粹只是干政。唯独东林党人刘宗周说于如"略迹而论心"，则有"国士之风"[4]，持论与他人迥异。他说的"迹"，显然是指于操纵韩敬支援东林、招收徒众等，而"心"则是指他支持东林、李三才的用心，也就是说，于的做法虽有失正大光明而为众人指摘，但用心却是应当肯定的，不得不说，刘的东林立场，已到了偏执的境

---

[1] 张廷玉：《明史》卷236《于玉立传》，中华书局1974年版，第6158页。

[2] 无名氏：《东林事略》卷中，《中国野史集成》第27册，巴蜀书社1993年版，第527页。"臧""讽""从"三字，原书缺字，此处是根据上下文所补。但是同书又说东林，"人品、理学遂擅千百年未有之盛"（卷下，第532页），对其传承理学大力肯定。再如既说"昭代"（卷上，第520页），表明是清朝人所撰，又说"今上所钦定逆案"（卷下，第535页），反映出作者是明朝人。下卷是对明末政事的议论，且分条目，不同于上、中卷；倾向于东林的立场很明显，也与上、中卷不同。这样来看，此书应是将不同时期不同作者的文字拼缀而成。

[3] 夏允彝：《幸存录》"门户杂志"条，留云居士辑：《明季稗史初编》卷14，上海书店1988年版，第295页。

[4] 黄宗羲：《子刘子行状》卷上，《黄宗羲全集》第1册，浙江古籍出版社1985年版，第210页。

地。由此也让我们看到，作为政治人物和理学名家的刘氏，除"迁阔不合时宜"①、强调"先守后才"的刻板印象之外，还有更为复杂的面相。

汪文言是于玉立进行政治投机借助的另一人物，前文已对此有所提及。谈迁说他显赫之时："昏夜叩诸贵之门，言无不从。方得志，横甚，举朝皆震，以一见奖借为荣"②，他由徽州的一个小吏起家，能够"以布衣操纵天下"③，能耐不可谓不大！东林与汪文言的交往上文已谈到，既让东林获得许多政治利益，但后来也成为魏忠贤打击东林的把柄，真可谓成也是他，败也是他。

于玉立、汪文言虽然都跟东林有关联，曾经助力东林，但因为品节有亏或行事有违君子之风，尤其是被人抓住把柄可能牵连东林，所以在危机发生之时特别是之后，都被东林及其支持者极力排除出去（上文商周祚、亓诗教在淮抚之争中将于玉立与顾宪成等东林人士区别看待，他们虽在后来与东林走向对立，但当时却可视为东林的支持者），目的是要清理门户，维持东林阵营中讲学之士或忠臣义士的纯洁性。像刘宗周那样的"强词夺理"，是很少见的。其他这样的"依草附木之徒"，如倪元璐在崇祯初期为东林党人鸣冤，但仍指

① 刘宗周的迁阔，主要来自崇祯帝对他的评价，"上方综核名实，群臣救过不遑，先生以为此刑名之术也，不可以治天下，而以仁义之说进，上迁阔之"。崇祯帝问他人才、粮饷、流寇三事，他说天下本不缺乏人才，只是皇帝求治太急，让人才难得施展；朝廷不断加派，官员严厉盘剥，老百姓生存不下去，都变成了盗贼，因此，粮饷实际也难以征派；流寇本是朝廷赤子，被逼为盗，如果招抚得法，就可使他们再成为良民，并要皇帝下诏罪己。他的学生黄宗羲说："先生以为天下治乱，决不能舍道而别有手援之法，一涉功利，皆为苟且"[黄宗羲：《明儒学案》（二）卷62《蕺山学案·忠端刘念台先生宗周》，周骏富辑：《明代传记丛刊》第2册，台湾明文书局1991年影印本，第1508页]。刘氏谨守儒家的治道，想以"仁义之说"来解决当时的问题，而反对任何"功利"的举措，其思想主张虽有重民、爱民等因素，但不脱历代老生常谈的藩篱，在国家承平之日尚可，在当时社会问题严峻、江河日下的形势下，就显得不合时宜，也必定起不到任何积极作用。但李宪堂则认为刘宗周，"是以保守的姿态应对时代的困境：他们的迁阔充满悲情，他们的保守令人尊敬"（《明末清初王学修正派社会政治思想述要》，《史学集刊》2014年第2期）。

② 谈迁：《国榷》卷86，张宗祥点校，中华书局1958年版，第5296页。

③ 黄尊素：《黄忠端公文略》卷3《汪文言传》，《四库禁毁书丛刊》，北京出版社1997年影印本，集部，185册，第46页。

斥李三才、王之寀。① 崇祯时期的官员成德本来非常推崇东林，后来因为东林某些人员的所作所为而转为失望："我尝望东林如山岳，及渡江后始悉钱谦益、熊明遇所为，夙昔之意索然尽矣"②。林时对还写作"东林中依草附木之徒"一文，具体列出蒋时馨、钱谦益、郑鄤、王永吉、吴牲、沈惟炳、房可状、吴昌时、杨枝起、廖国遴、曹溶③。张岱点名批评王图、李三才、项煜、周钟、时敏。④ 谈迁批评惠世扬："晚节批猖，最为东林败类。"⑤ 清初汪琬指责钱谦益：

> 顾予见东南鉅公方壮盛之时，亦尝负有重望，号为东林党魁。及其齿发衰暮，贪位苟禄，从而尽荡弃其言论风采，俛身乞怜权势之门者，盖有矣，非孔子所谓鄙夫患失者耶?⑥

赵吉士指出"东林之中亦多败类"，如李三才、郑鄤。⑦

"奸雄"混入东林扰乱政治，一开始就受到如前文田一甲等人的批评，随着东林声誉的高涨，成员也日益增多，其中，混进所谓"依草附木之徒"在所难免，他们的个人品行、思想观念、政治操守、行事风格等都不尽相同，借东林之名拉帮结派、谋取私利的情形也常有。这些人常授人口实，被当作东林阵营混杂的证据，严重

---

① 《崇祯长编》卷5，崇祯元年正月己巳，台湾"中央"研究院历史语言研究所1967年校印本，第205页。

② 吴肃公：《明语林》卷13《尤悔》，《续修四库全书》，上海古籍出版社2002年影印本，子部，1175册，第637页。

③ 林时对：《荷牐丛谈》卷3"东林中依草附木之徒"条，《清代稿本百种汇刊》，台湾文海出版社1974年影印本，26册，第287—298页。

④ 张岱：《琅嬛文集》卷3《与李砚翁》，云告点校，岳麓书社1985年版，第146页。

⑤ 谈迁：《北游录·纪闻上》"惠世扬"条，汪北平点校，中华书局1960年版，第337页。惠世扬投降李自成大顺政权及其行迹，见赵吉士《续表忠记》（卷2《巡抚方公传》，周骏富辑：《明代传记丛刊》，台湾明文书局1991年影印本，64册，第712页）。

⑥ 汪琬：《尧峰文钞》卷20《陈处士墓表》，《四部丛刊初编》，上海书店1989年版，集部，356册，第199页。

⑦ 赵吉士：《续表忠记》卷1《顾端文公传》，周骏富辑：《明代传记丛刊》，台湾明文书局1991年影印本，64册，第487页。

影响了东林的整体形象，也不利于他们的言论主张获得最高统治者的支持而实现自己的政治目的。对此，东林自身及其支持者并不否认，而且表现出厌弃要与其划清界限的态度。除以上举到的多个例子外，再如方震孺说："东林之中，原多依草附木，奸险贪横，实有其徒"①，上文林时对列出的"依草附木之徒"，是对此的具体化。夏允彝将东林阵营中的"领袖者"和后来加入的"好名者、躁进者"区别开来："东林君子之名满天下，尊其言为清论，虽朝中亦每以其是非为低昂。交日益广，而求进者愈杂。始而领袖者皆君子者，继而好名者、躁进者咸附之"，并说其友徐石麒、侯峒曾、马世奇、陈子龙"皆所指为东林也，其言亦甚公平，每病东林之杂而偏，不尽公忠"②。领袖者都是"君子"，混进来的好名者、躁进者则"杂而偏，不尽公忠"。还有如张岱说："盖东林首事者实多君子，窜入者不无小人；拥戴者皆为小人，招徕者亦有君子。"③ 这些言论都说明了东林成员的复杂性，他们指出东林中的"奸雄""依草附木之徒""败类"，各有自己的标准，而道德品质有污点是他们共同关注的方面。这些被批评的人分别来自明末万历、天启、崇祯、弘光等不同时期，也可以表明东林人物及其活动贯穿了整个明末时期，再度佐证了前文对东林"一个时期、两个阶段"的论断。东林及其支持者指出东林阵营内部的复杂性，动机可能各有不同，但客观上都有助于说明东林的主体是好的，只是有少部分人存在道德上的缺陷。需要注意的是，清除依草附木之徒，都是在他们表露出品节上的缺陷之后被提出的，当他们风头正劲时，东林对他们是借助其为己方卖力而极力维护的，如于玉立、汪文言、李三才等。

但是，也有一些人对东林的成员复杂进行严厉批评，如清初的

① 蔡士顺：《傛庵野抄》卷1，《四库禁毁书丛刊》，北京出版社1997年影印本，史部，69册，第374页。此处对方震孺身份的认定，依据李揆《东林党籍考》（人民出版社1957年版）。
② 夏允彝：《幸存录》"门户大略"条，留云居士辑：《明季稗史初编》卷14，上海书店1988年版，第288页；"门户杂志"条，第297页。
③ 张岱：《琅嬛文集》卷3《与李砚翁》，云告点校，岳麓书社1985年版，第146页。

王弘撰说："东林之名日高，附之者日众，亦日杂"①，谷应泰批评东林"引党甚卑"②。再如明末诸生朱鹤龄说："东林首庸非不廉正有守，及名盛而附之者众，于是小人之雄或阴托君子之籍，玄黄之战，一胜一负，屡胜屡负，而国运随之以尽"③，认为"小人之雄"混入东林，酿成无休止的党争，对明朝的灭亡也负有重要责任。朱一是也极其尖锐地指出东林的蜕变及危害：

　　万历中一二大君子研讲道术，标立崖畔，爰别异同。其后同同相扶，异异交击，有好恶而无是非，集友朋而忘君父，事多矫激，人用偏私。始则正人开端，既乃邪正参引，后且邪人薮匿，而百不一正焉，即正人不为邪人所用者几何矣？道术流而意气，意气流而情面，情面流而货赂，狐城鼠社，蔓引茹连，罔止行私，万端一例。遂致事体蛊坏，国事凌夷，局改时移，垣垒石破。害深河北之贼，罪浮东海之波。④

"万历中一二大君子"，显然是指顾宪成、高攀龙等人。他们讲学由"标立崖畔，爰别异同"，演变为"同同相扶，异异交击"，学术思想、政治主张是否与自己相同，成为收纳其人进入自己阵营与否的唯一标准，不管他道德品质如何，也不管他所作所为怎样，这使很多"邪人"得以混入，甚至成为东林的主体，而"正人"则常常被他们所利用，这与前文乾隆帝说东林"开门揖盗"相同。这些人最终败坏国事，对明王朝的危害比农民起义更甚。

　　当时官员的好同恶异之风非常严重。万历时期的御史潘之祥曾

---

　　① 王弘撰：《山志·二集》卷5"二党"条，何本方点校，中华书局1999年版，第264—265页。

　　② 谷应泰：《明史纪事本末·补编》卷5《宦官贤奸》，中华书局1977年版，第1958页。

　　③ 朱鹤龄：《愚庵小集》卷11《无党论》，上海古籍出版社1979年版，第526页。

　　④ 朱一是：《为可堂集·谢友人招入社书》，转引自谢国桢《明清之际党社运动考》，中华书局1982年版，第204—205页。

以此指斥非东林的官员说：

> 以一人之进退，一事之得失，而牵扯画题，不知人各有意
> 见，事各有原委。公疏未出而诽议已传，安在其为公也。夫必
> 举天下之人而惟己之从，同己者谓之无门户，异己者谓之有门
> 户，同异之间，有无必有辨矣。乃号于人曰：我无门户也。谁
> 其信之！①

与自己意见相同的人就没有门户，否则就是有门户，完全是出于一
己之私心，罔顾公义。潘之祥为东林党人②，所说难免"是己非
人"，其实他所说的非东林的弊病，在东林身上也同样存在。夏允彝
就对东林和非东林的这种风气都加以批评："两党之最可恨者，专喜
迎奉附会。若有进和平之说者，即疑其异己，必操戈攻之""异己者
虽清必驱除，附己者虽秽多容纳"③，与自己的意见是否一致，成为
接纳或排斥的唯一标准，至于道德高下则可以不顾及。如果就程度
和影响而言，东林的这种风气可能更为严重，他们不仅对政敌极力
打击，而且对政治态度中立的人也予以排斥。如吴暄山说："南党固
多小人，东林岂尽君子？第不走东林，辄以小人目之。"④ 张廷玉于
《明史》说：

> 崔景荣、黄克缵皆不为东林所与，然特不附东林耳。方东
> 林势盛，罗天下清流，士有落然自异者，诟谇随之矣。攻东林
> 者，幸其近己也，而援以为重，于是中立者类不免小人之玷。

① 文秉：《定陵注略》卷10《门户分争》，北京大学图书馆藏善本。

② 潘在对熊廷弼与荆养乔是非的争论中，和东林言论相同（张廷玉：《明史》卷236《孙振基传》，中华书局1974年版，第6145页）。

③ 夏允彝：《幸存录》"门户大略"条，留云居士辑：《明季稗史初编》卷15，上海书店1988年版，第294页。

④ 史惇：《恸余杂记》"东林缘起"条，《四库禁毁书丛刊》，北京出版社1997年影印本，史部，72册，第108页。

核人品者，乃专以与东林厚薄为轻重，岂笃论哉？①

清代的赵翼也说："海内士大夫慕之……其名行声气足以奔走天下。天下清流之士群相应合，遂总目为东林。凡忤东林者，即共指为奸邪。"② 东林对"中立者"都不能相容，在己方和敌方之间只能任选一方，中立不倚的人也会被作为敌人对待，这种极端的做法，让不少人都不得不投向魏党。张廷玉《明史》提到的崔景荣、黄克缵尚没有投靠魏党，对东林不利，而魏广微、马士英等本来游移于两党之间，且能量巨大者被逼投向魏党，则对东林带来巨大祸患。由此可见，在明末的党局中，真正党见深重的是东林。

清初参与修《明史》的朱彝尊则是从历史评论的角度，提出由于东林成员构成的良莠不齐，所以不能以门户之别作为区分邪正的标准：

> 究之东林多君子，而不皆君子，异乎东林者亦不皆小人。作史者当就一人立朝行己之初终本末，定其是非，别其白黑，不可先存门户于胸中，而以同异分邪正、贤不肖也。③

他提出"作史者当就一人立朝行己之初终本末，定其是非，别其白黑"，即根据历史人物的具体政治作为，作为判别其是非黑白的依据。前文说到，万历后期商周祚也提出过这样的主张，朱氏可能是沿用而来。商周祚讲的"论人者采生平为实录"，是再简单不过的道理，但且不说被论者的生平复杂多变，不好论定，在当时朋党争胜、中立者难于立足而稀少的环境下，论者衡评人的标准也只有门户而不会顾及生平，因此，他的看法过于理想化而并不敷实用，对改变

---

① 张廷玉：《明史》卷256《传赞》，中华书局1974年版，第6616页。
② 赵翼：《廿二史札记》卷35"三案"条，王树民校证，中华书局1984年版，第801页。
③ 朱彝尊：《曝书亭集》卷32《史馆上总裁六书》，《四部丛刊初编》，上海书店1989年版，集部，358册，第278页。

纷乱的朝局起不到什么作用。不仅在当时，即使到了清代，在东林话语的传播影响下，朱彝尊的上述修史主张，也不能完全贯彻实施，《明史》总体上为东林立佳传，把东林的对立者列入《阉党传》《奸臣传》，就是证明。

浊者必浊

——"痛打落水狗"

一

东林及其支持者要塑造和维护东林讲学之士、忠臣义士的光辉形象，大力清除"依草附木之徒"的同时，也极力打击政敌。前面说到，阮大铖本来是东林阵营中的人物，他实际也可归入上述东林的"依草附木之徒"中，但没有人这么做，或许是他的行为在东林及其支持者看来，直接定为政敌更为妥当。阮大铖为东林切齿的地方，一是天启时期投附魏忠贤和暗中帮助他陷害东林党人，二是崇祯初期上疏将东林与"魏党"等量齐观，人们向来也多以这两点抨击他。朱彝尊甚至因鄙薄他的人品而不肯收录他的诗文，"金壬之反复，真同鬼蜮，虽有咏怀堂诗，吾不屑录之"①。前文说到，朱氏主张清朝修《明史》，"当就一人立朝行己之初终本末，定其是非，别其白黑"，反对将东林的观念作为衡量明末人、事的标准，但在对阮大铖的立身处世上，他是接受东林的立场，对其完全否定的。到了近代无名氏撰写《阮大铖年谱》，商务印书馆曾准备刊行，后来也因

---

① 朱彝尊：《明诗综》卷66《李应昇传》，《文渊阁四库全书》，台湾商务印书馆1983年影印本，集部，399册，第532页。

为阮氏有奸佞之名而终止。① 但是也有不少材料就这两点为他辩解，而且多是出自一些被认为立论公平的人，在材料的完整性和可信度上，似乎并不输于对阮氏挞伐的材料。

对于第一条，前文说到，因为东林将本该给阮大铖的吏科都给事中职位给了魏大中，他于是借助魏忠贤的力量夺回这一职务，由此与东林产生裂痕。此事确实是东林处事欠公允，有负阮大铖，而他在借助魏忠贤之力如愿得到这一职位后没多久又主动辞职，将这一职位让给魏大中。所以有人认为他这么做只是为了报复东林，以发泄心中的不满，并不是真正投附魏忠贤，"然实非崔魏（指魏党党魁崔呈秀和魏忠贤——笔者按）党也，第藉奥援，以报复东林耳"②。复社名士夏完淳也说："阮之阿珰（指魏忠贤——笔者按），原无实指。"③ 但也有人说阮大铖是真的投靠了魏忠贤，只是因为他事先做了手脚，才让他与魏忠贤的交往没有留下痕迹，"事忠贤极谨，而阴虑其不足恃，每进谒，辄厚贿忠贤阉人，还其刺"④。正因为这样，崇祯初期惩处魏忠贤及其党羽时，并没有找到阮大铖与魏忠贤有染的任何证据，"故籍阉时无片字可据，但加以阴行赞导而已"⑤。所谓"阴行赞导"，也就是暗中勾结魏忠贤、引导其陷害东林的意思，实在找不出罪证，只能给他加上这样的罪名。

对于阮大铖投靠魏忠贤的不同看法，实际代表对他的两种不同态度。对他抱同情的人，以没有证据为由，认为他不是魏党中人，除上述夏完淳等人以外，再如阮大铖的密友马士英说：

---

① 顾廷龙：《中国历代人物年谱考录》，中华书局 1992 年版，第 326 页。

② 林时对：《荷牐丛谈》卷 4 "马阮合交之由"条，《清代稿本百种汇刊》，台湾文海出版社 1974 年影印本，26 册，第 337 页。

③ 夏完淳：《续幸存录》"南都杂志"条，留云居士辑：《明季稗史初编》卷 16，上海书店 1988 年版，第 556 页。

④ 王鸿绪：《明史稿列传》卷 287《阮大铖传》，周骏富辑：《明代传记丛刊》，台湾明文书局 1991 年影印本，97 册，第 647 页。张廷玉：《明史》的记载与它几乎一样。

⑤ 钱澄之：《藏山阁集·文存》卷 6 "皖髯事实"条，《续修四库全书》，上海古籍出版社 2002 年影印本，集部，1400 册，第 645 页。

> 本官（指阮大铖——笔者按）天启年间，曾任吏科都，同官魏大中争缺，本官虽退让，与当时诸臣嫌隙遂开，因牵入魏忠贤逆案。其实本官既未建祠，未称功颂德，径坐以阴行赞导。夫谓之赞导，已无实迹，且曰阴行，宁有确据？①

马士英虽列名《明史·奸臣传》，品行向来为人所诟病，但他对阮大铖的这番辩辞却不能说毫无道理。对阮大铖极度贬斥的人，则认为是他有意消灭了证据，他与魏忠贤勾结并陷害东林是事实。《明史》说："大铖自是附魏忠贤"②，即阮大铖借力魏忠贤时就投靠了他，显然就是接受了后一种看法。或许正是因为与东林、魏党的这层瓜葛，在崇祯"钦定逆案"惩处的两百多名魏党官员中，阮大铖也是受到争议最多的人。

崇祯初期为东林党人昭雪，左光斗之子左国柱、魏大中之子魏学涟等都曾向崇祯帝上血书声讨阮大铖③，似乎更加坐实了他迫害左光斗、魏大中等人的罪行。但"钦定逆案"他以"颂美赞导"的罪名，"坐徒三年，纳赎为民"④，所得处分相对来说却并不很重。这或许也可反过来说明，当时对他是否参与了对东林的迫害也拿不准，否则对他的处分一定会更严厉，如许显纯、倪文焕等人陷害东林六君子、七君子证据确凿，被处以极刑。

第二条，阮大铖崇祯初期上疏将东林和魏党同等看待一事，应结合当时的政治背景来看。

当时的政局，一方面，崇祯帝即位后不久即处置了客氏、魏忠贤、崔呈秀等魏党党魁。另一方面，魏党势力仍然很大，"当是时，

---

① 李清：《南渡录》卷1，何槐昌点校，浙江古籍出版社1988年版，第27页。
② 张廷玉：《明史》卷308《阮大铖传》，中华书局1974年版，第7937页。
③ 金日升：《颂天胪笔》卷20《讼冤》，《续修四库全书》，上海古籍出版社2002年影印本，史部，439册，第612—635页。
④ 文秉：《先拨志始》卷下，上海书店1982年版，第234页。

魏珰虽诛，邪氛尚炽，其私人犹布九列，冀得阴阳反复，变乱是非"①。而东林在天启后期受到严重打击后，境况仍不乐观。魏党中尤其以御史杨维垣最为活跃，他力图与其他"珰孽"一起"护持残局"，一再向东林发难。当崇祯帝敕谕为天启时期遭到魏忠贤及其党羽迫害的官员平反昭雪，并为曾与东林交往密切的已故太监王安复官、赐祭、建祠后②，户部郎中刘应遇为杨涟、高攀龙等东林党人颂冤，得到皇帝的许可③。但是这种情况没有持续多久，就被杨维垣破坏了。他上疏请求："若乃孙（慎行）党、熊（廷弼）党、赵（南星）党及邹（元标）党，无复入之启事"，孙慎行、赵南星、邹元标都是东林党人，杨维垣认为他们都曾有结党行为，因此，反对为他们平反，结果也被皇帝接受④。之后为东林的平反活动开始降温，并出现反复，为王安平反后不久，他的兄弟却因为为其"乞赐恤录"被逐出北京城⑤。

除此以外，杨维垣还利用"共襄计典"的机会，与其他负责主持崇祯元年"大计"的魏党成员一起庇护同党，阻止东林党人的起复，"凡削籍诸臣，虽屡奉起用之旨，维垣一手握定，百方阻遏。其游移两岐，及本邪党而偶被逐者，始为推毂"，韩爌、文震孟等东林党人的起复，就是因为受到他们的阻挠而一再推延。⑥ 这种情况表明，对于东林和魏党究竟谁忠谁奸，应当如何取舍进退的问题，皇帝和众多官员仍认识不清。而这实际关系到新皇登基后的用人倾向

---

① 邹漪：《启祯野乘二集》卷3《副使施公元徵》，《四库禁毁书丛刊》，北京出版社1997年影印本，史部，41册，第114页。

② 《崇祯长编》卷3，天启七年十一月癸酉，台湾"中央"研究院历史语言研究所1967年校印本，第115页。

③ 《崇祯长编》卷3，天启七年十一月甲戌，台湾"中央"研究院历史语言研究所1967年校印本，第115—116页。

④ 《崇祯长编》卷3，天启七年十一月乙亥，台湾"中央"研究院历史语言研究所1967年校印本，第119页。

⑤ 《崇祯长编》卷3，天启七年十一月壬辰，台湾"中央"研究院历史语言研究所1967年校印本，第149—150页。

⑥ 文秉：《烈皇小识》卷1，留云居士辑：《明季稗史初编》卷1，上海书店1988年版，第3—4、5—6页。

以及两党日后的兴衰荣枯，所以被认为是"正邪消长之机"。在这种情况下，朝堂上围绕确定官员贤奸标准而展开的"贤奸之辩"便开始了。

这场争论的双方，魏党的代表是杨维垣，而东林则是翰林院编修倪元璐。双方的目的都是为了影响舆论，争取皇帝的支持，以维护己方的政治利益。在如何辨别贤奸的问题上，杨维垣主张以是否"通内"即结交宦官为标准，而反对以天启时期是否投附崔呈秀、魏忠贤为标准，"今之提衡君子、小人者，勿以门户为案，亦勿徒以崔、魏为案，惟以有无通内为案""希王安之旨以号召天下者，岂得不谓之通内也""今之忠直，原不当以崔、魏为对案，向之受抑于崔、魏者，固为以燕伐燕，今欲取案于崔、魏者，犹恐以病益病"①"希王安之旨以号召天下者"指的就是东林，杨维垣认为他们与"崔、魏"一样，都是以外官结交内官干政，所以概括他的意思，就是"并指东林、崔魏为邪党"②。杨维垣此时也提"君子""小人"，则上述所谓"正邪""贤奸"等话语，显然是出自东林及其支持者后来的口吻。

杨维垣身为魏党中人，反东林自是必然，但同时也反自己的党派，看上去则较为令人费解。笔者认为，这应是为当时的局势所逼迫而采取的一种对策。当时朝堂上竞相揭举魏忠贤及其党羽罪状，魏忠贤等党魁及许多曾投附他的官员已纷纷落马。在这种局势下，想要继续保全所有魏党成员，是不明智的，也没有可能。而杨维垣以是否通内为标准，"并指东林、崔魏为邪党"，虽然势必损害一

---

① 《崇祯长编》卷3，天启七年十一月庚寅、卷5，崇祯元年正月壬午，台湾"中央"研究院历史语言研究所1967年校印本，第144—145、223页。

② 王鸿绪：《明史稿列传》卷287《阮大铖传》，周骏富辑：《明代传记丛刊》，台湾明文书局1991年影印本，97册，第647页。由于形势的变化，杨维垣也不断调整策略，前后上疏，先参崔呈秀而保魏忠贤（《崇祯长编》卷2，天启七年十月丁未、壬子，台湾"中央"研究院历史语言研究所1967年校印本，第60—62、66—67页），继又参魏忠贤"目不识丁"（《崇祯长编》卷4，天启七年十二月庚戌，台湾"中央"研究院历史语言研究所1967年校印本，第185页），最后"并指东林、崔魏为邪党"。

部分魏党中人的利益，但也仍然可能保全一部分人。因为天启后期曾有一些官员，先投附魏忠贤，后又因故被他疏离，他们与魏忠贤的种种时合时离的关系，在当时的混乱形势下，可能使他们蒙混过关。如石三畏在天启后期先是投附魏忠贤，后来又因为误命优人饰演刘瑾酗酒剧目，触怒魏忠贤而被削籍，崇祯初期他就是借"忏珰"之名起复。① 而且，崇祯帝登基后，一些魏党官员开始内讧，"自相携贰"②，互相揭举，在短期内也确实起到了淆乱视听的作用。如继魏党官员、副都御使杨所修以天启年间"夺情"一事，上疏"首言"魏党党魁、兵部尚书崔呈秀，请求朝廷让他"回籍守制"之后③，杨维垣又接着上疏参劾崔呈秀，并最终使他"免归守制"④。二杨的举动，把自己装扮成了揭举魏党罪状的英雄，"遂俨然以正人自负，而国是益淆"⑤。天启年间因"忏珰"而受迫害，崇祯初期得到平反释放的耿如杞，就称他们的举动"皆绝世风节"⑥。杨维垣更因此由"差河东巡盐"改为"留佐大计"⑦，参与朝廷次年举行的考察官员的重要事务。此外，杨维垣提出这一标准还可能收到三个效果：其一，造成立言为公的印象。提出铲除朝中

---

① 万斯同：《明史》卷 354《石三畏传》，《续修四库全书》，上海古籍出版社 2002 年影印本，史部，330 册，第 292 页。

② 万斯同：《明史》卷 354《贾继春传》，《续修四库全书》，上海古籍出版社 2002 年影印本，史部，330 册，第 281 页。

③ 《崇祯长编》卷 2，天启七年九月丁丑，台湾"中央"研究院历史语言研究所 1967 年校印本，第 28—29 页。崔呈秀母死"夺情"之事，见谷应泰《明史纪事本末》卷 71《魏忠贤乱政》，中华书局 1977 年版，第 1161 页。

④ 杨维垣参劾崔呈秀两疏，分见《崇祯长编》卷 2，天启七年十月丁未、壬子，台湾"中央"研究院历史语言研究所 1967 年校印本，第 60—62、66—67 页。杨维垣虽然参劾崔呈秀，却仍回护魏忠贤，"厂臣公而呈秀私，厂臣忠而呈秀邪，厂臣犹知为国为民，呈秀但知贪钱坏法"。

⑤ 倪会鼎：《倪元璐年谱》卷 1，中华书局 1994 年版，第 12 页。

⑥ 《崇祯长编》卷 4，天启七年十二月己亥，台湾"中央"研究院历史语言研究所 1967 年校印本，第 168—169 页。耿如杞在天启后期因反对巡抚刘诏为魏忠贤建生祠而被下狱论死，崇祯元年被起为山西巡抚，次年"己巳之变"率军入援，士兵因长期欠饷而哗变，耿受牵连被处死（万斯同：《明史》卷 350《耿如杞传》，《续修四库全书》，上海古籍出版社 2002 年影印本，史部，330 册，第 229 页）。

⑦ 文秉：《烈皇小识》卷 1，留云居士辑：《明季稗史初编》卷 1，上海书店 1988 年版，第 3 页。

朋党的主张，易于博取皇帝和舆论的支持，同时，也可以表明自己与朋党并无干系。其二，东林因为自身也曾有交结王安的通内之举，在揭举魏党时可能会有所顾忌，这无疑对魏党有利。其三，以东林为邪党的看法，如果被皇帝认同，那么东林复归政坛也必然受到影响，这样的话，魏党尚可以维持与东林相抗的势头，最终鹿死谁手，还有待一番角逐。由此可见，杨维垣的真实用心，在于尽量保全魏党，同时挟制东林。

而倪元璐则针锋相对地主张以天启时期是否投附崔、魏为标准："杨维垣又以今日之曲直，不当以崔、魏为对案，而臣以为正当以崔、魏为对案也""夫品节试之于崔、魏而定矣。故有东林之人为崔、魏所恨其抵触，畏其才望，而必欲杀之逐之者，此正人也。有攻东林之人，虽为崔、魏所借而劲节不阿或远或逐者，亦正人也。以崔、魏定邪正，譬之以镜别妍媸，维垣不取案于此而安取案乎？"倪元璐主张采用这一标准来辨别贤奸，用意非常明显，就是要反对魏党而支持东林。虽然他也指出："有攻东林之人，虽为崔、魏所借而劲节不阿，或远或逐者，亦正人也"，被崔、魏利用攻击东林但不肯投附崔、魏的也是"正人"，并且指斥东林中李三才、王之寀等品节有亏的人，批评东林在待人、持论上的不足："其所宗主者，大都禀清挺之标，而或绳人过刻；树高明之帜，而或持论太深"[1]，但是总的来说，他是要为东林党人昭雪，为他们复归政坛扫清障碍。而且对东林看似褒贬兼具的评论，实际是要表明它的主体是好的，只是细节上有些不足。

正当两边争得不可开交之时，自天启四年因与魏大中相争就已辞官"终养"在家的阮大铖，此时却托杨维垣上疏，"大铖函两疏驰示维垣。其一专劾崔、魏。其一以七年合算为言，谓天启四年以后，乱政者忠贤，而翼以呈秀；四年以前，乱政者王安，而翼以东

---

[1]《崇祯长编》卷5，崇祯元年正月己巳，台湾"中央"研究院历史语言研究所1967年校印本，第205页。

林。传语维垣，若时局大变，上劾崔、魏疏，脱未定，则上算疏"。杨维垣正当与倪元璐论争之际，"得大铖疏，大喜，为投合算疏以自助"①。如果魏党的垮台已成定局，就上专门弹劾崔、魏的奏疏；如果形势还不明朗，就上将东林结交太监王安与崔呈秀等人结交魏忠贤都加以弹劾的奏疏。他虽然要杨维垣根据时势的变化选择上奏其中一份奏疏，但他的所谓"合算疏"正好与杨维垣"并指东林、崔魏为邪党"的主张一致，所以杨维垣将它上奏来支持自己。奉旨：

> 自神奸汪文言纳交王安，揽事纳贿，广报恩仇，遂开祸始，致奸恶魏忠贤承用其恶，益加毒惨。这本合算年来先后通内诸奸，俱有实迹，朕所鉴悉。人才摧折已极，而中立不倚者更为难得，今既报仇雪耻，消融方隅，应起应荐诸臣着都与分别，已有旨了。②

和东林关系密切的汪文言与太监王安内外勾结，开启祸端；魏忠贤承其余绪，又变本加厉，圣旨对阮大铖把东林和魏党合称"通内诸奸"表示了认同。这应当是由于当时的内阁，仍由魏党成员控制，拟出了这份圣旨之故。

但是这场"贤奸之辩"，最终由于崇祯帝的亲自干预，而使倪元璐一方得以逆转形势，获得胜利。倪元璐先后上两疏，"初疏入，平湖施凤来拟票，有'持论未当'之旨，盖犹坚持珰局也。至再疏入，上亲览，心动，得奉俞旨，维垣辈毒网始无所施。人谓二疏实为廓

---

① 王鸿绪：《明史稿列传》卷287《阮大铖传》，周骏富辑：《明代传记丛刊》，台湾明文书局1991年影印本，97册，第647页。按：阮大铖此疏称《合算七年通内诸臣疏》，见于《崇祯长编》卷6（崇祯元年二月甲午，台湾"中央"研究院历史语言研究所1967年校印本，第262页）。当时助杨维垣论争的除阮大铖外，还有安伸、宋景云等人（吴应箕：《两朝剥复录》卷6，《四库禁毁书丛刊》，北京出版社1997年影印本，史部，19册，第191页）。
② 外史氏辑：《圣朝新政要略》卷8，《续修四库全书》，上海古籍出版社2002年影印本，史部，439册，第666页。

清首功也"①。由此来看，上述为阮大铖"合算疏"拟旨的阁臣，可能也是施凤来。他对倪第一疏拟旨：

> 朕屡旨起废，务秉虚公，酌量议用，有何方隅未化，正气未伸。这所奏不当，各处书院不许倡言创复，以滋纷扰。王守履混乱朝仪，业经薄罚，岂容荐举市恩。

对奏疏内容充满了否定。倪第二疏则得到皇帝亲自拟旨："朕揽人才，一秉虚公，诸臣亦宜消融意见，不得互相诋訾。至于宣重郁、集群议，惟在起废一节，已下所司，着铨臣的确具奏"②，也就是上述"至再疏入，上亲览，心动，得奉俞旨"。倪元璐的论争达到了预期目的，即明确了为皇帝认可的以东林为贤、魏党为奸的标准，如吴应箕说：倪疏"词严义正，议者以为邪正之分得此而定"③。清末的夏燮对此说得更为明确："当是时，元凶（指魏忠贤、客氏等——笔者按）虽殛，其徒党犹盛，无敢颂言东林者。自元璐疏出，清议渐明，而善类亦稍登进矣。"④ 之后杨维垣被罢去，魏党势力分崩离析，直至崇祯"钦定逆案"两百多人被废锢，东林则逐渐复归政坛。而阮大铖的"合算疏"也自然为东林所切齿，御史毛羽健对其予以参劾⑤，阁臣刘鸿训票旨："阮大铖前后反复，阴阳闪烁，着冠带闲住去"⑥。他于崇祯元年五月被罢，二年三月"钦定逆案"，他也名

---

① 李逊之：《三朝野纪》卷4《崇祯朝纪事》，上海书店1982年版，第138页。倪之两份奏疏，分见《崇祯长编》卷5，崇祯元年正月己巳、己丑，台湾"中央"研究院历史语言研究所1967年校印本，第205—209、245—252页。

② 金日升：《颂天胪笔》卷15，《续修四库全书》，上海古籍出版社2002年影印本，史部，439册，第511、515页。按：第一份圣旨对倪元璐的批评之意很明显，但第二份圣旨为何是"俞旨"，则不大能看得出来。

③ 吴应箕：《两朝剥复录》卷6，《四库禁毁书丛刊》，北京出版社1997年影印本，史部，19册，第191页。

④ 夏燮：《明通鉴》卷81，沈仲九点校，中华书局1959年版，第3109页。

⑤ 内容见李逊之《三朝野纪》卷4《崇祯朝纪事》，上海书店1982年版，第144页。

⑥ 文秉：《烈皇小识》卷1，留云居士辑：《明季稗史初编》卷1，上海书店1988年版，第8页。

列其中。

归结起来，阮大铖在崇祯初期上"合算疏"，招东林忌恨而取祸，原因大致有两点：一是当"正邪消长之机"的关键时刻，出疏助魏党杨维垣论争，与东林为敌；二是指称东林党人通内，触犯东林的忌讳。当然，这是站在东林的立场而言。如果客观地看，阮大铖同时准备两份内容不同的奏疏，"专劾崔、魏"与倪元璐的见解一致，"七年合算"则与杨维垣的主张相同，都把自己放在中立、安全的位置，确实难逃"前后反复，阴阳闪烁"，看风使舵，政治投机的骂名。但撇开道德评价和东林立场，只看他说的是否有根据，他的"合算疏"说东林"通内"，即东林在天启初期与太监王安关系密切却是事实，这已在前文说明。崇祯帝虽然没有采纳杨维垣的主张，以此作为对官员取舍进退的标准，但仍严谕禁止官员内外勾结①，显然对包括东林在内的诸臣通内的说法有所警觉。上述杨维垣反对为结党的东林人士平反，得到圣旨的认同，也可反映出崇祯帝对东林的看法和态度。

二

阮大铖罢归后，先回老家桐城，后为农民起义军所逼，又迁居南京。在被废锢后，他留心于诗歌、戏曲的创作，结中江社以广树声气②，在桐城倡议士民捐献军饷、招募军队，抵抗农民军的进攻③，等等，在"逆案"人员中颇有代表性。逆案人员罢归后为明朝守卫地方的，还有如崇祯十一年冯铨抗击清军，"率乡人守涿，又

---

① 孙承泽：《山书》卷1"禁交结内侍"条，《续修四库全书》，上海古籍出版社2002年影印本，史部，367册，第8—9页。

② 朱倓：《明季桐城中江社考》分析阮大铖建社原因，"一以标榜声名，思为复职之地，一以树立党援，冀为政争之具"（《国立中央研究院历史语言研究所集刊》第一本第二分，商务印书馆1930年版）。

③ 胡金望：《人生喜剧与喜剧人生：阮大铖研究》，中国社会科学出版社2004年版，第63页。

护送红衣炮至京师"①；杨所修在起义农民攻陷商城后，被执不屈而被杀②。谢启光、孙之獬、李鲁生等人，也都有抵御农民军的举动。③ 而阮大铖也是魏党中复出念头最强烈的人，"每思乘间以图翻案"④。在桐城时，他广结人缘以图谋复出。当时，阮大铖的同乡钱澄之说："大铖虽里居，凡巡方使者出都，必有为之先容，到皖即式其庐，地方利弊，或相咨访，大铖随以夸张于众，门庭气焰依然薰灼"，阮与官场仍保持密切联系，在地方上势力依旧强大。钱还说他曾想巴结"温御史应奇"，却最终落空。⑤ 迁居南京后，他也仍然"联络南北附珰失职诸人，劫持当道"⑥，跟逆案人员结成关系网络，对地方官员施加影响。其他在地方上仍然极有势力的魏党人员，如霍维华遣戍徐州，"其气势犹为远近所畏"；杨维垣遣戍淮安，"益联络南北，大张势焰，远近咸畏之"⑦。

---

① 《清史列传》卷79《冯铨传》，中华书局1987年版，第6555页。据张廷玉：《明史》卷252《吴甡传》，周延儒崇祯十四年复出任首辅，"冯铨力为多"（第6523页）。除此之外，张溥等复社人士也对周延儒的复出起了重要作用，参见拙著《善恶忠奸人评说——马士英政治行迹研究》（云南人民出版社2013年版，第25页）。要做补充的是，当时首辅温体仁指使胥吏陈履谦、张允儒，告发钱谦益及其门生瞿式耜居乡不法，并借此牵连与他产生嫌隙的复社。为消解这一危机，复社是以要设法起复周延儒（眉史氏：《复社纪略》，上海书店1982年版，第160—162页）。黄宗羲说复社支持周复出，是为了"以为两家骑邮"（《南雷文定》卷7《陈定生先生墓志铭》，王云五主编：《丛书集成初编》，商务印书馆1936年版，2463册，第111页），即想周充当复社与魏党之间互通信息的中介。周之复出得两方支持，也表明其是当时两方都能接受的人物。周复出后确实按照复社的用意做了不少事情（张廷玉：《明史》卷308《周延儒传》，第7929页），但是起用冯铨、阮大铖等魏党人员却受阻未果，表明他其实没有能够实现两边通好的使命。其中原因，应该是如拙著所指出的，在于复社内部对于是否要与魏党通好的意见不统一。
② 万斯同：《明史》卷354《杨所修传》，《续修四库全书》，上海古籍出版社2002年影印本，史部，330册，第280页。
③ 《清史列传》卷79《谢启光传》《孙之獬传》《李鲁生传》，中华书局1987年版，第6561、6562、6565页。
④ 林时对：《荷牐丛谈》卷4"马阮合交之由"条，《清代稿本百种汇刊》，台湾文海出版社1974年版，第337—338页。
⑤ 分见佚名：《鹿樵纪闻》卷上《马阮始末》，《痛史》本；钱澄之：《藏山阁集·文存》卷6"皖髯事实"条，《续修四库全书》，上海古籍出版社2002年影印本，集部，1400册，第646页。
⑥ 张廷玉：《明史》卷308《阮大铖传》，中华书局1974年版，第7093页。
⑦ 万斯同：《明史》卷355《霍维华传》《杨维垣传》，《续修四库全书》，上海古籍出版社2002年影印本，史部，330册，第283、289页。

但是也有一些魏党成员罢归后心灰意懒，绝意仕进。如张瑞图为万历三十五年探花，参加科举考试的策文曾写道："古之用人者，有程功积事之格，而初不设君子小人之名。……君子小人之别，实始于仲尼"①，主张对人只论事功，不必辨别君子、小人，被认为是他后来投附魏忠贤的思想根源。天启六年七月张入阁，"谄事忠贤，务为迎合，凡忠贤建祠，碑文多出其手，又诏旨褒美忠贤，多出瑞图票拟，时以为'魏家阁老'"②。"钦定逆案"，崇祯帝亲自将他加入案中③。他的书法作品至清初仍受到钱大昕的推重。④ 他著有《白毫庵内篇》二卷，《外篇》一卷，《集篇》一卷，刊刻于崇祯时期，自言作此书的缘由："时于枕上记忆古昔肥遁达生、寡欲无竞之士，实获我心者。隐括其事迹，韵以成篇，口授侍者，录而存之"，表达对过去通达、寡欲人物的追慕之意，实际也应是对自己做的一种规劝——仕途受挫，复出无望，不如效仿前人豁达处之。如果从他高中鼎甲，讨好魏忠贤以巩固自己的地位，被人弹劾与魏忠贤有染而为自己辩护来看，他本是热衷仕进的，因此，这种自我规劝之下，应是对退隐心有不甘，却又不得不然的复杂心态。该书《禅肤》《座右铭》等篇章反映了他信奉禅宗，追慕清静的内心世界，"惟寂惟寞，爱清爱静。固柢深根，收视返听。上药三品，妙萃一乘。渊然不动，廓尔无圣。古镜未磨，空谷未应。三教所同，尽性至命"⑤，这当然也可以如上审视。再如朱国盛罢归后，"无所事事，惟纵情歌舞，放迹林泉，以老其身"⑥。

崇祯时期，明朝内有农民起义，外有后金（1636 年后改国号为

---

① 文秉：《定陵注略》卷9《庚戌科场》，北京大学图书馆藏善本。
② 夏燮：《明通鉴》卷80，沈仲九点校，中华书局1959年版，第3088页。
③ 文秉：《先拨志始》卷下，上海书店1982年版，第217页。
④ 钱大昕：《潜研堂文集》卷32《跋张晋江札》，江苏古籍出版社1997年版，第560页。
⑤ 张瑞图：《白毫庵内篇》卷1《□士·引》，《四库禁毁书丛刊》，北京出版社1997年版，集部，142册，第448页；卷2，第494页；《集篇》卷1，第549页。
⑥ 邹漪：《启祯野乘二集》卷6《朱太常传》，《四库禁毁书丛刊》，北京出版社1997年影印本，史部，41册，第182页。

清）的侵扰，为应付时局，皇帝下旨举荐堪当守御边疆重任的"边才"，许多逆案人员都想借此复出。如吏部尚书王永光推荐吕纯如[1]，左都御史唐世济推荐霍维华等[2]，但是都因为受到朝臣的反对而作罢。[3] 当然，更主要的还是崇祯帝对钦定逆案的坚持，决不允许有人翻案，"案既定，其党日谋更翻……帝持之坚，不能动"[4]。阮大铖迁居南京后，也"颇招纳游侠，为谈兵说剑，觊以边才召"[5]，但是"继东林而起"的复社人士却仍对他不依不饶。

> 当是时东南名士，继东林而起，号曰复社，多聚于雨花桃叶之间，臧否人物，议论蜂起。而礼部仪制司主事周镳实为盟主，其诋诽大铖，不遗余力。大铖尝以梨园子弟为间谍，每闻诸名士饮酒高会，则必用一二伶人阑入别部中，窃听诸名士口语，顾诸名士酒酣，辄戟手詈大铖为快。大铖闻之，嚼腭捶床大恨。[6]

复社人士詈骂阮大铖，"四公子"之一的冒襄曾加入其行列："壬午（崇祯十五年）夏秋又同楼山（吴应箕）、子一（魏学濂）、李子建看怀宁《燕子笺》于鱼仲河房，复大骂怀宁竟夜"[7]，众人一边观看阮大铖的戏曲，一边彻夜骂他。"四公子"之一的陈贞慧的儿子陈维崧对此也有类似记述：

> 秋浦吴次尾先生则主持清议于南中，一时名德如芑山张尔公、

① 汪琬：《尧峰文钞》卷35《文文肃公传》，《四部丛刊初编》，上海书店1989年版，集部，356册，第288页。
② 计六奇：《明季北略》卷12"朱国弼劾温体仁"条，魏得良、任道斌点校，中华书局1984年版，第218页。
③ 张廷玉：《明史》卷251《文震孟传》，中华书局1974年标点本，第6497页。
④ 张廷玉：《明史》卷306《阉党传》，第7853页。
⑤ 张廷玉：《明史》卷308《阮大铖传》，第7938页。
⑥ 戴名世：《弘光朝伪东宫伪后及党祸纪略》，见《忧患集偶钞》，《四库禁毁书丛刊》，北京出版社1997年影印本，集部，187册，第9页。
⑦ 刘世珩：《贵池二妙集·吴应箕传序》，《贵池先哲遗书》本。

吴门钱吉士、龙眠方密之、归德侯朝宗、如皋冒辟疆、嘉善魏子一诸先生，无不云集石城……每当车骑阗集，冠盖络绎，命酒征歌，辄呼怀宁乐部，仰天耳热，复与诸先生戟手骂怀宁不止。①

崇祯十一年八月，他们甚至写作、发布《留都防乱公揭》，指责他"献策魏珰，倾残善类"，为魏忠贤献策陷害东林党人，被打入逆案后，又招纳党徒，结交官员，希图翻案，言行不轨，"所作传奇，无不诽谤圣明"，操纵、败坏地方政治，且有勾通李自成、张献忠农民军的可能，因此，建议将他"先行驱逐，早为扫除"。《留都防乱公揭》共有 143 人署名，顾宪成的从孙顾杲列于首位，揭文也是以他的名义发布，显然是要借用顾宪成的声望相号召，但实际撰写揭文的是吴应箕。② 吴应箕与人谈论《留都防乱公揭》的缘起说："□□必不可款，流贼必不可抚，逆党必不可容。三者利害，关系国运"③，将阮大铖等魏党成员等同于威胁明朝国祚的清朝、农民军，与之势不两立，必欲除之而后快。

　　复社为什么会那么痛恨阮大铖？这自然与上述天启、崇祯时期的两条原因，以及复社对东林在人员构成上的继承分不开，复社詈骂阮大铖的内容，也不外乎是这两点，即天启时期背叛东林、暗中帮助魏忠贤陷害东林（这条在《留都防乱公揭》中有所体现），崇祯初期上"合算疏"把东林和崔、魏都指为奸邪。可以肯定的是，魏大中和左光斗的后人魏学濂、左国柱，应该在其中起了重要的推动作用，他们崇祯时期上血书声讨阮大铖，此时，再带头痛打落水狗，对阮大铖的斗争一以贯之，誓不妥协。魏学濂是魏大中的次子，他与其他复社人士詈骂阮大铖，让人联想到天启四年的那场吏科都

---

① 陈维崧：《陈迦陵文集》卷 5《敕赠征仕郎翰林院检讨先府君行略》，《四部丛刊初编》，上海书店 1989 年版，集部，281 册。

② 柴德赓：《史学丛考》，中华书局 1982 年版，第 2—8 页。

③ 吴应箕：《楼山堂集·与友人论留都防乱揭书》，王云五编：《丛书集成初编》216 册，商务印书馆 1935 年版，第 176 页。按："□□"，原文就是如此，应是指清朝。

给事中之争。东林与阮大铖之间产生嫌隙，即是始于此事。前面已说到，这件事情首先是东林有负阮大铖，而且阮大铖借助魏忠贤之力夺得这一职位后很快又辞职，将这一职位让给魏大中。因此，有人认为阮并不是真的要跟东林走向对立，只是为了发泄心中的不满而已。但是也有人对此持完全相反的看法，如时人黄尊素说：阮大铖为吏科都给事中后，曾邀请他与魏大中、章允儒、陈良训饮酒，"指天誓同肝膈，酒未寒而终养之疏已出矣。于是疑者四起，谓兄与同事诸君子不合借一去以发难端"①。阮主动向黄尊素等东林人士表示不会相负，却又"疏请终养"，在黄看来，这是"借一去以发难端"，但疏请终养为何就是"发难端"，因看不到疏文内容，仍不知究竟。可能是其中有他是被魏大中等人逼走的内容，如上文所引马士英就是这么说的，致使魏大中就任时受到严旨切责。黄尊素的上述言论出自他试图阻止阮大铖"疏请终养"的书信，当时另一东林人士李应昇也曾致信阮大铖调和此事②，而阮对此如何回应，无从得知，只知道他"疏请终养"得到许可，并在魏忠贤专权的天启后期一直没有回到朝堂。由此来逆推阮大铖与魏忠贤的关系，他借助魏忠贤之力夺得吏科都给事中职位应无疑问，但说他投附魏成为其党羽，除了上述说到的缺乏确凿证据外，他在魏专权的天启后期一直都没有回到朝堂，也是一个有力的佐证。有人说阮老奸巨猾，早已料到魏必定失败，因此与其保持距离，这实际是在以己度人。天启后期，魏忠贤权势如日中天，那么多人都依附于他，唯独阮大铖有这样的远见，这怎么能让人信服？

当魏忠贤及其党羽迫害东林时，钱澄之说："大铖方里居，虽对客不言，而眉门栩栩有'伯仁由我'之意，其实非大铖所能为也"③。

---

① 黄尊素：《黄忠端公文略》卷3《止阮大铖祸始书》，《四库禁毁书丛刊》，北京出版社1997年影印本，集部，185册，第47页。

② 李逊之：《三朝野纪》卷2下《天启朝纪事》，上海书店1982年版，第49—51页。

③ 钱澄之：《藏山阁集·文存》卷6"皖髯事实"条，《续修四库全书》，上海古籍出版社2002年影印本，集部，1400册，第645页。

从钱澄之说阮大铖对魏忠贤及其党羽迫害东林有"伯仁由我"之意来看，他虽把吏科都给事中职位让给魏大中，但回乡之后对东林仍是心怀怨恨的，由此推测他的"疏请终养"，可能就是如黄尊素所说的，是有意要陷魏大中于不利境地。而东林后人对阮的极坏印象，应是来自其父辈，如黄尊素在劝告阮大铖不要"疏请终养"未果后，就很有可能将自己对阮的不良评论告诉自己的儿子黄宗羲，致使后者对阮深恶痛疾，在留下的文字中对阮极力口诛笔伐。另外，当魏忠贤及其党羽迫害东林时，居家的阮大铖向人表露"伯仁由我"之意，更让魏学濂、左国柱等人坚定了阮是杀害他们父亲的幕后帮凶的看法。钱澄之与阮大铖是同乡，又曾短暂加入阮创办的中江社，他说阮"眉门栩栩有'伯仁由我'之意"应该是来自耳闻目睹，而同是桐城人的左国柱应该也能了解到这些，并告知魏学濂等人。钱澄之不相信阮参与了魏党对东林的迫害，但左、魏却坚信不疑，所以他们在崇祯初期上血书声讨阮大铖，将他指作自己的杀父仇人，这也正好与天启四年的吏科都给事中职位之争衔接起来——阮大铖因为没有得到这一职位而怀恨在心，暗中帮助魏忠贤陷害左光斗、魏大中。但是他们并没有切实的证据，李清说："至魏忠贤杀大中，谓为大铖阴行赞导者，亦深文也"①，从"钦定逆案"中阮大铖所受处分并不是很重来看，崇祯朝廷似乎也认同这一点。然而魏学濂并没有罢休，仍然在复社中宣扬阮大铖的罪恶，复社除前面说到的归

---

① 李清：《三垣笔记》卷下《弘光》，顾思点校，中华书局1982年版，第114页。天启五年四月，因礼科给事中叶有声推荐，起升阮大铖为京堂（吴应箕：《两朝剥复录》卷2，《四库禁毁书丛刊》，北京出版社1997年影印本，史部，19册，第143页）。阮大铖对魏忠贤"阴行赞导"之说，始自杨涟参劾魏忠贤的二十四大罪状疏，其中第二十三条"入幕效谋，叩马献策"就是指此事（张廷玉：《明史》卷244《杨涟传》，中华书局1974年版，第6356页）。魏大中被逮时自撰年谱，具体地说阮早在争吏科都给事中时，乘魏忠贤进香涿州，"留涿要结相拜，作竟夜谈"（魏大中：《魏廓园先生自谱》，黄煜：《碧血录》卷上，第559页）。之后如李逊之、赵吉士都称他在魏忠贤进香涿州的途中，献《百官图》（或云《点将录》）给魏，供其迫害东林人士所用（李逊之：《三朝野记》卷2下《天启朝纪事》，上海书店1982年版，第49—51页；赵吉士：《续表忠记》卷2《左忠毅公传》，周骏富辑：《明代传记丛刊》，台湾明文书局1991年影印本，64册，第648、652页）。张廷玉：《明史》也采纳了这一说法（卷308《阮大铖传》，中华书局1974年版，第7937页）。

庄、夏完淳等个别人员对阮抱有一定谅解外，多数都相信他所说，所以才会联名写作、发布《留都防乱公揭》驱逐阮大铖。据夏燮《忠节吴次尾先生年谱》，早在崇祯九年秋，吴应箕与冒辟疆、陈定生、顾杲等人，就会同天启时被阉党迫害而死的东林党人的 13 个后人，"惟应山公子（指左光斗的儿子左国柱——笔者按）未至"，协商《留都防乱公揭》驱逐阮大铖之事①，可见复社筹划此事时间之长。而且亲身参与此事的黄宗羲说，复社人士沈寿民被保举入京，上疏参劾兵部尚书杨嗣昌"夺情"之事，连带参劾阮大铖"妄画条陈，鼓煽丰芑"，吴应箕等人作《留都防乱公揭》，是在民间接续和呼应沈寿民的朝堂之举。② 回顾前文魏大中自撰年谱说的与左光斗的矛盾，则两人的后人都将阮大铖作为杀父仇人上血疏、参与《留都防乱公揭》等，就有些难以理解。吴应箕说左国柱没有参与协商驱逐阮大铖，或许另有隐情，也未可知。

必须交代清楚的是，当阮被打入钦定逆案后，情况又有所不同。此时，复社对阮的排斥，除了双方的上述仇怨外，又加入了党争的背景因素。晚明东林党与非东林党的持续不断的纷争，"大体可划分为三个阶段。第一阶段，万历年间，（东林党）与浙、齐、楚、宣、昆各党的斗争。第二阶段，天启年间，（东林党）与魏忠贤阉党的斗争。第三阶段，崇祯及南明时期，（东林党）与阉党余孽的斗争"③。在每个阶段，双方都势同水火，各不相让，一派得势，则另一派必定被打压，从来都不能和平共处。在党争的大环境下，任何卷入这场政治斗争旋涡的个人，都把他自己和他的朋党永远拴在了一起，一荣俱荣，一损俱损。阮大铖既被打入逆案，又有上述上合算疏的举动，决定了他与魏党人员的命运攸关，以及与东林的势不两立。再加上阮大铖"每思乘间以图翻案"和"门庭气焰依然薰灼"，在

---

① 夏燮：《忠节吴次尾先生年谱》，上海图书馆 1995 年影印本。
② 黄宗羲：《南雷文定》卷 7《征君沈耕严先生墓志铭》，王云五主编：《丛书集成初编》，商务印书馆 1935 年版，2463 册，第 108 页。
③ 张显清：《张显清文集》，上海辞书出版社 2005 年版，第 319 页。

逆案人员中太过扎眼，东林、复社必定要对他穷追猛打，必欲除之而后快，而阮大铖等逆案人员也必定要千方百计以求复出。

这里还有另外一件事情值得一提。当天启五年魏大中被逮入京时，他的长子魏学洢一路追随，后来见父亲被酷刑折磨而死，自己也因哀伤过度而殒命。但这是一种说法，与之不同，谈迁却认为魏学洢是因为患病而死，并不是为他的父亲尽孝，"凶事偶会，务极标榜"①，他的死是偶然与父亲的被逮同时，却被人标榜为为父亲尽孝而死。是谁在标榜，谈迁虽然没有明说，但可以推断魏学濂肯定是主要人员②，把兄长的死和父亲的被迫害联系起来，可以收到同时表彰父亲忠义和兄长孝道的效果，而自己出生于这样的家庭自然也是"与有荣焉"。但魏学濂后来曾投降李自成大顺政权，不免成为他的重要污点。谈迁《国榷》对此有较多记载，如说他在大顺军攻入北京前后，本想跟家人迁往南方，但"夜观天象，绕床而行竟夕，顿足起曰，一统定矣"，看天象认为李自成是天命所归，将能完成一统大业，于是邀约周钟、史可程等人投降。他还曾建议李自成平定江南，最终见李自成失败已成定局而自杀。谈迁因此评价魏学濂说："唉名逐利""自负忠孝门第，议论慷慨。时谓学濂必殉难，而惑于象纬，谓自成英雄，必有天下，思佐命功，至是愧恨。"③ 对于这一问题，黄宗羲则辩称魏学濂是在大顺军攻占北京后，因等待"义旅"到来才未能及时殉明，等到此事落空后才自杀，并认为"变节说"是"党人余论锢之也"④。有忠义的父亲和孝道的兄长，自身又曾是复社声讨阮大铖的急先锋，如果魏学濂变节是实，将有损其父、其

---

① 谈迁：《国榷》卷87，张宗祥点校，中华书局1958年版，第5309、5311页。

② 崇祯初魏学濂上疏为其父申冤，就说其兄魏学洢"殉先臣而死"，并且得到崇祯帝的同情。金日升：《颂天胪笔》卷20《讼冤》，《续修四库全书》，上海古籍出版社2002年影印本，史部，439册，第627—629页。

③ 谈迁：《国榷》卷100、卷101，张宗祥点校，中华书局1958年版，第6056、6060、6073、6079—6080页。

④ 黄宗羲：《翰林院庶吉士子一魏先生墓志铭》，见《黄宗羲全集》第二十册《南雷诗文集中》，浙江古籍出版社1985年版，第432—434页。

兄的令名，也会破坏复社的声誉。因此，在同辈、同社的黄宗羲看来，魏学濂的变节是不可能也是难以接受的。清初的王弘撰说黄宗羲对魏学濂的"回护之词""粉饰太过，反滋人疑"，而认为魏在李自成进入北京后，"实怀隐忍，不免逐流"，即确实有投降的举动，但"继而内省，恐坠家声，畏人摘求，卒自缢死"，因此，仍可称为"贤者"①，实际仍对他有所回护。

除对魏学濂外，谈迁对他的父亲魏大中也不乏批评。如前文说的魏大中辩驳傅櫆参劾一事，他评论说："魏大中与傅櫆同官也，虽薰蕕之异，而辨宜婉不宜诟，宜详不宜矜。事本末易详，而抗辞蜂涌，何哉？"② 对魏的用词和语气不以为然。叶向高也曾评价魏大中说：

> 魏大中者，浙人，甚清苦，而稍深刻，议论与乡人左，乡人皆恶之。当傅櫆疏上，内中已有先入，适大中转吏科都给事，报名廷谢。有旨诘责大中，何以方被论而遽谢恩，阁中为解乃已。而大中一再辞，得旨遂莅任，余深以为不可。岂有人臣廷谢，天子不许而可苟且受事，即日立交戟下，将何颜以奉圣明也？大中闻余言殊不喜。盖此诸公，虽立身持论皆有可观，不随俗波流，而争名躁进之念终未能忘，于出处进退、存亡得失大关键全不虑及。余惓惓言之而不听，亢而取悔，卒杀其身以败天下。事名不及范滂、李膺，而祸同于李训、郑注，深可痛也。③

不仅也认为魏大中言论"稍深刻"，而且认为他与阮大铖争吏科都给

---

① 王弘撰：《山志·二集》卷3"魏子一"条，何本方点校，中华书局1999年版，第221—222页。

② 谈迁：《国榷》卷86，第5276页。谈迁对魏氏父子均无好评，而黄宗羲则认为魏学洢殉父、魏学濂殉节（黄宗羲：《翰林院庶吉士子一魏先生墓志铭》，见《黄宗羲全集》第二十册《南雷诗文集中》，浙江古籍出版社1985年版，第432—434页），他也曾受谈迁之子请求为其撰写墓表，只写其在史学撰述上的贡献，而没有谈论两人在魏氏父子评论上的分歧（黄宗羲：《谈孺木墓表》，见《黄宗羲全集》第二十册《南雷诗文集中》，第308—310页）。

③ 叶向高：《蘧编》卷16，《四库禁毁书丛刊补编》，北京出版社2005年影印本，25册，第572页。

事中是"争名躁进之念终未能忘"的表现，但求名又不得其法，"亢而取悔，卒杀其身以败天下。事名不及范滂、李膺，而祸同于李训、郑注"，于私于公都带来不良的后果。谈迁还指出魏大中因好同恶异习气而结交汪文言，也给自己带来了祸端："好立廉隅，居尝韦布，峭厉绝俗，意见褊滞，能当其意则跬踱为廉，识拘而迹峻。一见汪文言奸情伪貌，遽相激赏，汲引同辈，来此纷纭。虽面目无愧，而追原祸始，要自有由"①。这也让人对魏上述抛弃汪文言以自保的举动更加不齿。

对于复社的《留都防乱公揭》，阮大铖一面作《酬诬琐言》予以回击，一面仍力图修补与复社的关系。他曾托人乞哀于复社人士周镳，却受到后者的极度羞辱："阮心此事仲驭（指周镳——笔者按）主之，然始谋也绝不有仲驭者。而铖以书来，书且哀，仲驭不启视，就使者焚之"，将他的书信看都不看就付之一炬。阮大铖还曾托人央求另一复社人士侯方域，希望通过他来调解此事，也未果。②《留都防乱公揭》把阮大铖逼入孤立的绝境，不得不躲入南京牛首山，昔日与他来往的人也都争相和他划清界限，这极大地刺激了他，为他以后疯狂报复东林、复社埋下了伏笔。"揭发而南中始知有逆案二字，争嗫嚅出恚语曰：'逆某逆某'。士大夫之素鲜廉者亦裹足与绝。铖气愈沮，心愈恨""且悸且恚，铖归潜迹南门之牛首，不敢入城，向之裘马驰突，庐儿崽子，焜耀通衢，至此奄奄气尽矣。然铖腐心咋齿，日夜思所以螫吾辈，谋翻局，特未有路耳"③。清人张鉴进而认为《留都防乱公揭》导致了整个逆案人员对复社的仇视，"自是逆

---

① 谈迁：《国榷》卷86，张宗祥点校，中华书局1958年版，第5276页。

② 佚名：《明亡述略》卷下，上海书店1982年版，第323页；侯方域：《壮悔堂文集》卷5《李姬传》，《四库禁毁书丛刊》，北京出版社1997年影印本，集部，51册，第508页。周镳确实对阮大铖步步紧逼，据黄宗羲说，当崇祯十四年周延儒复出时，阮大铖想要借与他的交情复出，由于周复出得到复社的支持，阮向复社乞哀，"吴中诸君子颇欲宽之，但未知南中议论何如耳""仲驭毅然不可。阳羡亦不敢犯正议，以此复大铖。大成涕泗交下，愿以其化身为马士英代"（黄宗羲：《思旧录·周镳》，见《黄宗羲全集》第一册，浙江古籍出版社1985年版，第352页）。这应该也是弘光时期阮复出后，要将他置于死地的原因。

③ 陈贞慧：《书事七则》"防乱公揭本末"条，《昭代丛书》本。

案中人始与复社为切齿，不独大铖，即杨维垣、张孙振皆是也"①。

《留都防乱公揭》最终取得打击阮大铖气焰、阻断别人和他交往的效果，虽然是借助了崇祯帝"钦定逆案"的威力，但也说明以东林后人为主要成员的复社，继承了东林的清议做法，并且也成为清议的主导，仍然能够像他们的先辈一样，引导舆论风向。复社众人与阮大铖等逆案人员，各自结成相互对立的"利益共同体"，东林与魏党的政治分野，被他们延续下来，成为他们区分敌我不可逾越的重要边界。拒斥阮大铖等逆案人员，复社人士宣称是因为他们将危害地方、国家利益，这当然是给他们安上的罪名，并不符合事实，因为阮大铖等人也有前文说的为明朝守卫疆土的情形。复社这么做，主要还是出于维护东林先人声誉和当时同志利益的用意。坚决阻止阮大铖复出，既有防止逆案人员借势复出后清算历史旧账和侵害自己的考虑，也可通过对阮的严厉声讨，引导世人再次忆起天启时期东林先人的前言往行和所受迫害，再次忆起崇祯帝惩处魏党人员的逆案，更加巩固东林在民众中的忠臣义士历史形象。

后来，北京被农民军攻破，崇祯帝在煤山自缢而死，弘光政权在南京得以建立，政局的变动又把阮大铖过去建立的人际网络激活，他凭借广泛的人缘得以复出，联合一帮与东林、复社有过节的人，尤其是逆案人员，操纵弘光朝局，对东林、复社大肆进行报复。他曾说："日暮途穷，吾故倒行逆施之"②，因明朝对他的不公正待遇，而故意"倒行逆施"，希望促使其早日灭亡，心理俨然已畸形。阮大铖负气而为的一系列乖张行径致使弘光朝政浊乱不堪，从而成为导致弘光朝廷一年覆亡的罪魁祸首，"则是亡南国者，一大铖而已"③。但是，阮大铖之所以会走到这步田地，东林、复社对他的过度逼迫

---

① 张鉴：《冬青馆甲集》卷5《复社姓氏传略·序》，《续修四库全书》，上海古籍出版社2002年影印本，集部，1492册，第54页。

② 温睿临：《南疆逸史》卷56《马士英》，中华书局1959年版，第444页。

③ 钱澄之：《藏山阁集·文存》卷4"南渡论"条，《续修四库全书》，上海古籍出版社2002年影印本，集部，1400册，第639页。

也要负重要责任。据复社人士夏完淳说："阮尝对人言：'我非不愿为君子，它人不许我为君子耳'"，所以他对阮大铖抱有同情，而于东林、复社则批评道："圆海原有小人之才，且阿珰亦无实指，持论太苛，酿成奇祸，不可谓非君子之过"①。清人顾彩在《桃花扇·序》中也认为阮大铖的戏曲作品中，有悔过求谅的意思，东林、复社对他太过逼迫，致使他决意作恶：

> 《春灯谜》一剧，尤致意于一错二错，至十错而未已。盖心有所歉，词辄因之。乃知此公未尝不知其生平之谬误，而欲改头易面以示悔过。然而清流诸君子，持之过急，绝之过严，使之流芳路塞，遗臭心甘。

美国学者司徒琳曾对复社对阮大铖的逼迫及原因详尽地论述道：

> 阮大铖确实喜欢把游侠剑客聚集在身旁，招摇得很。这刺激了在南京的复社人物。他们于崇祯十一年发布《南都防乱公揭》，在政治清算之外还使阮大铖不容于社会。这加强了阮大铖有朝一日要对这些迫害他的人施加报复的决心。复社活跃分子对阮大铖仇恨之深，是不易解释清楚的。阮大铖在专权宦官魏忠贤得势时与权势人物的关系，既非与众不同，也不炫人耳目，不足以解释清流党人后来对他的辱骂。大体上说，清流人物似乎觉察到，阮大铖咄咄逼人，急于求官，加上为人老谋深算，自私而记仇，是一个潜在的危险人物。弘光朝诸事件证实了确有理由感到担心；但是阮大铖所受清流党人刺激之深、羞辱之烈，也使他变本加厉。②

---

① 夏完淳：《续幸存录》"南都杂志"条，留云居士辑：《明季稗史初编》卷16，上海书店1988年版，第325页。

② 司徒琳：《南明史》，李荣庆等译，上海古籍出版社1992年版，第16页。

鲁迅写的《论费厄泼赖应该缓行》一文，提出要痛打落水狗，是就
革命党人对落败的敌人过于心慈手软，致使其得到喘息的机会，最
终反噬革命党人而言的。阮大铖身列逆案，终崇祯一朝都不能复出，
也是名副其实的落水狗。但他向东林、复社乞怜求谅，后者如果对
他宽容相待，使他得以翻身，是否也会招致他的反噬？司徒琳由弘
光时期阮大铖复出后对东林、复社的反攻倒算，反推东林、复社
"确有理由感到担心"，也就是他们对阮大铖绝不饶恕的做法并不过
分。但是她又说阮大铖复出后的报复，东林、复社之前对他的"刺
激之深、羞辱之烈"也要负责任，实际是模棱两可，并未究明。这
里其实应该进一步明晰前因后果，即先有东林、复社对他的过度刺
激和羞辱，以及更早时候不合常规、不顾同志之谊，把本该给阮大
铖的职位给了魏大中，没有真凭实据而仅以"阴行赞导"之名把他
打入"逆案"，后才有阮大铖复出后的疯狂报复。如果是这样来看，
阮大铖与东林、复社失和，以及由此带来的双方的诸多瓜葛和后果，
其中的是非判定、责任归属等问题，就更加明确了。钱澄之曾指出
阮大铖与东林、复社在弘光时期仍有调和的可能。他认为福王朱由
崧在南京的"定策之争"中，由于得到马士英、阮大铖的支持而争
得皇位继承权后，东林、复社就应该顺势捐弃前嫌，主动举荐阮大
铖；即使不这样做，到马士英举荐他时，他们随声附和也还为时不
晚。他这么说，是建立在对阮大铖为人的认识上：

> 大铖虽甚暴厉，然志量褊浅，好权势，喜夸张，稍有得失，
> 悻悻然见于面，小丈夫也。以十七年废弃在家，百计求出不得，
> 谈兵结客思以边才起用，但假虚衔，还其冠带，俾得以夸耀于
> 乡里僮仆，志亦足矣。何则？其始愿固止于此也。①

---

① 钱澄之：《藏山阁集·文存》卷4"南渡论"条，《续修四库全书》，上海古籍出版社2002
年影印本，集部，1400 册，第 639 页。

在他看来，阮大铖气量偏狭，爱慕虚荣，崇祯初期被打入逆案后一直谋求复出而不得。在北京被农民军攻破，崇祯帝身死，阮大铖在幕后扶持的福王已被扶上皇位的形势下，东林、复社如能稍微顺势满足他复出的愿望，就可能达到调和相互关系的目的，避免后来的报复。显然，他认为调和的主动权在东林、复社手上。正如前文钱澄之说阮"伯仁由我"不是空穴来风一样，他对阮的这一认识应该也是有根据的。这么看来，阮大铖应就是刘子健所说的"仕进型"官员，没有什么崇高理想，只关注个人仕途，但是尚能恪尽职守，完成上级交付的任务。① 当然，上述只是钱氏事后的追论，当时东林、复社并没有那么做。所以，钱氏在追究弘光朝廷灭亡的责任问题时曾意味深长地说："夫亡国者，主也；亡主者，马士英也；而令马士英至此极者，阮大铖也。推而论之，东林诸君子攻大铖之已甚者，亦与有过焉。"② 应该说，他的这番推论是较为符合实际和情理的。

<h2 style="text-align:center">三</h2>

钱澄之上文还提到被阮大铖牵连的另一人物马士英，"论其初，实亦文人之具干济才者"③，堪称文武全才。崇祯时期他曾参加当时在全国各地兴起的盟社④，又称复社领袖张溥为"故人"⑤，只因结交阮大铖，逐步与东林、复社走向决裂，详细情形可以参见拙著

---

① 刘子健：《王安石、曾布与北宋晚期官僚的类型》，《两宋史研究汇编》，台湾联经出版事业股份有限公司1987年版，第117—142页。

② 钱澄之：《藏山阁集·文存》卷4"南渡论"条，《续修四库全书》，上海古籍出版社2002年影印本，集部，1400册，第639页。

③ 叶廷琯：《鸥陂渔话》卷4《马士英有才艺》，《续修四库全书》，上海古籍出版社2002年影印本，子部，1163册，第154—155页。

④ 马士英于崇祯三年作《杨龙友山水移诗序》，自称"社弟"。杨文骢著、关贤柱校注：《杨文骢诗文三种校注》，贵州人民出版社1990年版，第14—15页。

⑤ 李清：《三垣笔记》卷下《弘光》，顾思点校，中华书局1982年版，第97页。

《善恶忠奸任评说——马士英政治行迹研究》（云南人民出版社 2013 年版）的相关内容。虽然马士英并无意跟东林、复社交恶，"予非畔东林者，东林拒予耳"①，但后者由于对阮大铖的憎恶，连带对他生前拒斥，死后丑化，其口诛笔伐是造成马士英列入《明史·奸臣传》的重要原因，后文对这一问题还有详细论述。

魏广微的情形也与阮大铖相似。他的父亲魏允贞在万历时期以敢于建言而著称，与赵南星、邹元标等东林党人素称同志。他自己起初也与东林相善，对赵南星行父执之礼。他与东林失和是因为结交魏忠贤，尤其是天启三年初"以奄人之力入相"，即借助魏忠贤之力入阁一事。"广微于逆阉，以同乡同姓，故通内最先，遂以陪推得点用入阁""其与阉通，凡有书札，皆亲笔行书，外题曰：'内阁家报'，钤文曰：'魏广微印'；差心腹家人送阉直房，付李朝钦收掌"②。魏广微因与魏忠贤的这层关系，受到东林党人的排斥。

> 南星为魏广微父执，见广微诌附忠贤，尝叹曰："见泉无儿"。见泉者，魏允贞字也。广微尝于广座中诋李三才，南星曰："李公为尊公执友，后辈何敢尔！"故广微衔之。一日广微过南星，拒不礼，广微曰："吾官尊，不可麾也"。③

魏允贞与李三才交好，魏万历年间被罢斥，李曾相救④，两人可以说

---

① 李清：《三垣笔记》卷下《弘光》，第 97 页。

② 李逊之：《三朝野纪》卷 2 下《天启朝纪事》，上海书店 1982 年版，第 65 页。按：天启二年十二月，首辅叶向高请求添补阁员，廷推六人依次为孙慎行、盛以弘、朱国祯、顾秉谦、朱延禧、魏广微。按照惯例，皇帝应当照此顺序点选阁臣。但在魏忠贤的操纵下，最终却以后四人入阁（《明熹宗实录》卷 30，天启三年正月己酉，台湾"中央"研究院历史语言研究所 1966 年校印本，第 1524—1525 页）。魏广微对魏忠贤称侄（计六奇：《明季北略》卷 2"魏忠贤浊乱朝政"条，魏得良、任道斌点校，中华书局 1984 年版，第 44 页）。

③ 孙奇逢：《夏峰先生集》卷 8《杨忠愍公传》，《四库禁毁书丛刊》，北京出版社 1997 年影印本，集部，118 册，第 203—204 页。

④ 吴应箕：《熹庙忠节死臣列传》"太子太保吏部尚书忠毅赵公传"条，《中国野史集成》第 27 册，巴蜀书社 1993 年版，第 510 页。

是同一个阵营的同志。而他的儿子魏广微却可能不了解父辈之间的这层关系，或者就是对李三才的一些行为不予认同而对其出语不敬，这在赵南星看来就是违背父志，不敬尊长，因此说魏允贞"无儿"，意在指责魏广微不堪为人。而更深层的原因，万历后期的淮抚之争，东林与非东林对李三才的态度和看法截然相反，魏广微当众指责李三才，可能也引发了亲身经历其事的赵南星对往事的回忆而产生反感。赵南星捍卫李三才的名誉，实际也是重申东林前人维护李三才举动的正当性，坚持与对李三才非议的人划清界限，这一立场和态度的宣示，表明了万历至天启时期东林所持政治见解的连贯性。

赵南星因为魏广微与魏忠贤交往而拒斥他，则应是缘于对魏忠贤的憎恶而恨屋及乌。据说魏忠贤曾对赵南星"倾意皈往"，而赵却不予领情①，这还是东林在天启初期掀起的"讨魏斗争"的表现。除赵南星外，杨涟参魏忠贤二十四大罪状之疏，诋斥魏广微是魏忠贤的"门生宰相"；李应昇上疏也骂他将在以后的史书中，与正德时期交结太监刘瑾的阁臣"焦芳同传"②。

而致使魏广微最终背离东林而投靠魏忠贤的，是天启四年十月初一的颁历、享庙事件。他因故"颁历不至，享庙则后至"，以此受到东林党人魏大中、李应昇等人的弹劾。③ 黄尊素曾就此事两度劝阻魏大中：

> 南乐（指魏广微——笔者按）以奄人之力入相，惴惴唯恐人知，居恒犹以故人子事高邑（指赵南星——笔者按），此小人之包羞者也。吾党目下事势土崩瓦解，大祸且在旦夕，亦无少衰其势。奄人即欲有所发舒，外廷犹得以名义一线支持其既倒

---

① 李逊之：《三朝野纪》卷2《天启朝纪事》，上海书店1982年版，第48页。

② 李逊之：《三朝野纪》卷2下《天启朝纪事》，上海书店1982年版，第65页。在杨涟上疏参劾魏忠贤后，魏广微对魏忠贤拟优旨慰答，而杨涟却得到严旨斥责（谈迁：《国榷》卷86，张宗祥点校，中华书局1958年版，第5286页）。

③ 李逊之：《三朝野纪》卷2下《天启朝纪事》，上海书店1982年版，第64—65页。

之狂澜。一经论列，则南乐之羞不复可包，使其显显与君子为
难。彼依草附木之精魂，不戒而孚，皆公然为青天白日之魑
魅矣。

他看到当时魏广微虽然借助魏忠贤之力入阁，但仍敬事赵南星，实
是处于两边摇摆的境地。东林当时的形势已极为不利，正可利用他
稳住魏忠贤，使其不向东林发难，而不能再刺激他完全投向魏忠贤。
但魏大中仍然上疏劾之，最终致使魏广微决意帮助魏忠贤作恶。魏
广微被参后还试图示好于督师大学士孙承宗，以求得其门生李应昇
的宽恕，但也遭到拒绝。[①] 夏允彝批评魏、李等人对赵南星、魏广微
的做法带有"双重标准"："先是（赵）南星自以老病请时免其入
朝，得专心职业。于是广微谓冢臣自请免朝，不之罪，而阁臣一失
朝即杖脊，何不平至此。挟愤与忠贤通，尽逐诸臣。"[②] 东林这么处
事不公，小题大做，很明显就是为了借机打击魏广微，而且不留任
何余地。

魏广微为东林党人所激而投附魏忠贤，这样内宫外廷结合共同
报复东林的局面便形成了。"盖先是忠贤虽横，犹惮外廷也。自广微
合而阉遂借外廷以攻外，焚原之势于是乎不可复弥矣。"[③] 他编成
《缙绅便览》进献魏忠贤，把赵南星、高攀龙等人称为"邪党"，而
把徐大化、霍维华等与东林对立者称为"正人"，供魏忠贤进退官员
使用。[④] 再如四年九月的会推晋抚事件，他也起了重要作用。张廷玉
《明史》记载其事说：

---

① 李逊之：《三朝野纪》卷2下《天启朝纪事》，上海书店1982年版，第71页。

② 夏允彝：《幸存录》"门户杂志"条，留云居士辑：《明季稗史初编》卷14，第298页。

③ 吴应箕：《两朝剥复录》卷1，《四库禁毁书丛刊》，北京出版社1997年影印本，史部，
19册，第120页。

④ 王鸿绪：《明史稿列传》卷287《魏广微传》，周骏富辑：《明代传记丛刊》，台湾明文书
局1991年影印本，97册，第636页。

　　会山西缺巡抚，河南布政使郭尚友求之。（赵）南星以太常卿谢应祥有清望，首列以请。既得旨，而御史陈九畴受广微指，言应祥尝知嘉善，（魏）大中出其门，大中以师故，谋于文选郎（夏）嘉遇而用之，徇私当斥。大中、嘉遇疏辩，语侵九畴，九畴再疏力诋，并下部议。南星、（高）攀龙极言应祥以人望推举，大中、嘉遇无私，九畴妄言不可听。忠贤大怒，矫旨黜大中、嘉遇，并黜九畴，而责南星等朋谋结党。南星遽引罪求去，忠贤复矫旨切责，放归。明日，攀龙亦引去。给事中沈惟炳论救，亦出之外。俄以会推忤忠贤意，并斥（陈）于廷、（杨）涟、（左）光斗、（袁）化中，引南星所摈徐兆魁、乔应甲、王绍徽等置要地。小人竞进，天下大柄尽归忠贤矣。①

　　谢应祥与魏大中有师生之谊，赵南星等人推举他为山西巡抚有徇私之嫌，黄尊素曾就此劝告魏大中避嫌，但没有被接受②。积愤于心的魏广微以此作为把柄，指使御史陈九畴参劾众人，而魏忠贤在内廷与他呼应，矫旨贬黜赵南星、高攀龙等人。当时，给吏部、都察院的圣谕，指斥赵南星、高攀龙等人结党营私，排挤正人，欺君罔上，一概否定他们之前的所作所为，并称要为以往遭受东林打压的官员平反，故被蔡士顺称作"此一谕乃逆党招徕群小入伙之计也"③。此事使众多东林官员相继被罢去，"一时正人去国，纷纷若振槁"④；过去与东林相争而被罢黜的官员，则逐渐被召还对东林进行反扑，"忠贤已逐赵南星等，群小聚谋，召平日素仇东林者，俾居要地，藉

---

　　①　张廷玉：《明史》卷243《赵南星传》，中华书局1974年版，第6300页。吏部侍郎陈于廷主持会推吏部尚书人选，推荐了乔允升、冯从吾，魏党认为两人是赵南星的"私人"，故将杨涟、左光斗、袁化中等有关人员尽行罢去，而以与东林有过节的王绍徽任此职。

　　②　张廷玉：《明史》卷245《黄尊素传》，第6363页。

　　③　蔡士顺：《傶庵野抄》卷4，《四库禁毁书丛刊》，北京出版社1997年影印本，史部，69册，第467页。

　　④　王鸿绪：《明史稿列传》卷284《魏忠贤传》，周骏富辑：《明代传记丛刊》，台湾明文书局1991年影印本，97册，第601页。

其力以排东林"①。至这年冬天,"朝事大变""诸为赵南星所斥去者无不竞起用事矣"②"天下大权一归于忠贤"③。由此可见,此事是魏忠贤和魏广微内外联手打击东林的开始,也是当时政局转变、东林与魏党势力此消彼长的关键所在。

当杨涟、左光斗等"六君子"被逮入诏狱后,身为阁臣的魏广微却又上揭请求将其从诏狱移至刑部,有援救之意,并因此触怒魏忠贤而罢归。但是他仍然受到蔡士顺的指责,也没有得到东林及其后人的原谅,这在前文已提到,此处不再赘述。他在"钦定逆案"前已死,但仍被打入此案,应该是他在天启时期投附魏忠贤,陷害东林的"劣迹"太显著使然。

即使是被认为罪恶昭著的魏忠贤,实际也曾屡屡向东林示好,"初亦雅意诸贤"④,但都遭到拒绝。如魏忠贤想要招揽仕籍姓魏者修撰宗谱,一些官员纷纷对他自称弟侄(如魏广微),只有魏大中不附和;⑤ 他对赵南星"倾意皈往",而赵却不予领情;⑥ 他营造坟墓于玉泉山,请缪昌期书写墓碑,遭到拒绝;⑦ 他向督师大学士孙承宗

---

① 万斯同:《明史》卷354《徐兆魁传》,《续修四库全书》,上海古籍出版社2002年影印本,史部,330册,第274页。天启四年十一月至五年四月,魏党对东林清洗与对非东林起用的情况,可参见苗棣《魏忠贤专权研究》(中国社会科学出版社1994年版,第128—129页)。

② 万斯同:《明史》卷355《霍维华传》,《续修四库全书》,上海古籍出版社2002年影印本,史部,330册,第282页。当时也有拒绝召还者,如官应震(万斯同:《明史》卷354《官应震传》,第277页)、方从哲(孙承泽:《天府广记》卷34《方从哲传》,《续修四库全书》,上海古籍出版社2002年影印本,史部,730册,第135页);召还而未报复东林者,如高弘图(张廷玉:《明史》卷274《高弘图传》,中华书局1974年版,第7027页)、崔景荣(徐乾学:《明史列传》卷93《崔景荣传》,周骏富辑:《明代传记丛刊·综录类》第8册,台北明文书局1991年版,第770页)、黄克缵(徐乾学:《明史列传》卷93《黄克缵传》,周骏富辑:《明代传记丛刊》,台湾明文书局1991年影印本,94册)。这或许也是崔、黄二人后来没有被打入"逆案",在清修《明史》中被当作"中立者"的原因。

③ 张廷玉:《明史》卷244《魏大中传》,第6336页。

④ 夏允彝:《幸存录》"门户大略"条,留云居士辑:《明季稗史初编》卷14,上海书店1988年版,第290页。

⑤ 赵吉士:《续表忠记》卷2《魏忠节公传》,周骏富辑:《明代传记丛刊》,台湾明文书局1991年影印本,64册,第665页。

⑥ 李逊之:《三朝野纪》卷2《天启朝纪事》,上海书店1982年版,第48页。

⑦ 汪有典:《史外》卷6《缪昌期传》,《四库禁毁书丛刊》,北京出版社1997年影印本,史部,20册,第394页。

申意而碰壁;① 他受到杨涟参劾而请求次辅韩爌调解，也被拒绝。②
东林因为他杀了与己方交好的太监王安，而将他拒于千里之外，掀
起持续不断的"讨魏斗争"，至杨涟上疏弹劾他二十四桩罪状达到高
潮，并由此彻底与他走向决裂。

清初学者陆陇其评论东林说："贤否不可不辨，而不宜处之以
刻，使之无地自容也；是非不可不白，而不宜或伤于讦，使之穷而
思逞也。"③ 东林对待阮大铖、马士英、魏广微等人的做法，正是对
这番话的最好注解。东林对他们过于苛刻，在形势已极为不利的情
况下，仍把本可以争取的这些人逼向对立面，举动是欠明智的，居
心也不够正大光明，且由此为自己种下祸根。

四

再回到"贤奸之辩"，在崇祯帝的支持下，倪元璐最终挫败了杨
维垣，东林为贤、魏党为奸的观念为皇帝接受，成为当时进退官员
的标准。之后不久，倪元璐又于元年四月上疏皇帝，请求焚毁《三
朝要典》。他指出官员们围绕"三案"的争端本来各有理由，与魏
忠贤及其党羽借三案打击政敌编纂《三朝要典》不同：

> 主梃击者力护东官，争梃击者计安神祖；主红丸者仗义之
> 言，争红丸者原心之论；主移宫者弭变于几先，争移宫者持平
> 于事后。亦各有是，不可偏非。……总在逆珰未用之先，群小
> 未升之日，虽甚水火，不害埙篪。

---

① 张廷玉：《明史》卷250《孙承宗传》，中华书局1974年版，第6469页。
② 吴应箕：《两朝剥复录》卷1，《四库禁毁书丛刊》，北京出版社1997年影印本，史部，
19册，第124页。
③ 陆陇其：《陆子全书》卷1《问学录》，清光绪间刻本。

因此他主张："其议不可不兼行，而其书不可不速毁"①，围绕三案的争议可以并存，但《三朝要典》必须尽速焚毁。对于三案的看法，明人沈国元也同样说道：

> 梃击一事，有神宗皇帝处分，情法两全；进药之人，票拟失当，葛藤不了；宫未移，自应谨慎，既移，适安其常。而一时怀千秋万世之虑者，急于持法；抱全伦弥衅之思者，曲于调停。②

倪元璐焚毁《三朝要典》的主张，受到翰林院侍讲孙之獬的反对，他跑到内阁哭求不要焚毁《三朝要典》，因为天启帝曾为其御制序文，如崇祯帝将其焚毁，将背上"不孝不友"的骂名，后来他也因此被列入逆案。③ 最终崇祯帝下旨焚毁了《三朝要典》这一套在东林党人头上的紧箍咒，为东林的复出进一步扫清了障碍。

值得注意的是，与此同时，东林后人黄宗羲为他的父亲"七君子"之一的黄尊素鸣冤，参劾、锥击杀父疑凶太监李实等人，行为

---

① 《崇祯长编》卷8，崇祯元年四月己未，台湾"中央"研究院历史语言研究所1967年校印本，第447—452页。清人赵翼在分析了三案及其争端产生的由来后，也说："此三案者，本各有其是"，并称赞倪元璐的说法"最得情理之平"（赵翼：《廿二史札记》卷35"三案"条，王树民校证，中华书局1984年版，第800、801页）。而清末的夏燮则仍然站在争三案者的立场，于倪元璐的观点不以为然："至谓三案之主者争者，'各有其事，不可偏非'，此则调停之见，非公论也"，尤其突出争"梃击案"之王之寀，"今《要典》不足论，而至谓等'三案'于莫须有者，则瞽论也。《要典》之秽，在史臣论断耳，若当日张差口供，法司原谳，具载其中，故《明史》王之寀一传，全录其词，具有深意"（《明通鉴》卷81，沈仲九点校，中华书局1959年版，第3112—3113页）。前文已多处提到夏燮对明末党争问题，在立场上明显倾向于东林，这里也是一个体现。

② 沈国元：《两朝从信录·述意》，《续修四库全书》，上海古籍出版社2002年影印本，史部，356册，第7页。

③ 崇祯元年五月，四川道御史吴焕参孙之獬，除了继续倪元璐三案与《三朝要典》有别的一套说辞外，还说如果天启帝御制序文就不能焚毁《三朝要典》，那么天启后期对魏忠贤的建祠、封赏等，也都是冠以天启帝的名义，因此它只是"奸人邪党""压庸愚欺当世"的伎俩，完全不必信据，圣旨令孙回籍（金日升：《颂天胪笔》卷14，《续修四库全书》，上海古籍出版社2002年影印本，史部，439册，第495—497页）。

过激，但仍得到崇祯帝的谅解。"崇祯即位，公年十九，袖长锥草疏入京颂冤，疏请诛曹钦程、李实。五月，会审许显纯、崔应元，公对簿。锥显纯流血蔽体，又殴应元胸，拔其须归而祭之其父神主前。又与周延祚、夏承共锥毙牢子叶咨、颜文仲。六月，李实辩原疏不自己出，忠贤取其印信空本，令李永贞填之，故墨在朱上，又阴致三千金于公求弗质。公奏明，对簿之日以锥锥之"，此外，黄还"偕同难诸子弟设祭于诏狱中门，哭声如雷，闻于禁中"①。当时还有其他东林后人纷纷上血书为他们的父亲申冤，都得到崇祯帝的同情和认可。② 东林后人这些发自民间的举动，与倪元璐在朝堂的论争相互呼应，对于崇祯帝在贤奸之辩中的态度变化以及后来的焚毁《三朝要典》、"钦定逆案"，大力惩处魏忠贤及其党羽，同时，为东林平反，应该是起了助推作用的。

早在天启七年十一月，户部广西司主事陈此心、大兴知县饶可久等人，就已建议修改《三朝要典》③。次月，工科左给事中陈维新还上疏对此加以反对④。崇祯元年三月，新授南京兵部主事别如纶又上疏说："《要典》中所指为奸邪而斥逐、诛窜者，孰非今日之济济在位与谆谆启事之人，孰非皇上许恤、许谥、许为理学节义之人"⑤。他说崇祯帝将《三朝要典》中所贬斥之人予以起用和褒扬，主要是指东林而言，实际也就意味着《三朝要典》对东林的禁锢已

① 全祖望：《鲒埼亭集》卷11《梨州先生神道碑文》，《四部丛刊初编》，上海书店1989年版，集部，376册，第126页。据谈迁《国榷》，黄宗羲等锥毙的牢子是叶文仲（卷87，张宗祥点校，中华书局1958年版，第5331页）。燕客：《天人和征纪实》记为叶文仲、颜紫，吴应箕《熹庙忠节死臣列传》也记为颜紫。燕客：《天人和征纪实》、吴应箕：《熹庙忠节死臣列传》"赠太仆寺卿河南道御使袁公传"条，《中国野史集成》第27册，巴蜀书社1993年版，第516、578页。
② 金日升：《颂天胪笔》卷20《讼冤》，《续修四库全书》，上海古籍出版社2002年影印本，史部，439册，第612—635页。
③ 《崇祯长编》卷3，天启七年十一月乙亥，台湾"中央"研究院历史语言研究所1967年校印本，第121—122页；天启七年十一月辛巳，第126页。
④ 《崇祯长编》卷4，天启七年十二月己未，台湾"中央"研究院历史语言研究所1967年校印本，第156页。
⑤ 《崇祯长编》卷7，崇祯元年三月戊子，台湾"中央"研究院历史语言研究所1967年校印本，第386—388页。

经松动。这表明倪元璐奏请焚毁《三朝要典》并得到崇祯帝首肯，此前已奠定了较好的基础，焚毁只是水到渠成之事。而且在倪元璐之前，户科给事中瞿式耜对三案已有相似的评论①，应该也给倪元璐提供了借鉴。

天启五年五月，礼科给事中杨所修建议仿照嘉靖时的《明伦大典》，将对于三案的争论编纂成书，颁布天下。② 六年正月天启帝下令修《三朝要典》，六月修成。它是天启时期魏忠贤及其党羽打压迫害东林党人，先后制造六君子、七君子事件后，由阁臣顾秉谦等人领衔编撰而成，天启帝为其御制序言，试图以此对东林定下铁案，将自己对东林的评论固化，其中，有较多对东林人士诬蔑不实的内容。崇祯帝既然在贤奸之辩中把天平偏向东林一方，即认为东林为贤、魏党为奸，那么同意焚毁《三朝要典》也是顺理成章的事。

《三朝要典》被焚毁后，朱国祯说：

> 甚哉小人之愚！自供罪案，又代为他人发扬盛美也！《要典》一书，先列争者之疏，附以史断。曲诋妄詈，无所不至。然后附以驳者之疏，其人则杨维垣、赵兴邦、徐大化、刘志选、崔呈秀也。……前之争者，或死或废。其疏稿未必尽存，其子孙未必能一一搜集，而《要典》收之略备。借天子威灵，既藏内府，又遍散民间。未几内府毁，而散者不可收，人皆得而见之。于争者无不叹赏，于驳者无不唾骂，而史臣数语，段段可恨可羞。③

魏党本想借《三朝要典》压制东林，却适得其反地"自供罪案"，成为自己罪证的供状，反而成就了三案的"争者"——东林人士的

---

① 计六奇：《明季北略》卷 2 "瞿式耜六不平"，魏得良、任道斌点校，中华书局 1984 年版，第 88—90 页。

② 谈迁：《国榷》卷 87，张宗祥点校，中华书局 1958 年版，第 5303 页。

③ 李逊之：《三朝野纪》卷 4《崇祯朝纪事》，上海书店 1982 年版，第 143 页。

美名，"代为他人发扬盛美"。这是朱国祯的思想逻辑，清人王弘撰、万斯同也有相同看法①，都以对三案"争"和"驳"的态度来区分东林和非东林②，认为后人正可以借《三朝要典》获知东林的忠诚和非东林的罪恶，"于争者无不叹赏，于驳者无不唾骂"，想在贤奸之辩、焚毁《三朝要典》、"钦定逆案"等的情势下，通过这种把评判标准跟《三朝要典》的原意完全倒置过来的做法，将天启时期就三案对东林、魏党的是非判断整个扭转过来，朝着有利于东林、不利于魏党的方向发展。倪元璐认为三案争执两方各有道理，《三朝要典》是魏党借三案陷害正人的产物而应当焚毁，这是他为东林复出扫清障碍的必要步骤；朱国祯则完全倾向于争三案的东林一方，认为崇祯帝销毁《三朝要典》只在官方进行，民间则仍然有保存，但他又认为这反倒成全了东林的荣耀，宣示了魏党的罪状。朱国祯天启三年正月曾任内阁大学士，四年十二月魏党专权时被罢官，他在这里秉持的是东林的政治立场。

历史上后世完全颠覆当时评议的事情并不少见，如东汉的党锢就是如此。再如北宋蔡京等人为保住自身权益，制造元祐党籍碑，列入大量异己人员，想由此将自身对元祐党人的评价成为后世定论。"岂知公道昭日星，固之愈力名愈馨""磨砻贞石妙镌刻，翻似为作功德铭"③，却恰恰成全了所谓元祐党人的美名。朱国祯的思想逻辑与此如出一辙。《三朝要典》是仿效嘉靖时的《明伦大典》而来，为控制当时舆论，影响后世视听，嘉靖帝与议礼诸臣修成《明伦大典》，罗列与议礼有关的奏疏，"邪正具载"，后附

---

① 王弘撰：《山志·初集》卷6 "《三朝要典》"条，何本方点校，中华书局1999年版，第155—156页；万斯同：《明史》卷354《传论》，《续修四库全书》，上海古籍出版社2002年影印本，史部，330册，第282页。

② 民国时期的王桐龄也是这样来区分的："争三案者为东林党，以梃击为贵妃主谋，以进红丸为（方）从哲之罪，以移宫为（李）选侍之罪。以三案为不足争者，为非东林党，以张差为疯癫，以红丸为有效，以移宫为薄待先朝嫔御。"王桐龄：《中国历代党争史》，北平文化学社1931年版，第203页。

③ 赵翼著，李学颖、曹光甫校点：《瓯北集》卷16 "元祐党碑在桂林者今尚存沈鲁堂太守拓一本见示援笔作歌"条，上海古籍出版社1994年版，第329页。

"史臣曰" 的论断，辨别所谓 "是非邪正"，确定议礼的正当性，将反对派置于批判地位，"奉天行罚"①。《三朝要典》的体例与此完全相同，而后世的评议与当时统治者的期待走向背反，两者却有所不同。

"历史不会只由胜利者来书写和褒贬"②，这里的 "胜利者" 主要是指在历史上的政治斗争中获胜的一方，他们为维护自己当时的利益和身后的名誉，常会利用掌握政权的机会操控修史权，"将史学作为政争工具"③，试图把自己的褒贬倾向影响当时和后世的评价。但有的时候这只能在其掌权的时间里奏效，后世的情形常常会走向反面，当时在政治斗争中失败、历史修纂中被污名化的人，后来却受到普遍的同情和称赞。正如钱穆所说："中国历史上有许多失败人物为当时及后世史家所推尊颂扬，他虽然失败，但总是有所表现了。"④ 但需要对此补充的是，所谓失败者对历史书写和后世褒贬的影响，并不是自然而然形成的，而是也存在将其自身意志影响历史评议的努力，朱国祯便是如此。

朱国祯这番倒置评判标准的话，除了一抒自己心中的积郁之气外，似乎更是针对《三朝要典》被崇祯帝下令焚毁后，在当时的民间仍有保存，担心魏党的意志还会影响民众思想而发，毕竟天启后期也曾众声 "颂珰"，建祠成风。而后来发生的事情，证明他的担心并不是多余的。在整个崇祯时期，由于皇帝对钦定逆案的坚持，决不允许有丝毫松动⑤，《三朝要典》被焚毁后，除了朱国祯外，确实再不见有人提起。直到李自成农民军攻破北京城，崇祯帝身死，弘光政权仓促在南京建立，大理寺寺丞詹兆恒为了反对逆案

---

① 杨艳秋：《明世宗朝官修〈明伦大典〉述论》，《苏州大学学报》（哲学社会科学版）2012 年第 3 期。

② 何怀宏：《正义：历史的与现实的》，北京出版社 2017 年版。

③ 杨艳秋：《〈明光宗实录〉与〈三朝要典〉的编修》，《史学史研究》1998 年第 4 期。

④ 钱穆：《中国历史研究法》，生活·读书·新知三联书店 2001 年版，第 98 页。

⑤ 参见拙著《善恶忠奸任评说——马士英政治行迹研究》，云南人民出版社 2013 年版，第 55 页。

人员阮大铖复出，在朝堂上搬出《钦定逆案》文本时，支持阮大铖的阁臣马士英也才针锋相对地搬出《三朝要典》文本。[①] 明朝的两位同父异母、先后相继的皇帝，在位时颁布的两套对东林、魏党两群人物忠奸判别截然相反的政治文本，竟然同时被人在朝堂上拿出来相抗，真可谓是一大奇观，这种情形在中外历史上应该都是不多见的。朱国祯意识到在民间的《三朝要典》"散者不可收"，想要引导对它的解释，实际上并不容易做到，魏党或其支持者就有可能将其保留下来，作为自己有朝一日复出的法理依据，马士英搬出的《三朝要典》应就是这种情况。他此时并不是像朱国祯说的那样来看待《三朝要典》，而是要用它来维护魏党的利益，为阮大铖的复出寻找依据。此一时彼一时，朱国祯在坚持逆案不动摇的崇祯时期，可以对《三朝要典》做出那样的"曲解"；到了弘光时期，马士英又可以利用《三朝要典》的本意，为阮大铖复出张目。他这么做是想说明，如果阮大铖列在崇祯帝颁布的《钦定逆案》中而不能起复，那么在天启帝颁布的《三朝要典》中被指斥的东林党人为什么又能重回朝堂？换言之，既然东林党人可以重回朝堂，阮大铖应该也能起复任用。在古代的人治社会里，政令的施行很大程度上有赖于统治者的强力推动，而一旦失去这一支撑，政令就可能被废弃，人在政在，人亡政息，是非对错的标准也随之变转，传统政治的弊端在明末这两份政治文本的角逐中得以充分暴露。追根溯源，崇祯帝在焚毁《三朝要典》，制造《钦定逆案》时，虽然他自己极力坚持此案，但实际已经为后来围绕此案的波折埋下了伏笔，因为如果他可以否定天启时的《三朝要典》为东林申冤，在他死后弘光时也可以否定他定的《钦定逆案》让魏党复出，关键只看政权掌握在谁手上。从这个意义上说，马士英搬出《三朝要典》与《钦定逆案》相抗衡，因他掌握弘光朝廷的实权，决定了他将获得这场对抗的胜利，后来的事情正是这样发展的。由此，我

---

① 李清：《南渡录》卷1，何槐昌点校，浙江古籍出版社1988年版，第43页。

们便更可以明白在南京的定策之争中，东林官员要违背皇位的继承原则，"舍亲立侄""谋立疏藩"，反对福王朱由崧，而支持潞王朱常淓的原因——如果福王登上皇位，将可能追究万历时期国本之争中，东林因支持皇长子朱常洛，与他的父亲朱常洵结下的历史宿怨而对东林不利，潞王登上皇位则没有这个风险。我们也更可以理解弘光朝廷建立初期，应天府丞郭维经因清流领袖史可法主张"起废不拘从逆"①，即起用前朝罢废的官员，不必拘于其是否是逆案人员，而对他加以批评的原因所在——钦定逆案在崇祯帝死后便没有了护持的力量，只能依靠东林及其支持者自身，借助崇祯帝十几年坚持逆案不松动的余威，团结一致，共同抵制逆案人员的复出，而绝不能主动去打开起用逆案人员的口子。

《三朝要典》是天启帝支持魏党或者说魏党借助天启帝打击东林的结果，《钦定逆案》是崇祯帝支持东林或者说东林借助崇祯帝打击魏党的结果，都只是明末朋党力量此消彼长的结果，于朋党的消除、政治的改良等并无任何益处。明朝灭亡后，史惇说："人谓《三朝要典》为乱国之刑书，而吾谓逆党一案则亡国之刑书也"②，认为东林压制禁锢魏党的《钦定逆案》，跟魏党压制禁锢东林的《三朝要典》实际是一回事，甚至变本加厉，加剧了官员的分裂、内讧，进一步削弱了明朝的力量，导致了明朝的灭亡。史惇的看法是客观而深刻的，完全不同于朱国祯、马士英等人站在朋党立场的言论。但崇祯帝虽在身后也受到求治过急、任用宦官、用人不专等批评，在钦定逆案一事上得到的却主要是赞誉，这是他与天启帝的不同之处，《三朝要典》在天启之后除了弘光时期的特殊情形外，都是被全盘否定的。而这种反差，也是东林强势话语起作用的表现。

《钦定逆案》《三朝要典》分别被东林和魏党作为维护自己利益，

<hr>

① 黄宗羲：《弘光实录钞》卷1，见《南明史料（八种）》，江苏古籍出版社1999年版，第10页。
② 史惇：《恸余杂记》"韩爌"条，《四库禁毁书丛刊》，北京出版社1997年影印本，史部，72册，第155页。

压制对方的工具，其实际效力的发挥跟各自的皇权背景已关系不大，因为在朝局变更后，两者相互冲抵都已不能发挥太多约束作用，在两者之间如何抉择，主要看的还是弘光君臣的态度。马士英的情形已见于上文所述，要说明的是，他支持阮大铖复出有一些复杂的缘由，并不意味着他在立场上倾向于魏党，他在魏党和东林之间，实际更想做的是调和。那么，弘光帝又是怎么处理这个问题的？

崇祯十七年十二月，已被起用为通政使的逆案人员杨维垣上疏追论"三案"，攻击东林人士，请求将《三朝要典》宣付史馆，弘光帝下旨许可。同时，杨还指责崇祯时期负责处理逆案的首辅韩爌（在崇祯初期翰林院编修倪元璐上疏举荐韩爌时，杨维垣就反对）："为众拥戴，毫无建明，只造得一本逆案，而所欲庇者出之，欲害者入之，亦只造得一不公不确之案"，洪如钟、张凤翼都是因为受他的庇护而没有被列入逆案。他因此提出更订"钦定逆案"的主张，"将前逆案重复审订""第欲订之，不欲翻之""盖翻者谓此案之全差，不但造此案者不服，即臣等亦不服。订者求此案之至确，不但脱此案者快心，即仍旧者亦甘心"。朝廷又下令"分别察议逆案，量与酌雪""惟真正党恶害人、建祠颂美者不许轻议"，之后众多逆案人员纷纷借此复归政坛。但是也有一些例外，如忻城伯赵之龙、吏部尚书张捷奏请起用逆案中人陈尔翼，却因受到杨维垣的反对而未果，"时通政使杨维垣由逆案雪，然不欲多雪，每语人曰：'若不应雪而雪，则雪者不光。'故尔翼虽题用，终不登启事也"①。

杨维垣提出有区别地起复逆案人员的主张，或许是为了表明自己只是针对某些逆案人员处理不当而相应作出更订，并不是要全盘推翻逆案，这样不至于引起太大的反对，可以减少部分逆案人员复

---

① 李清：《南渡录》卷4，何槐昌点校，浙江古籍出版社1988年版，第173—175、182页。万斯同《明史》卷355《杨维垣传》对此有相同记载，或许是取材于此（《续修四库全书》，上海古籍出版社2002年影印本，史部，330册，第289页）。

出的阻力。同时，他要维护自己和阮大铖等人起复的正当性，势必不能让一些劣迹太显著的逆案人员起复，也就是他所说的"若不应雪而雪，则雪者不光"。这很像是他在崇祯初期"贤奸之辩"中"并指东林、崔魏为邪党"，清退、放弃一部分魏党人员以保护另一部分做法的故技重施。这样来看，似乎正如在定策之争时东林官员担心的那样，福王朱由崧如登上皇位，将会重提万历时期的国本之争，对当时支持皇长子朱常洛、反对其父朱常洵的东林官员进行报复。但是这里值得讨论的问题是，以上杨维垣等逆案人员的复出，是否标志着钦定逆案整个被推翻？如果从许多逆案人员纷纷借此复出来看，它确实是推翻了逆案；但如果从钦定逆案确实存在不少徇私枉法弊端以及杨维垣所说"第欲订之，不欲翻之"，而且陈尔翼等人的确没有被起复来看，它又确实像是订正了钦定逆案的一些不足，并没有完全推翻。而且，弘光帝在登基后对东林、在定策之争中支持潞王而反对他的官员，都采取了较为宽容的态度，这一点将在后文再申说。因此，他一方面把《三朝要典》宣付史馆，让一部分身陷逆案的魏党人员复出，另一方面也对东林加以优容，明显是想要调和东林和魏党的关系。这当然是出于当时新朝廷初建的客观需要，也可以反映他的宽容度量、政治智慧于一斑。

　　但是，他的调和并没有成效，实际上也不可能会有成效，天启帝、崇祯帝对魏党、东林采取扶持一方而打击另一方的做法，与其说是不想调和，不如说是无法调和，对此毫无实权的弘光帝更是难有作为。弘光帝的调和不果，两党的争斗仍然激烈，在与马士英、阮大铖的争斗过程中，东林、复社人士又纷纷败下阵来，相继离去，而马、阮的势力则不断扩大。对此，美国学者司徒琳说："到了1646 年春初，朝廷已被所谓马阮集团完全控制了。"她对这种政局的转变有一段评论，很值得注意："如果这是彻底的政治大换班，那末，因领导层变得清一色，朝廷或许会更有效率"①。她对马、阮及

---

① ［美］司徒琳：《南明史》，李荣庆等译，上海古籍出版社 1992 年版，第 17 页。

其党羽是有较多指摘的，但以上这段话表明她认为如果当时完全由
"马阮集团"掌握政权，也会比无休止的党争要对政治有利，这比不
少论著在这个问题上，先入为主地一味偏向东林、复社要客观得多。
只是这种"政治大换班"一是不太容易彻底完成，二是内斗耗费了
宝贵的时间，等马阮集团掌权后，还没有来得及施展，弘光朝廷就
已在清军的进逼下，离覆亡不远了。

不为君者讳

——东林话语影响下明末诸帝的历史书写与形象建构

东林党人在明末政坛时起时伏，被打压迫害的时候居多，除开其主观上存在的原因外，一方面，由于政敌的作用，另一方面，也跟明末几位皇帝的态度分不开。因此，在东林及其支持者的笔下，既对政敌倍加斥责，如"群小""逆党"等贬称即充斥于明末清初的史籍，《明史》为反东林者立《阉党传》，将与东林存在对立情形的周延儒、温体仁、马士英列入《奸臣传》等更是集中反映，同时，也对明末诸帝有或明显或隐晦的批评。陈寅恪、朱希祖、樊树志等人已对弘光帝因东林话语的影响而遭到的各种丑诋有所提及[①]，但只是提到而已，更像是对一些史料记载直观感受的表达，而并没有对其加以搜罗剔抉，条分缕析。况且东林活动于万历至弘光时期，因此，其话语影响必定包括这段时间所涉诸帝，并非只有弘光帝一人，且东林话语既已影响弘光帝于身后，按照常理推测，其他诸帝势必也难以避免，然而其他诸帝的相关情形尚无人关注。有鉴于此，本书从东林话语的视角，看其对明末诸帝形象建构、历史评论等产生的影响，由此，拟为东林话语在后世的强势传播与广泛接受添一显著例子，力图揭示被其所遮蔽的部分历史实貌，尽量还原明末诸帝

---

① 陈寅恪：《柳如是别传》，生活·读书·新知三联书店 2001 年版，第 858 页；朱希祖：《明季史料题跋·弘光实录抄跋》，辽宁教育出版社 1998 年版，第 34 页；樊树志：《晚明史（1573—1644 年）》，复旦大学出版社 2003 年版，第 1177 页。

的应有面目。"在传统帝制时代，每一个皇帝既是历史的坐标，又是他统治时代的象征或缩影"①，为诸帝"正名"的同时，也希望进而呈现明末时代的某些面相。

一

对于万历帝，包括沈一贯、赵志皋、王锡爵等被认为与东林对立的阁臣在内官员，对其在国本、矿监税使、怠政等问题上的做法都有所争执和批评，万历帝也一再批评他们"讪君"。但这是当时多数官员的做法，故不能纯然当作是东林话语的体现。泰昌帝在国本之争中得到包括东林人士在内官员的支持，而且在位时间过短，对党争的态度和倾向并未充分表露，因此，也没有见到东林话语对他有何影响。如果只从在国本之争中对他的支持、在食用"红丸"驾崩后对他的评议来看，东林对他是较为肯定的。

天启帝在明代十六帝中则几乎是个失语的人。生性顽劣，文化水平低下，执政七年，几乎看不到他的意志和作为，大权旁落，全然成为九千岁魏忠贤专权擅政的傀儡，继万历帝长期怠政之后进一步把明朝推向灭亡的边缘，这是他留给人们的一般印象。天启帝在位后期，东林党人受到魏忠贤及其党羽的严酷迫害，因而也被认为是明朝历史上最黑暗的时期，"斯时天下一昏暗鬼魅之天下也"②。如果东林党人是忠臣义士，魏党自然是陷害忠良的奸佞之徒，而放任他们作恶的天启帝则必然是个不辩忠佞的昏君。在这样的思维逻辑下，加上东林自万历时期就已获得的舆论支持优势，对天启帝的历史书写必然会掺进东林的是非观念。

---

① 虞云国：《风雅赵宋，如何总被雨打风吹去——细说南宋之"光宁时代"》，《光明日报》2019年1月5日第9版。

② 卢文弨：《题辞》，见黄煜：《碧血录》，《中国野史集成》第27册，巴蜀书社1993年版，第541页。

　　天启帝对东林党人的态度有一个变化的过程，"以熹宗一人之身亦前后若两截"①。前期信任支持，形成"东林势盛，众正盈朝"的朝局②；后期却放任魏党迫害东林，"六君子""七君子"先后惨死，禁毁书院，颁布东林党人榜于天下，御制《三朝要典》等，由罢免官职到严酷迫害致死，再到制造铁案影响社会舆论与历史评价，对东林的打压不断升级。

　　实际上，在总体上信任支持东林的前期，天启帝对"移宫案"的前后不同态度，就已显露对东林改观的端倪。在移宫事件后不久，天启帝曾多次颁布诏谕，历数"（李）选侍所行极毒极恶之事"，如"恃宠屡行气殴圣母，以致怀愤在心，成疾崩逝"等③。但是时隔一年，天启帝对李选侍的态度即完全发生转变。如对上述诏谕中的"殴崩圣母"一条，当时的刑部尚书黄克缵上疏反对："孝和皇太后未尝被殴，而权珰媚臣至以殴死播告天下"。刑科给事中沈惟炳以此参劾他"为选侍鸣冤，为圣母讳殴"，并称"赫赫皇言，业以'殴崩'两字昭示中外"，请皇帝将当日"真情实事，明白宣示史馆"。而皇帝下旨却说："选侍向有触忤，朕一时传谕，不无愤激，追念皇考岂能恝然？尔每当仰体朕意，不必多言，致滋疑议。"④ 称自己当时所说"殴崩圣母"等只是一时"愤激"之言，实际是否定了这一说法，口吻与一年前已完全不同。而对移宫案改变态度，又牵连曾促成移宫的司礼监太监王安，以及外廷与之呼应的东林官员杨涟。所以天启帝对李选侍改变态度，也即表明对王安当初的所为加以否定，对其不再宠信，这也是王安在移宫事件几月后即遭杀身之祸的

---

　　① 文秉：《定陵注略·小序》，北京大学图书馆藏善本。

　　② 张廷玉：《明史》卷243《赵南星传》，中华书局1974年标点本，第6299页。

　　③ 顾炎武：《顾亭林诗文集·熹庙谅阴记事》，华忱之点校，中华书局1959年版，第436、440—441页。顾炎武说这些都是"太监王安等之笔也"。

　　④ 《明熹宗实录》卷23，天启二年三月庚寅，台湾"中央"研究院历史语言研究所1966年校印本，第1150—1153页。徐乾学：《明史列传》说这是魏忠贤所致，"盖是时王安已死，魏忠贤方窃柄，故前后谕旨牴牾"（徐乾学：《明史列传》卷93《黄克缵传》，周骏富辑：《明代传记丛刊》，台湾明文书局1991年影印本，94册，第787页）。

重要原因。王安之死原因较为复杂，后文在探讨"盗宝案"时还有
更详细的分析。

天启帝这一变化的原因究竟是什么？一些人归咎于他的个人素
质低劣。如称"帝本童昏，不能辩忠佞"①"熹宗一黄口孺子"②"至
愚至昧之童蒙"③"一字不识，不知国事"④。这是受到东林是非观念
影响所致。东林在国本之争、三案等问题上对泰昌帝、天启帝父子
护持有加，甚至两人可以说就是由东林扶上皇位的，天启帝后来竟
然放任甚至支持魏党迫害东林，在东林的支持者们看来，只能归因
于其文化水平、能力素质欠缺。清朝乾隆时赵怀玉就说如天启帝再
早一点驾崩，东林诸君子便不会遭祸，认为这是天意亡明所致，"天
厌明德，假手童昏，迨夫人亡而邦已殄"⑤。据有关材料记载，天启
帝在登基之前确实未曾受过教育，"讲读未就"⑥，但即位以后则有
所改观。如天启元年正月，大学士刘一燝、韩爌"以帝为皇孙时，
未尝出阁读书，请于十二日即开经筵，自后日讲不辍，从之"⑦。钱
谦益《牧斋初学集》也记述了孙承宗为天启帝日讲官时，师生相处
融洽的情形。⑧ 而且清初学者朱彝尊曾亲见天启帝的三道手敕，并强
调这是天启帝自己所写而非假手他人："今观三敕书法虽不工，未尝
假手司礼内监"⑨。朱彝尊之曾祖父朱国祚曾在天启时期出任大学

① 王鸿绪：《明史稿列传》卷200《叶向高传》，周骏富辑：《明代传记丛刊》，台湾明文书局 1991 年影印本，96 册，第 371 页。

② 王桐龄：《中国历代党争史》，北平文化学社 1931 年版，第 175 页。

③ 孟森：《明史讲义》，上海古籍出版社 2002 年版，第 302 页。

④ 朱东润：《陈子龙及其时代》，上海古籍出版社 1984 年版，第 25 页。

⑤ 赵怀玉：《序》，见黄煜：《碧血录》，《中国野史集成》第 27 册，巴蜀书社 1993 年版，第 538 页。

⑥ 《明光宗实录》卷3，泰昌元年八月己酉，"中央"研究院历史语言研究所 1931 年校印本，第 98 页。

⑦ 张廷玉：《明史》卷 240《韩爌传》，中华书局 1974 年版，第 6243 页。

⑧ 钱谦益：《牧斋初学集》卷 47《特进光禄大夫左柱国少师兼太子太师兵部尚书中极殿大学士孙公行状》，《四部丛刊初编》，上海书店 1989 年版，集部，345 册，第 492 页

⑨ 朱彝尊：《曝书亭集》卷 53《哲皇帝御书跋》，《四部丛刊初编》，上海书店 1989 年版，集部，358 册，第 418 页。

士[①]，其完全可能留有天启帝的手敕并珍藏流传于后代，故朱彝尊所说是可信的。由此，也可以断定天启帝的文化水平，并不至于低到“一字不识”的程度。而在个人主见上，杨艳秋说天启三年初修纂的《明光宗实录》，“未带党争色彩，一方面，因叶向高等史臣力求持正；另一方面，明熹宗的态度和意旨对此也有影响”。天启帝得东林相助登基，但东林对三案的争论“过激”，他则极力对此降温处理。[②] 刘志刚也以天启帝在王恭厂灾变问题上，倾向宦官而不相信文官，表明其是有自主意识的。[③] 至于天启帝的执政能力，据当时在京为官的唐昌世《随笔漫记》说：“论者直比之周赧晋惠，似以为不辨菽麦。乃其定策顾命之际，虽圣人不能易也”“熹庙不聱聪不炫明，至于社稷大计，数言了了，不动声色而措天下于泰山之安，虽唐虞禅受何以加诸？天地尽晦，陵谷变迁，谁生厉阶，敷天饮恨，恐未可尽委之熹庙也”[④]。他对天启帝的顾命之举，即几句简洁明快的话，便顺利传位于信王朱由检大加称赞。对于加在天启帝头上的“周赧晋惠”“不辨菽麦”恶评，作者并没有辩驳，但他认为明朝的灭亡是所谓“天数”导致，不能全部归罪于天启帝，实际已含有辩驳和同情之意。据此书，作者自己虽身居官场，却深知韬晦忍退之道，一些热衷仕进的同僚，都极力寻求靠山，最后又都因靠山垮台而受到牵连，他却因恬淡官场而得以保全。天启帝“不聱聪不炫明”，与他的行为风格有相似之处，可能影响了他的上述评论。

对于天启帝对东林改变态度的原因，清初吴岳《清流摘镜》的说法值得注意：天启四年大学士魏广微与魏忠贤全面勾结后，向天启帝进言说：“杨左袁魏及在朝诸臣蔑主幼冲，结党植权，不尽窜杀，无以明主威而服天下轻蔑之心。上意移，忠贤因肆行排陷”[⑤]，

---

① 张廷玉：《明史》卷240《朱国祚传》，中华书局1974年版，第6249—6251页。

② 杨艳秋：《〈明光宗实录〉与〈三朝要典〉的编修》，《史学史研究》1998年第4期。

③ 刘志刚：《天变与党争——天启六年王恭厂大灾下的明末政治》，《史林》2009年第2期。

④ 唐昌世：《随笔漫记》，《中国野史集成》第27册，巴蜀书社1993年版，第489页。

⑤ 吴岳：《清流摘镜》卷2《祸发大端》，《四库禁毁书丛刊补编》，北京出版社2005年影印本，17册，第596页。

"杨左袁魏"分别指东林党人杨涟、左光斗、袁化中和魏大中，由此观之，天启帝改变态度，是因为听信了魏广微对东林"蔑主幼冲，结党植权"的建言。挑拨天启帝对东林改观，是魏广微被东林逼迫投向魏忠贤后，做的又一件不利于东林的事情。"上意移"，表明天启帝对东林改观是受自主意识支配的。联系前文说他文化水平、执政能力低下的言论，应是对他的这种塑造更符合东林支持者的情感和叙事需要，因为让他成为一个无意识、失语的昏君，迫害东林完全是魏党所为，比承认他有主观意识，以此深究他对东林改观的原因，可能有碍东林忠臣义士的形象构建要好。只是这样的话，文秉说"以熹宗一人之身亦前后若两截"，天启帝前期信任支持东林，如果不是主观意识起了作用，又是因为什么？难道也是为东林所操控？可见，东林支持者对天启帝所持的这套话语，在解释力上陷入了顾此失彼的困境。

二

崇祯帝的情况要复杂些。在他登基之初，天启后期遭到压制、当时正逐步复出的东林与魏党又开始相争。他的态度总体来说是倒魏党而扶东林，"贤奸之辩"中支持东林，焚毁《三朝要典》，亲自制造的"钦定逆案"，其实质也是为天启末年魏党与东林党的纷争做个了结，体现出进东林而退魏党的原则，很多魏党人员的入案罪名即为曾经迫害东林人士[1]，还有所谓东林内阁的形成等等[2]，都体现出他的这一思想倾向。但是正如前文所说，崇祯帝在支持东林的同时，也对其结党、通内等有所警觉，并没有一意偏向东林，相反不

---

① 钦定逆案的各等罪名、获罪人员和应得处分，参见文秉《先拨志始》卷下，上海书店1982年版，第219—259页。

② 参见吕士朋《崇祯初年钱谦益事件与东林内阁的瓦解》，《明史研究》第12辑，黄山书社2012年版，第203—204页。

少事情都反映出他对东林也心存疑忌，对某些被指曾与魏忠贤有染的官员则多方袒护。

崇祯帝在贤奸之辩后不久就直言东林"不忧国而植党"[①]，且在以后的用人上采用"贤奸杂用"[②] 的策略，对东林和非东林参互用之，使其互相制衡。复社人士夏允彝更具体地说明了他的这种人事布局："门户之说为上所深恶。幸上神圣，知两党各以私意相攻求胜。上不欲偏听，故政府大僚俱用攻东林者，而言路则用东林为多。"[③] 今人的研究也指出："在这个时期，崇祯皇帝显然想在真正的或传闻的东林支持者和他们的反对者之间搞平衡。"[④] 但既然如此，崇祯帝为什么不借贤奸之辩的契机，将朝中朋党——东林和魏党一并铲除，却是耐人思索的。笔者以为，原因可能有以下几点：一是他考虑到自己即位之初，根基未稳，大力铲除魏党已经斥退了很多人，如果再对东林进行清算，将可能导致无官可用的局面，造成政局的不稳；二是他对明朝及之前历代的党争应都有所了解，知道群臣结党自古如此，而且根深蒂固、盘根错节，不容易被彻底消除，相比之下，"贤奸杂用"，善为驾驭，可能更为现实；三是东林和魏党虽然都是朋党，但仍有所区别，魏党已养成气候，势必根除，东林则声誉尚可，而且东林在受迫害后能得到平反，势必会对他感恩戴德，为他所用。所以他在贤奸之辩中，把天平偏向东林一边，应该说他此时对东林是有所期待的，但东林后来的表现却远不能让他满意，甚至让他反感。

如对东林阁臣刘鸿训私改敕书事件的处理。刘鸿训在天启后期因触犯魏忠贤被罢职为民，崇祯元年四月被召回朝廷出任内阁大学

---

① 张廷玉：《明史》卷 240《韩爌传》，中华书局 1974 年版，第 6247 页。
② 张廷玉：《明史》卷 21《神宗纪二·赞》，第 295 页。
③ 夏允彝：《幸存录》"门户大略"条，留云居士辑：《明季稗史初编》卷 14，上海书店 1988 年版，第 291 页。
④ ［美］牟复礼、［英］崔瑞德：《剑桥中国明代史》，张书生等译，中国社会科学出版社 1992 年版，第 669 页。

士，由于受到崇祯帝的信任，对于惩治魏党起了重要作用，但是时隔几个月他就因私改敕书之事被谪戍。关于崇祯帝对其信任发生转变的原因，各家说法不一，如张廷玉《明史》认为是"关门兵以缺饷鼓噪，帝意责户部，而鸿训请发帑三十万，示不测恩，由是失帝指"，以及"鸿训居政府，锐意任事。帝有所不可，退而曰：'主上毕竟是冲主。'帝闻，深衔之，欲置之死"①。刘鸿训对崇祯帝不敬，东林党人文震孟之子文秉也有所指责："长山（指刘鸿训——笔者按）恃有圣眷，颇肆招摇，复向人语：'皇上毕竟是冲主'，随有布此语于宫中者，上闻之怒甚"②。东林党人李应昇之子李逊之则认为刘鸿训去位，与魏党阮大铖的陷害有关③。关于刘私改敕书之事，张廷玉《明史·刘鸿训传》叙述详备，惠安伯张庆臻总督京营，按照旧例，总督京营不能同时统辖巡捕军。但当时给张庆臻的敕文却有"兼辖捕营"言语，提督郑其心认为这侵犯了自己的职权而上疏参论。兵部揭文有刘鸿训的批文，缮写敕书的中书舍人田佳璧也供认是受刘主使④，人证物证俱全，刘确实难脱干系，崇祯帝因此坚持要对他进行严处。刘恃宠而骄，以致做出这样的不法之事，并非没有可能。当然，从刘惩治魏党结怨于人，阮大铖就是被他罢职来看，也不排除他是受人陷害。但不管怎么说，崇祯帝罢免刘鸿训，表明刘惩治魏党的举动已不为崇祯帝所看重，可以反映出他对东林的态度于一斑。从崇祯元年三月起，李标、钱龙锡、刘鸿训、韩爌相继入阁，组成所谓的东林内阁。九月刘鸿训因私改敕书被谪，是东林内阁的首度遭创。至三年三月，其他几人也相继去位，东林内阁存在了两年便告瓦解。之后周延儒、温体仁等与东林存在

① 张廷玉：《明史》卷251《刘鸿训传》，中华书局1974年版，第6483—6484页。
② 文秉：《烈皇小识》卷1，留云居士辑：《明季稗史初编》卷1，上海书店1988年版，第18页。
③ 李逊之：《三朝野纪》卷4《崇祯朝纪事》，上海书店1982年版，第144页。
④ 刘鸿训还曾向人索贿。邹漪：《启祯野乘》卷3，《明代传记丛刊》，台湾明文书局1991年影印本，第112—113页。

嫌隙的人长期担任首辅，由此也可以看出崇祯帝对东林态度的转变。

东林党人郑鄤因满是疑窦的杖母等罪名被崇祯帝施以极刑，除郑鄤在乡多有不法行为，乡评极差，与东林党人孙慎行共同复出，引起阁臣温体仁的猜忌等原因外，崇祯帝对东林改变态度，也是重要原因。①

崇祯帝对东林进行压制，对东林的政敌却有意偏袒，如元年六月对苏杭织造太监李实的审理。李实曾因在天启六年三月疏参周起元、周顺昌、周宗建、缪昌期、黄尊素、李应昇、高攀龙东林七君子，而被拟施以大辟之刑。② 他与周起元、周顺昌结怨，是因为苏州同知杨姜不肯对他行下属礼，被他借故参劾，应天巡抚周起元为杨姜辩护，家居的吏部文选司员外郎周顺昌（南直隶吴县人）也予以相助。③ 奏疏内容主要针对应天巡抚周起元，罪名有两条：一是"背违明旨，擅减袍缎数目，又揞勒袍价，以致连年误运"，二是"托名道学，引类呼朋，各立门户，一时逢迎附和"。将周宗建、缪昌期、周顺昌、高攀龙、李应昇、黄尊素六人作为"逢迎附和"之人，得旨让锦衣卫押解七人来京审问。④ 周起元是唯一跟李实有过节的人，其他六人被牵连，则都跟其曾结怨魏忠贤有关。周顺昌当魏大中被逮时，出面为他践行，将自己的女儿许配魏氏之孙，并公开斥骂魏忠贤。⑤ 周宗建在天启初期曾弹劾魏忠贤"一丁不识"⑥。缪昌期曾

① 参见吕杨《党争与乡评旋涡中的江南缙绅——明末郑鄤案考论》，《常州大学学报》（社会科学版）2019 年第 2 期。

② 李逊之：《三朝野纪》卷 4《崇祯朝纪事》，上海书店 1982 年版，第 146 页。

③ 徐秉义：《明末忠烈纪实》卷 1《周士朴传》，张金庄点校，浙江古籍出版社 1987 年版，第 14 页。

④ 李实之参疏，见蔡士顺《傃庵野抄》（卷 6，《四库禁毁书丛刊》，北京出版社 1997 年影印本，史部，69 册，第 487—488 页）。所得圣旨，见计六奇《明季北略》（卷 2 "周顺昌被逮"条，魏得良、任道斌点校，中华书局 1984 年版，第 57 页）。

⑤ 张廷玉：《明史》卷 245《周顺昌传》，中华书局 1974 年版，第 6354 页。

⑥ 周宗建：《周忠毅公奏议》卷 2《历陈阴象首劾魏珰进忠疏》，《四库禁毁书丛刊》，北京出版社 1997 年影印本，史部，38 册，第 363—366 页。

为杨涟修改参劾魏忠贤二十四大罪状的奏疏。① 李应昇曾在杨涟上疏之后，也上疏参劾魏忠贤。高攀龙是魏忠贤在外廷的代理人崔呈秀加入李实参疏中的，因高曾参劾其在巡按淮扬时贪污。② 而对于黄尊素，文秉说："李实龌龊不识字，然实非忠贤党""黄尊素时至湖上，不避形迹，与实往来，人遂谓诸君子将以实为张永也。此语流传都下，忠贤疑之。实司房知其事，大惧，求解于李永贞。永贞代草此疏，司房出实空头本上之"③。黄尊素被罢归后，当时正值魏忠贤及其党羽大肆打击东林党人之际，李实与黄尊素交往过密，因此遭到魏忠贤疑忌。李实的司房为此求救于魏忠贤的心腹太监李永贞，李永贞为撇清李实与黄尊素等人的关系，同时除去魏忠贤的眼中钉以示忠心，在盖有玉玺朱印的空头本上，代李实写就参劾七君子的奏疏。在奏疏中，重点说了李实的司房黄日新与黄尊素交结，所行诸多不法之事，最后黄日新因畏惧李实问罪而自杀，这显然是为了撇清李实跟黄尊素的关系。当此案争执不休时，崇祯帝召集众臣，找出李实所上奏本加以检验，发现字的墨迹在玉玺朱印之上，因而断定这一奏本确系李永贞代李实所写，故对李实予以减罪。但是七君子之一李应昇的儿子李逊之，则认为这种处理并不合理而颇为不满。④

如对阁臣温体仁的宠信。温体仁是浙江乌程人，万历二十六年进士，在崇祯时期"执政八年，以禁锢东林为事。"⑤ 其与东林走向对立，时人林时对认为是"由钱谦益激成之"⑥，具体是指崇祯元年

---

① 孙慎行：《恩恤诸公志略》"缪侍读"条，《中国野史集成》第 27 册，巴蜀书社 1993 年版，第 496 页。

② 张廷玉：《明史》卷 243《高攀龙传》，中华书局 1974 年版，第 6314 页。

③ 文秉：《先拨志始》卷下，上海书店 1982 年版，第 187 页。

④ 李逊之：《三朝野纪》卷 4《崇祯朝纪事》，上海书店 1982 年版，第 146—147 页。

⑤ 黄宗羲：《南雷文定》卷 7《陈定生先生墓志铭》，王云五主编：《丛书集成初编》，商务印书馆 1936 年版，2463 册，第 111 页。

⑥ 林时对：《荷牐丛谈》卷 3"温体仁误国"条，《清代稿本百种汇刊》，台湾文海出版社 1974 年影印本，26 册，第 261 页。

十一月的所谓"枚卜案"①。当时崇祯帝下旨会推阁臣，吏部所拟候选人名单，列于第一、二位的分别为东林党人成基命和钱谦益，而资俸在前的礼部尚书温体仁和以召对称旨备受皇帝赏识的礼部侍郎周延儒，却没有被列入。心怀不满的温体仁于是重提旧事，以天启二年的科场案钱谦益存在纳贿嫌疑为由参劾他，招致群臣的竞相攻讦。最后钱谦益被罢黜，众多参劾温体仁的官员也都受到处分，而温体仁却得到皇帝的赞赏，并于三年六月入阁，担任阁臣八年，获得崇祯帝的长期信任，一直都与东林为难。正如日本学者小野和子所说：温体仁"由于没有被内阁会推，参与对钱谦益的弹劾，以后渐渐明确了反东林的党派性。"②

对于枚卜案，夏允彝认为钱谦益等人确有作弊之嫌③，且说"观钱（谦益）立身本末原不足用"；而对温体仁则较为宽恕："国家元气剥丧良多，至于虏寇交讧，不展一筹，则凡居政府者皆然，不得独责一温也""平心言之，不纳苞苴是其一长"④，温和其

---

① 关于此案，详见樊树志《晚明史（1573—1644 年）》，复旦大学出版社 2003 年版，第 833—853 页。

② ［日］小野和子：《明季党社考——东林党与复社》，李庆等译，上海古籍出版社 2006 年版，第 273 页。

③ 夏允彝：《幸存录》"门户杂志"条，留云居士辑：《明季稗史初编》卷 15，上海书店 1988 年版，第 305 页。明末清初的蒋平阶也是这么认为（蒋平阶：《东林始末》，《四库全书存目丛书》，齐鲁书社 1997 年影印本，史部，55 册，第 632 页）。另外，温体仁的族弟温璜，不趋附其兄，却与东林、复社人士交厚，"夷然自守，反与东林诸公结契，名在复社第一集""而阁讼（指"枚卜案"——笔者按）事则颇不以复社之言为当"，并称钱谦益为"伪君子"（全祖望：《鲒埼亭集·外编》卷 12《推官温公璜》，《四部丛刊初编》，上海书店 1989 年版，集部，376 册，第 637 页）。清人张鉴虽对温体仁有恶评："忌刻有之矣，阴鸷有之矣，蔽贤有之矣，误国有之矣。以思陵（指崇祯帝——笔者按）之严且明，而谓昵阉以残党，此不核之言也"，但于此事也不直复社（张鉴：《冬青馆甲集》卷 5《复社姓氏传略序》、卷 6《书复社姓氏录后二》，《续修四库全书》，上海古籍出版社 2002 年影印本，集部，1492 册，第 53—54、75 页）。

④ 夏允彝：《幸存录》"门户杂志"条，留云居士辑：《明季稗史初编》卷 15，上海书店 1988 年版，第 305 页。对于温体仁的品行，还有林时对说："余考体仁不植党，不徇私，不贪贿，亦自矫矫"（林时对：《荷牐丛谈》卷 3"温体仁误国"条，《清代稿本百种汇刊》，台湾文海出版社 1974 年影印本，26 册，第 261 页）；陈盟也说：温体仁"小心谨悫，兢兢自持，既与门户不协，耽耽伺隙，遂绝私交、谢情面，一惟迎合上旨，以是上益推重之。"（陈盟：《崇祯内阁行略·温体仁传》，《四库全书存目丛书》，齐鲁书社 1997 年影印本，史部，116 册，第 7 页）

他主持内阁的人，都对当时"虏寇交讧"的困局无所表现，而他还有清廉的优长之处。针对温在这一事件中及以后秉政时期受到的众多弹劾，夏也说："当温之秉政，台省攻之者先后相继，皆以门户异同，其言非尽由国家之起见也"①，并认为朝臣出于"门户异同"的弹劾不但没有扳倒温，反而使他更受崇祯帝的信任，"时诸臣泄泄，然不思图实绩以回上意，惟疏攻温、周（延儒）无虚日，攻愈力而上愈任矣"②。无休止的弹劾也使温更加决意与东林对立，"败坏国事，实在两人（指温体仁和周延儒——笔者按），而实东林过激以至此矣"③。张鉴在较为详尽地论述了复社与温结怨的因由后，也对复社的过激之举批评道："古今阴阳消长，初由君子之过激，而其后祸遂中于国家，不独汉、唐、宋为然，胜国复社可见矣"④。由此看来，除了前面说到的阮大铖、马士英、魏广微，温体仁也是被东林、复社逼向对立面，并对自身带来诸多祸患的人。魏是在天启时期，温是在崇祯时期，马是在弘光时期，东林行事过激、待人严苛的风格也是一以贯之了。

"枚卜案"不仅导致了温体仁与东林、复社的决裂，温独自一人"与满朝为仇"⑤的情状，也使崇祯帝产生了群臣结党的深刻印象，"上疑群臣不足信矣""自是深疑朝臣有党"⑥。东林在这一事件上对温群起而攻之，在崇祯帝看来就是一种"植党"行为："进言者不

---

① 夏允彝：《幸存录》"门户杂志"条，第305页。如崇祯初御史毛九华参劾温体仁"附珰"，即曾在天启时期投附魏忠贤，"居家时，以抑买商人木为商人所诉，赂崔呈秀以免；又因杭州建祠，作诗颂魏忠贤"（夏燮：《明通鉴》卷81，沈仲九点校，中华书局1959年版，第3124页），吴应箕也称"温曾为魏珰作诗"（吴应箕：《两朝剥复录》卷6，《四库禁毁书丛刊》，北京出版社1997年影印本，史部，19册，第192页），但都不能拿出实际的证据。

② 夏允彝：《幸存录》"门户大略"条，第291页。

③ 夏允彝：《幸存录》"门户杂志"条，第305页。

④ 张鉴：《冬青馆甲集》卷5《复社姓氏传略序》，《续修四库全书》，上海古籍出版社2002年影印本，集部，1492册，第53页。

⑤ 夏允彝：《幸存录》"门户杂志"条，留云居士辑：《明季稗史初编》卷15，上海书店1988年版，第305页。

⑥ 张廷玉：《明史》卷251《李标传》，中华书局1974年标点本，第6480页。

忧国而植党，自名东林，于朝事何补？"① 这种一拥而上的做法，在万历时期的国本之争、天启时期的讨魏斗争等事情中东林也曾采用，无疑是想通过这种官员的群力促使皇帝就范，从而达到自己的目的，这也反映出他们在好同恶异、言行过激之外，参与政治活动、表达政治诉求的另一个特点。但这些都无一例外地引起君主的反感而失败，原因不难推测，这样的做法让君主产生官员合谋结党以挟制自己的印象，自然不能容忍，更何况他们的动机也并不光明磊落。而温体仁却通过此事被崇祯帝视为"孤忠"，因此，在他后来与东林、复社的争斗中，他都受到崇祯帝的极力袒护，"凡劾体仁者，无不见责；为体仁劾者，无不立罢"②。

再如对王永光的重用。王永光是北直隶长垣人，万历二十年中进士。他"雅不喜东林"，在天启初期"为东林所摈"，五年春又被魏忠贤等人起用。他"为忠贤引用，心颇不善其所为，然与相比久"，与魏的关系较为特殊，曾称颂其"厂臣纯忠"，但最终又因多次进言"忤珰"而被罢归。崇祯初期他又被召还出任吏部尚书，"奉诏同定逆案"，却受到众多东林官员的参劾。"永光遂发愤为难，谋引史𡎆、高捷、袁弘勋自助……而锦衣指挥张道浚亦附之，日以排东林为事。"培植这些党羽以外，王永光还举荐逆案人员王之臣、吕纯如等，并与阁臣温体仁协谋，"欲借袁崇焕之狱（指崇祯二年十二月的"己巳之变"，清军绕过袁崇祯防守的山海关，从喜峰口突破长城，进围北京崇祯帝中后金皇太极离间计，将袁崇焕下狱。王永光、温体仁以袁崇焕曾与主持逆案的大学士、"东林党魁"钱龙锡有来往，想要借此事推翻逆案，陷害东林，最终并没有得逞，但袁崇焕被杀，钱龙锡被罢官——笔者按），株连天下清流，尽翻逆案，已而事不果"。他因为与东林为敌而极受崇

① 张廷玉：《明史》卷240《韩爌传》，第6247页。
② 计六奇：《明季北略》卷11 "罢文震孟"条，魏得良、任道斌点校，中华书局1984年版，第167页。

祯帝宠信，"帝深恶廷臣植党，永光初秉铨即以破散东林党为事，帝固已喜之。及见言路交击，谓永光孤立，益眷永光"，直至崇祯四年方才被人劾罢。① 然而有意思的是，王永光在崇祯初期也曾受到包括东林党人在内的一些人的举荐，如李觉斯②、张轼③、瞿式耜④、钱允鲸⑤等，这或许是由于他曾在天启后期援救东林党人、多次进言忤珰，东林内部对他的态度并不一致。另据张廷玉《明史·瞿式耜传》，当王永光因受到参劾而请辞时，瞿式耜请求朝廷挽留他，并暗中要他推举其座主钱谦益入阁，而不要推举周延儒。⑥ 举荐王永光不过是为了要利用他，也可以佐证上述钱谦益在枚卜案中确曾作弊。

崇祯帝不喜东林，而东林在崇祯时期的作为也确实让人失望，正如夏允彝所说：

> 是时东林诸臣为魏珰所罗织甚惨，其尚存者，人无不以名贤推之。为忠贤拔用自属下流，况"钦定逆案"列款煌煌，金

① 万斯同：《明史》卷348《王永光传》，《续修四库全书》，上海古籍出版社2002年影印本，史部，330册，第206—207页。天启六年五月，王永光因王恭厂之灾，进言请求停用酷刑，被认为是营救陷入诏狱的东林党人杨涟、左光斗等人，触忌魏忠贤。关于这次灾变的详情，参见耿庆国等《王恭厂大爆炸——明末京师奇灾研究》（地震出版社1990年版）。之后他又因朝天宫灾变，上疏请求"停刑"，以申救身陷诏狱的东林党人周起元、周顺昌等人，受到魏忠贤矫旨"谯让"。王永光此疏是兵部职方司主事张履端所写，托他上陈（黄宗羲：《南雷文定》卷10《明司马澹若张公传》，王云五主编：《丛书集成初编》，商务印书馆1936年版，2463册，第155页）。王鸿绪《明史稿》卷240《王永光传》，与万氏《明史》所记相同。但张廷玉《明史》则没有为王永光立传，而称为"珰孽""魏忠贤遗党"（卷258《许誉卿传》、卷259《袁崇焕传》，中华书局1974年版，第6646、6719页）。
② 《崇祯长编》卷3，天启七年十一月丁卯，台湾"中央"研究院历史语言研究所1967年校印本，第100页。
③ 《崇祯长编》卷6，崇祯元年正月庚戌，台湾"中央"研究院历史语言研究所1967年校印本，第287页。
④ 瞿式耜：《瞿忠宣公集》卷1《任人宜责实效疏》，《续修四库全书》，上海古籍出版社2002年影印本，集部，1375册，第171页。
⑤ 外史氏辑：《圣朝新政要略》卷10，《续修四库全书》，上海古籍出版社2002年影印本，史部，438册，第692—693页。
⑥ 张廷玉：《明史》卷280《瞿式耜传》，中华书局1974年版，第7256页。

谓君子小人之分界至此大明，即无可复争衡矣。彼诸臣之死而生，皆上恩也。自应同心忧国以报上，乃急功名，多议论，恶逆耳，收附会，其习如故，上久而厌之，而偏党之疑以起。①

夏允彝表明了对东林的批评之意：东林诸臣在天启后期被魏忠贤及其党羽迫害，崇祯初期得以平反、复出，本应"同心忧国以报上"，却"其习如故"，还是要崇尚空谈，好同恶异，以此，引起崇祯帝的厌恶。在夏氏看来，崇祯帝对东林"不忧国而植党"的印象，完全是东林自身造成的。方震孺在天启后期被迫害，崇祯初得到起复，曾不无感激地说："今既荷雨露之恩，宜永消报复之念。若才作樊篱之囚，便又种圜扉之果，愿以之为被罪诸臣规"②，表示要摒弃门户之见，同时规劝其他"被罪诸臣"，但显然并没有被接受。

　　由此可见，崇祯帝虽然憎恶魏党，起初对东林抱有期望，但随着东林的弊端不断暴露，他的好感也逐渐减少，采取了一些不利于东林的做法，这也影响到东林的支持者对他的评价。如东林党人黄尊素之子黄宗羲《明夷待访录》中称阉宦为"奴婢"，认为他们在明代逐渐凌驾于外廷官员之上，变乱政治，导致了明朝的灭亡，其危害更甚于汉唐宋时期的阉宦。尤其他说崇祯帝："以毅宗之哲王，始而疑之，终不能舍之，卒之临死而不能与廷臣一见，其祸未有若是之烈也。"③崇祯帝在农民军将要攻破北京时，召集廷臣商议对策却无人应召，自缢煤山时只有一宦官王承恩相伴，黄氏认为这是他疏远廷臣、信任阉宦的结果。而这实际也是接续其师刘宗周在崇祯时期反对任用宦官的主张④，言语之中，不无对崇祯帝当初没有听取

---

　　① 夏允彝：《幸存录》"门户大略"条，留云居士辑：《明季稗史初编》卷14，上海书店1988年版，第291页。
　　② 李逊之：《三朝野纪》卷4《崇祯朝记事》，上海书店1982年版，第134页。
　　③ 黄宗羲：《明夷待访录·奄宦上》，见《黄宗羲全集》第1册，浙江古籍出版社1985年版，第44页。
　　④ 黄宗羲：《明儒学案》（二）卷62《蕺山学案·忠端刘念台先生宗周》，周骏富辑：《明代传记丛刊》，台湾明文书局1991年影印本，2册，第1509页。

其师的建议，而酿成身死社稷惨祸的批评之意。

但崇祯帝对阉宦时弃时用，有人认为文官集团也有责任。如阁臣王应熊说："陛下焦劳求治，何一不倚信群臣，乃群臣不肯任劳任怨，致陛下万不获已，权遣近侍监理。"① 佚名氏撰《明亡述略》也说："初帝以魏忠贤故屏宦官不用，其后以外臣不足信，遂复任之。"② 文秉更具体地举出阁臣刘鸿训私改敕书、"枚卜案""己巳之变"等一系列事件，导致崇祯帝由信任文官转为依恃宦官：

> 长山（指刘鸿训——笔者按）以改敕获戾，而上疑大臣不足倚矣；未几乌程（指温体仁——笔者按）以枚卜告讦，而上疑群臣不足信矣；次年罪督（指袁崇焕——笔者按）以私款偾事，而上疑边臣不足任矣。举外廷皆不可恃，势不得不仍归于内廷。③

陈鼎也认为刘鸿训私改敕书等事件，致使崇祯帝不再信任文官，改而倚重宦官，"帝始有轻视诸臣之心，以为是皆不足信，而阉宦得以中之矣""究其初，则诸臣不能精白一心，矢公矢慎，有以启之疑也"④。林时对说其中的枚卜案对崇祯帝用人多变影响巨大：

> 自是群疑满腹，有积轻士大夫之心，思用内珰、用世勋，又用换授，即白衣游棍乘间抵隙迎上意，以诋科甲、斥台省，谗说殄行，俨然领袖天垣，酿成猜忌壅蔽之习，国是诗张，贤奸倒置，驯至大败极坏而不可救，皆（钱）谦益把持营竞之

---

① 张廷玉：《明史》卷253《王应熊传》，中华书局1974年版，第6529页。《明史·魏忠贤传》也说："帝亦厌廷臣党比，复委用中珰。"（第7825页）
② 佚名：《明亡述略》卷上，上海书店1982年版，第275页。
③ 文秉：《烈皇小识·序》，留云居士辑：《明季稗史初编》卷1，上海书店1988年版，第1页。
④ 陈鼎：《东林列传》卷18《刘鸿训传》，《文渊阁四库全书》，台湾商务印书馆1983年影印本，史部，458册，第408页。

祸也。①

认为这些都是东林党人钱谦益造成的。文秉所说的"次年罪督以私款偾事",指的是前述崇祯二年的"己巳之变",此事是导致崇祯帝重又任用内臣的重要契机。崇祯帝自己也说:

> 朕御极之初,撤还内镇,举天下悉以委之大小臣工。比者多营私罔恤民艰,廉谨者又迂疏无通论。己巳之冬,京都被兵,宗社震恐,此士大夫负国家也。朕不得已,用成祖监理之例,分遣各镇监视,添设两部总理,虽一时权宜,亦欲诸臣自知引罪。今经制粗立,兵饷稍清,诸臣亦应知省,其将总理、监视等官,尽行撤回,以信朕之初心。②

外廷官员结党营私,迂阔不合时宜,崇祯帝对袁崇焕委以重任,却不久就让清军入关围困京师,外廷官员都不堪任用,不得不改而任用内官,同时,也是想以此来鞭策激励前者。而内臣有时也确实比文官更实心任事,如崇祯九年京师被清军包围,皇帝派兵部右侍郎张元佐"抚治昌平""三日尚未行",而所派太监庞天寿"即日北行"。皇帝因而斥责阁臣说:"内臣即日已行,而朝臣三日尚未动身,何怪朕之用内臣耶!"③崇祯帝即位之初,制造钦定逆案,打击魏忠贤及其党羽的同时,也曾大力革除内臣干政之弊,如罢除织造太监、撤回镇守内臣、命内臣非奉命不许出禁门、戒谕廷臣交结近侍、解散内操等④,但是随着文官弊病的不断暴露,使他认为

---

① 林时对:《留补堂文集选》卷2《朋党大略记》,《四明丛书》本。
② 计六奇:《明季北略》卷10 "谕罢监视太监"条,魏得良、任道斌点校,中华书局1984年版,第154页。
③ 杨士聪:《玉堂荟记》卷1,《续修四库全书》,上海古籍出版社2002年影印本,集部,1175册,第173页。
④ 王世贞撰、王政敏订、王汝南补:《新刻明朝通纪会纂》卷5《怀宗端皇帝》,《四库禁毁书丛刊》,北京出版社1997年影印本,史部,13册,第99页。

文官都不堪任用，急于求治的他又转为倾向宦官。崇祯帝任用宦官，在当时受到包括刘宗周在内的很多文官的反对，有些确实道出其中弊端，有些则是出于争权目的，崇祯帝总体上更倾向于内官。论者谈及崇祯帝与明朝灭亡的关系时，任用宦官、用人不专、不礼敬士大夫常被作为他的重要罪责，却忽略了当时文官的种种积弊及其对他用人的影响，黄宗羲即是如此。对于崇祯帝对文官的疏离，黄认为跟逆案人员的挟私陷害有关："逆案之徒，出奇计以边事陷君子，而阉人失势者，亦时以闾巷见闻入告。于是思陵遂疑在廷诸臣皆朋党不可保任，一切干涉兵饷，皆使阉人监之"①。黄氏写的《钱龙锡墓志铭》，说逆案人员借己巳之变陷害钱龙锡等东林党人，就可以被视为是对这里"逆案之徒，出奇计以边事陷君子"的具体说明：

> 逆党之恨公（指钱龙锡——笔者按）者，以为不杀崇焕，无以杀公；不以谋叛，无以杀崇焕；不为毛帅颂冤，则公与崇焕不得同罪。……崇焕之磔，酗讴竟路。逆党遂议一新逆案，以泄旧案之毒。……逆案虽未翻，而烈皇之胸中，已隐然疑东林之败类。由是十余年之行事，亲小人而远君子，以至于不救。然则有明之亡，非逆案之小人亡之乎?②

不同于上述林时对"己巳之变"导致崇祯帝猜疑文官，转而任用宦官的说法，黄氏则将其完全归咎于逆案人员的陷害，崇祯帝信任他们而排斥东林，导致了亡国，却丝毫不提包括东林官员在内的文官群体自身存在的弊习。中国古代士人主要出于政治伦理、权力斗争等原因，向来都鄙薄阉宦，但黄宗羲对阉宦及崇祯帝的评议，还跟

---

① 黄宗羲：《南雷文定》卷5《巡抚天津右佥都御史留仙冯公神道碑铭》，王云五主编：《丛书集成初编》，商务印书馆1936年版，2463册，第80页。

② 黄宗羲：《大学士机山钱公神道碑铭》，见《黄宗羲全集》第二十册《南雷诗文集中》，浙江古籍出版社1985年版，第296—297页。

他的"党人之习气未尽"① 有关，即在思想言论上支持东林，反对
非东林，凡是不合乎这一标准的，即使是皇帝也要受到他的批评。

三

　　与天启帝一样，弘光帝朱由崧基本也是一个在历史上失语的皇
帝，而且其形象更为猥鄙，命运也更为多舛而具悲剧色彩。他生逢
乱世，父王被杀，到处逃难，九死一生。从南京群臣的"定策"之
争起②，他就被迫卷入东林与魏党之间的党争，虽被推上皇位，却实
际只是一傀儡。小朝廷立国一年即告覆亡，他率先出逃后，随即被
叛变的部将擒献清军，不久又被押往北京处死。

　　从有些材料的记载来看，朱由崧初到南京时表现尚佳，确实想
要有一番作为，如时人史可法说："忆北变初传，人心骇震，臣等恭
迎圣驾，临莅南都，亿万之人，欢声动地。皇上初见臣等，言及先
帝，则泪下沾襟；次谒孝陵，赞见高皇帝，则泪痕满袖"③。文秉
说："（弘光帝）时屡勤召对，先后无虚日。或一日再召，似亦有志
图治者。"④ 但后来逐渐消沉颓靡，"其后渐浸安逸，复仇二字，亦
恶闻之。嗜酒沉湎，争崇土木"⑤，原因大致不出其个人品行才能缺
陷、受制于人干脆悠游度日、对内忧外患的政治局势无能为力且丧
失信心等。⑥

---

　　① 全祖望：《鲒埼亭集·外编》卷44《答诸生问南雷学术帖子》，《四部丛刊初编》，上海书
店1989年版，集部，376 册，第993页。
　　② 参见李清《南渡录》卷1，何槐昌点校，浙江古籍出版社1988年版，第1—2页。
　　③ 张纯修编辑、罗振常点校：《史可法集》卷2《请讨贼御敌以图恢复疏》，上海古籍出版
社1984年版，第38页。
　　④ 文秉：《甲乙事案》卷上，见《南明史料（八种）》，江苏古籍出版社1999年版，第440页。
　　⑤ 抱阳生：《甲申朝事小纪·二编》卷2按语，任道斌校点，书目文献出版社1987年版，
第279页。
　　⑥ 司徒琳：《南明史》对此有较为详尽的论述，可资参阅（李荣庆等译，上海古籍出版社
1992年版，第19—21页）。

　　而且弘光帝对在定策之争中拥立潞王的东林官员是较为宽容的，在其执政初期也曾出现所谓"名贤济济，布列朝端"的局面。① 如时人李清说他称帝后，不但不加罪当初拥立潞王的人，反而予以任用。② 这可以证之于弘光元年（1645）四月以他的名义发布的谕旨："当日有挟持异议者，都与大赦……并案内曾得罪皇祖妣、皇考者，俱勿问。文武诸臣，不许再提往事，屡污章奏，违者治罪。"③ "皇祖妣、皇考"指郑贵妃及其子朱常洵，在万历时期的国本之争中，包括东林在内的众多官员反对立朱常洵为太子，而支持皇长子朱常洛。在南京的定策之争中，东林官员鉴于与郑贵妃、朱常洵的这一宿怨，不顾皇位继承法统"舍孙立侄"，反对"伦序当立"的万历帝的嫡孙福王朱由崧，拥立身为"疏藩"的万历帝的侄子潞王朱常淓，而这恰恰与其前辈们在万历国本之争中，捍卫皇位继承法统的言行努力相左。正如时人章正宸所说："当光庙在青宫时，则以光庙为国本，当光庙与熹、毅二庙皆绝时，则又以福藩为国本。若谓潞可越福，犹谓福可越光庙也，于国本安居？"④ 定策之争是晚明时期的又一次国本之争，东林党人为了自己的利益，在两次国本之争中采用双重标准，贻人话柄。但是，弘光帝对这些东林官员"俱勿问"，显示出他的宽宏大度，这是他区别于天启帝、崇祯帝的地方。当然，这也可能是他初登皇位，根基未稳而有意做出的姿态，加上弘光朝廷国祚短促，他的真实意图也没有来得及充分暴露。但是在东林的政敌千方百计要陷害东林的形势下，他并没有乘机落井下石，而是"宽平"相待，从而保全了一些东林官员，可以表明他对东林确实心无芥蒂：

---

　　① 邹漪：《明季遗闻》卷2，《四库禁毁书丛刊》，北京出版社1997年影印本，史部，72册，第231页。

　　② 李清：《三垣笔记》卷下《弘光》，顾思点校，中华书局1982年版，第105页。

　　③ 顾炎武：《圣安皇帝本纪》卷下，见《南明史料（八种）》，江苏古籍出版社1999年版，第115页。

　　④ 李清：《三垣笔记》卷下《弘光》，顾思点校，中华书局1982年版，第93页。

"诸奸每借一事，即欲为罗织之案；赖上宽平，士英亦素无杀机，故得以幸免。"①

对东林能既往不咎，宽平对待，而且按照"为君者讳""君辱臣死"的传统政治伦理纲常，弘光帝至少不应该受到过多的指责，但实际上一些史籍对他的描述，却几至到了妖魔化的地步。这主要是因为弘光时期魏党阮大铖得以复出，与马士英等人为了打击东林，"见北都从逆诸臣有附会清流者"②，因北京投降李自成大顺政权的明朝官员中有些是东林人士，于是以此为由制造所谓"顺案"，以与逆案相对。逆案人员不顾与阉宦的界限投附魏忠贤，但毕竟还是明朝内部的矛盾，顺案人员则违背臣子气节，降附要推翻明朝统治的李自成，轻重自是不同的，也可看出阮大铖等人的用心所在，就是要以其人之道还治其人之身，对东林党人展开报复。弘光帝没有阻止阮大铖的复出，因而，身后受到东林支持者过度的诬诋。其中，较为显著的，如抱阳生《甲申朝事小纪·二编》："王居禁中，惟渔幼女、饮酒、狎伶、演戏为乐"③。计六奇《明季南略》：

> 马士英听阮大铖日将童男女诱上。正月十二丙申，传旨天财库，召内竖五十三人进宫演戏饮酒，上醉后淫死童女二人，乃旧院雏妓马、阮选进者，抬出北安门，付鸨儿葬之。嗣后屡有此事。由是曲中少女几尽，久亦不复抬出，而马、阮搜觅六院亦无遗矣。④

纵酒、嗜赌、好色、变态、低能，可谓无所不至，黄宗羲、钱澄之

① 夏允彝：《幸存录》"门户杂志"条，留云居士辑：《明季稗史初编》卷15，上海书店1988年版，第309页。
② 李清：《南渡录》卷4，何槐昌点校，浙江古籍出版社1988年版，第131页。
③ 抱阳生：《甲申朝事小纪·二编》卷6《福王佚事摘记》，任道斌校点，书目文献出版社1987年版，第367页。
④ 计六奇：《明季南略》卷3《声色》，任道斌、魏得良点校，中华书局1984年版，第156页。

甚至说他是假冒的福王。① 对此，清初的全祖望也不禁慨叹："当时遗臣中，不没其故君者，有几人欤?"② 时人李清引用宫女、太监的言辞，为加在弘光帝身上的这些诬蔑辩白：

> 于吴姬罕近也。然读书少，章奏未能亲裁，故内阁外壬相倚为奸，皆归过于上。如端阳捕蛤蟆，此宫中旧例。而加以秽言，且为娈童季女，死者接踵，内外喧谤，罔辩也。及国亡，宫女皆奔入民家，历历吐状，始得其实。又大学士吴甡寓居溧水，曾见一大珰，问及宫府事，言："上饮酒宴乐有之，纵淫方药等传闻非确，惜为大学士马士英所挟耳。"

清末的徐鼒依据弘光帝的一些表现，也对他的命运表示同情：

> 李清《南渡录》谓马、阮欲以《三朝要典》大兴党人之狱，累请不允，向疑清言之为其主讳也。乃观其谕解良玉，委任继咸，词气婉而处置当，而且拒纳银赎罪之请，禁武臣罔利之非，盖非武、熹之昏骏比也。使得贤者辅之，安知偏安之不可为邪? 庄烈帝曰："朕非亡国之君，卿等皆亡国之臣。"吾于南都亦云。

古代的史笔因掺入太多主观情绪，往往苛刻失真。如北宋王安石因推行熙宁变法，受到反对派及其门生、后人的恶意攻击、诽谤，甚

---

① 黄宗羲：《弘光实录钞》卷1，见《南明史料（八种）》，江苏古籍出版社1999年版，第5页；钱澄之：《藏山阁集·文存》卷5《南渡三疑案》，《续修四库全书》，上海古籍出版社2002年影印本，集部，1400册，第644—645页。再如抱阳生《甲申朝事小纪·三编》："马士英抚凤阳时，有以居民藏王印首者，取视则福王印也。询其人云，有博徒，持以质钱，士英因物色之。士英与王初不相识，但据王印所在，则以为真世子。"（卷3"南都荒政"条，任道斌校点，书目文献出版社1987年版，第538页）

② 全祖望：《鲒埼亭集·外编》卷29《跋三垣笔记后》，《四部丛刊初编》，上海书店1989年版，集部，375册，第820页。

至殃及子息，被诬蔑因变法祸国殃民而绝后。①

　　除了为弘光帝辩白外，对于这些出自东林的曲笔，历来也有不少人加以揭示和辨明。如佚名氏所作《鹿樵纪闻》说弘光帝："平居饮食宴乐时，或狂走宫苑，如失心状；至如娈童季女，方药纵淫，皆传闻之过"②；又说："余姚黄宗羲、桐城钱秉镫皆以福王为李伴读，非朱氏子也，而童氏乃真妃。故当时讽刺诗有：'隆准几曾生大耳，可哀犹自唱无愁。白门半载迷朱李，青史千年纪马牛。'说者又谓东林、复社之事，深憾马、阮，故造此谤，似矣。"③ 清初戴名世同样说："自当时至今，归怨于嗣主之昏庸，丑语诬诋，如野史之所记，或过其实。而余姚黄宗羲、桐城钱秉镫，至谓帝非朱氏子，此两人皆深罹党祸者也。"④ 对于各种史料诬蔑福王为假冒，清代著名的南明史家杨凤苞分析说："盖阮大铖欲尽杀东林、复社诸君子，向后诸君子追憾其事，并恨王之任大铖也，造言污蔑之不已，复奋断曰：'是非明之宗室也。'甚疾之之辞尔！更加以荒淫不道，诋斥纷纷。"⑤ 阮大铖在弘光时期得以复出，向东林、复社疯狂报复，东林、复社憎恶阮大铖的同时，也迁怒于任用他的弘光帝，说他是假福王、荒淫不道等等。而与此形成鲜明对比的是，对悍将左良玉在武昌"称兵"，"杀掠甚于流贼，东林诸公快其以讨马、阮为名，而并讳其作贼"⑥。

　　近人陈寅恪认为东林、复社要证明弘光帝是假福王，还利用了当时发生的"王之明案"和"童妃案"做文章："东林诸贤往往有认王之明为真太子慈烺者，殆亦知（潞王）继承权不及由崧之合法

　　① 刘成国：《稀见史料与王安石后裔考——兼辨宋代笔记中相关记载之讹》，《浙江大学学报》（人文社会科学版）2017年第4期。
　　② 佚名：《鹿樵纪闻》卷上"福王下"条，《痛史》本。按：该书原题吴梅村撰，但据近人孙毓修考证非是。参见谢国桢《增订晚明史籍考》，上海古籍出版社1981年版，第465页。
　　③ 佚名：《鹿樵纪闻》卷上"两疑案"条，《痛史》本。
　　④ 戴名世：《弘光朝伪东宫伪后及党祸纪略》，见《忧患集偶钞》，《四库禁毁书丛刊》，北京出版社1997年影印本，集部，187册，第14页。
　　⑤ 温睿临：《南疆逸史》附录杨凤苞所作跋文九，中华书局1959年版，第476页。
　　⑥ 王士禛：《分甘余话》卷2"柳敬亭"条，中华书局1989年版，第52页。

欤？致认童氏为真福王继妃者，盖欲借此转证弘光为假福王，似亦同一用心也。"① 朱希祖揭明黄宗羲的《弘光实录钞》因门户之见，对于弘光帝"颇多怨懟之词，深刻之语"，表示"余于南明史事，凡东林、复社中人所撰著，必当推察至隐，不敢轻于置信。读史者当以至公至大之见，衡其得失，勿徒震于鸿儒硕学而有所蔽焉"②。樊树志也指出：王之明案"其间或多或少夹杂着党争色彩，是东林复社人氏故意与马士英唱对台戏。"③

也有人认为弘光帝得此恶评，与弘光政治腐败，引起士民不满有关。如孟森认为当王之明案发生时，士民之所以多认为王是真正的崇祯太子，就是因为"士民不慊于时政，亦诽议君相"，同时，他也认为王之明是假太子。④ 谢国桢继承了这一观点："若黄太冲、全绍衣，则不独疑伪太子、伪皇妃，即弘光亦疑为伪。弘光庸暗，不能恢复振作，致失民望，遂致众恶皆归，然疑之为伪，则其言未免过甚。"⑤ 但两位前辈学者已隐去了东林、复社曲笔的因素。总之，弘光帝身后被丑化，主要由于东林支持者基于门户之见对他的极力丑诋，以及士民将弘光政治腐朽、国祚短促归咎于他。

四 结语

明末诸帝的不佳形象和历史评价的形成，有其自身实际表现欠

---

① 陈寅恪：《柳如是别传》，生活·读书·新知三联书店2001年版，第858页。关于"王之明案"和"童妃案"，参见钱澄之《藏山阁集·文存》卷5《南渡三疑案》条，《续修四库全书》，上海古籍出版社2002年影印本，集部，1400册，第644—645页；杨陆荣：《三藩纪事本末》卷1"两案"条，中华书局1985年版，第17—19页。
② 朱希祖：《明季史料题跋·弘光实录钞跋》，辽宁教育出版社1998年版，第34页。
③ 樊树志：《晚明史（1573—1644年）》，复旦大学出版社2003年版，第1177页。
④ 孟森：《明史讲义》，上海古籍出版社2002年版，第351页。
⑤ 谢国桢：《增订晚明史籍考·自序》，上海古籍出版社1981年版，第7页。全绍衣指明朝的遗民史家全祖望，但其著作中并没有怀疑弘光皇帝真伪的言论，反倒是有不少同情其遭遇、结局的言论。

佳等原因，但东林话语也起了重要作用。东林话语延续久远，如南京"定策之争"时东林官员反对拥立福王朱由崧，提出其所谓"七不可立"①，至民国时期孟森仍然接受②。

这些对诸帝的批评言论限于政治环境，在明末并没有太多明显体现，直到明清易代之际尤其是弘光朝廷灭亡后，才伴随对明朝灭亡原因的反思不断展开，如前述文秉、黄宗羲等人就是如此。之后清修《明史》对明末诸帝都有严厉的责难，如说天启帝"以帝之庸懦，妇寺窃柄，滥赏淫刑，忠良惨祸，亿兆离心，虽欲不亡，何可得哉"③，弘光帝"性暗弱，湛于酒色声伎"④。《明史》对崇祯帝的书写较为特殊，在他的本纪赞语中先称许他"慨然有为"，惩治魏党，"在位十有七年，不迩声色，忧勤惕厉，殚心治理"，惋惜他的遭遇和命运，但随后又责备他"用匪其人""乃复信任宦官，布列要地，举措失当，制置乖方。祚讫运移，身罹祸变，岂非气数使然哉"⑤，可以清晰地看到受前述黄宗羲批评他信任宦官致祸言论影响的痕迹。《明史》还说崇祯帝用人"贤奸杂用"⑥，所谓的"贤奸"显然是承袭前述崇祯初期的"贤奸之辩"而来，依据的也是东林的标准。这是《明史》为东林立佳传，为与东林对立者立《阉党传》《奸臣传》（后文对此还有详细论述），进而影响明末三帝书写的具体体现。在中国古代，后世往往会基于前朝一些忠义官员的立场，对某些德行失范的君主有所评议，但像明末东林这样，其是非标准影响后世对明末诸位皇帝评议的情形则不多见。

比较而言，对弘光帝的责难最多，程度最甚，有关引述和原因分析已见于上文。首先，弘光帝身当末代，立国一年即告覆亡，政

---

① 指：贪、淫、酗酒、不孝、虐下、不读书、干预有司。张廷玉：《明史》卷274《史可法传》，中华书局1974年版，第7017页。
② 孟森：《明史讲义》，上海古籍出版社2002年版，第347页。
③ 张廷玉：《明史》卷22《熹宗本纪·赞》，中华书局1974年版，第307页。
④ 张廷玉：《明史》卷120《福王常洵》，第3651页。
⑤ 张廷玉：《明史》卷34《庄烈帝本纪二·赞》，第335页。
⑥ 张廷玉：《明史》卷21《神宗本纪二·赞》，第295页。

治权威性已大大降低，故对他的批评来得最快，且已不必像对天启、崇祯那样受政治环境的约束。其次，天启帝，在崇祯、弘光时期对他尚没有什么批评，文秉说他以"一人之身亦前后若两截"也还是较为委婉的，进入清代对他的批评才变得异常激烈，乃至直接以严厉的措辞质疑他的文化水平和素质能力。这与在他执政后期素称忠义的东林党人遭到严酷打压密不可分，《明史》所谓"忠良惨祸"，并将其与人心解体、国祚覆亡联系在一起，就是体现。至于崇祯帝则有些不同，虽然他对东林谈不上什么好感，加意防范，但毕竟主导的钦定逆案打倒了魏党，让东林得以复出，而且相对于明末其他皇帝在个人品行和执政方略上的乏善可陈，他尚有勤政、节俭等闪光点，因此，即使黄宗羲上述对他的批评，至少在名义上也是建立在同情其命运结局的基调上的。

可见，东林支持者对三帝的评议轻重有别，跟他们对东林的不同态度以及东林在其执政时期的不同遭遇有重要关系。天启帝、崇祯帝都曾打压东林，弘光帝虽未打压，但毕竟当时《三朝要典》被宣付史馆，阮大铖等不少魏党人员都得以复出，这点又比不上崇祯帝"持之坚，不能动"①，始终坚持逆案不改动，使一些翻案活动最后都归于失败。但未曾打压东林，可能又是弘光帝得到上述较多同情的重要原因。三帝对东林开始都曾信任重用，或者说在其执政初期东林都曾掌权，后来才逐渐改变，对于其中原因，过去一般都是归咎于皇帝的个人品质和能力欠缺，以及受到奸佞的撺掇，东林自身的原因则轻描淡写，一笔带过。这实际是一种把东林预设为忠臣义士，先入为主地以东林的是非为是非，而对其他与东林对立或对东林不利的君臣，则简单贴标签加以批判的做法。茅海建就鸦片战争中琦善奸臣形象的生成、演化，提出中国传统史学存在的所谓"奸臣模式"，即官僚士子们为了"掩护君主、掩护道统"，"用来解

---

① 张廷玉：《明史》卷306《阉党传》，第7853页。

释那些他们不能解释或不愿解释的历史现象"的"理论和模式"①。而在中国传统史学中，还很常见一种昏君奸宦陷害忠良、败坏朝政的叙事模式，如唐玄宗与杨国忠、宋高宗与秦桧等，《杨家将》《水浒传》等历史小说更是将这一模式演绎得淋漓尽致，及至今天它也仍是很多古代宫廷剧惯用，且又能有效吸引观众的艺术表现手法。上述对天启、崇祯、弘光诸帝的历史记述，正是这一模式在他们身上的续写。这迎合了人们锄强扶弱、抑恶扬善的心理和愿望，彰显了历史学的社会教化功能，因此，在社会大众中非常有市场，但也导致对三帝的书写存在诸多失真的地方。只有在主观情感上站定中立的立场，占有翔实可靠的材料，对其进行精微的考证和准确的阐释，辅以恰适的事理推断，才能拂去东林话语这层面纱，尽量还明末诸帝以本来面目。

---

① 茅海建：《天朝的崩溃：鸦片战争再研究》，生活·读书·新知三联书店 1995 年版，第 19 页。

后继有人

——东林后人、复社及其他支持者维护
东林形象的努力

一

东林在晚明的讲学之士、忠臣义士形象，在当时就受到一些质疑，这种质疑的声音后世也一直存在，但正如前文说到的，也始终有很多人极力为他们辩护。东林主要活动在万历、泰昌、天启、崇祯和南明弘光时期，旧有的人员如前述赵南星自是极力捍卫淮抚之争的正当性，不断加入的新成员在追述东林的前言往行时，也会着意维护东林的忠义形象，宣扬其忠义精神，如前面说的钱谦益、郑鄤为杨涟上疏之事辩护就是这样。而对东林的敌人如阮大铖，复社不依不饶地进行讨伐，实际也有助于达成上述目的。在这方面，东林的后人、复社人士及其他支持者，从明末以来就不断致力于此，而非东林相比来说则要逊色得多，这是东林话语强势传播的又一重要原因。

前文已说到，东林讲学之士的形象在万历时期就树立了。到了明末清初，复社人士吴应箕、东林后人黄宗羲等还为东林的这一形象辩护，今人樊树志仍引述两人言论作为"东林非党论"的依据，这两则材料存在的问题已在前面有所辨明。吴应箕在政治上倾向东林，是复社写作、颁布《留都防乱公揭》驱逐阮大铖的主要人物，

本书"绪言"已提到他过于褒东林而贬非东林。清朝道光时的安徽当涂人夏燮编撰《忠节吴次尾先生年谱》，对于吴应箕的东林立场，《年谱》虽未明说原因，但可看出是感于东林的忠义和缘于自身的秉性。对于东林的"正义"之举，吴都有所因应。如天启五年，杨涟、左光斗等人被迫害而死，吴有"吊忠赋，皆记奄难事""集中七言律，有和方（震孺）、李（应昇）两御史就逮题滕阳驿壁诗二首"；崇祯五年，周镳谏用中官被削籍，吴心仪而与之定交①，等等。而且吴应箕的个性也有鲜明的特点。清人张鉴曾评价其人其书说："貌癯黑，须似猬毛磔。每当稠人之会，则竟据高座，议论风声，旁若无人者。故其所著述如《两朝剥复录》与此籍（指吴应箕所作《东林本末》——笔者按），不过皆少年盛气之所为耳。"② 相比于张鉴的批评，吴应箕的同乡好友刘城为他所撰写的传记则充满了称赞：

> 四顾侪偶，人才下中，居恒无一差强人意者，咸窃科第去而已。顾旅进诸生中也，愈愤悱悁怒。又见国事日棘，中外大小臣碌碌取充位，无一能办者。既摩切历诋之，遂好奇计画册，门杂进武夫介士，身钓奇度务，不复经生自处，言当世事益急，动止益自抗，视乡里中蔑如也。

可见吴应箕恃才傲物，看不起当时汲汲于科举和通过科举入仕，但又无实际才干、碌碌充位的士人和官员。对这些人进行态度鲜明的诋斥之外，他也不顾当时诸生不准议论时政的律令，招朋引友，研求应对时事的对策，因而得罪了很多人。当李自成农民军、清军先后入主北京后，他认为"吾有以自见矣"，觉得自己终于找到了得以一展才干的机会，曾与人合力抗击清军，恢复一些被清军占领的地

---

① 夏燮：《忠节吴次尾先生年谱》，上海图书馆 1995 年影印本。
② 张鉴：《冬青馆乙集》卷 6《书复社姓氏录后四》，《续修四库全书》，上海古籍出版社 2002 年影印本，集部，1492 册，第 160 页。

方，并得到隆武政权的支持。当隆武政权失败后，他"乃益励有死之心矣"，做好了殉明的准备。"乡人怨家咸为耳目，侦问百辈，战败遂不得脱"，他之前得罪的乡人为清军提供他的行藏线索，使他最后战败被俘，不屈被杀。① 由此，一个个性张扬、口无遮拦、不合群而常得罪人，但又胸怀经世之才具和志向，忠于明朝的诸生形象跃然眼前。张、刘都注意到吴应箕盛气凌人的个性，只是张认为是其性格缺陷引起的，刘则认为是曲高和寡、不与世浮沉的卓异操行导致的。张距离吴应箕的时代较久远，与吴的关系、情感也不能跟刘相比，刘曾在崇祯九年下诏各地举荐孝廉时举吴自代②，所以对吴的认识和评论两人也完全不同。

黄尊素之子黄宗羲是东林后人中维护先辈形象最为用力的人。从崇祯帝、弘光帝到马士英、阮大铖、杨维垣、张捷，都因为东林的关系，受到他不同程度的指斥；夏允彝写的《幸存录》也因在东林和非东林问题上的看法，被他斥为"不幸存录"；同时，又为魏学濂投降大顺政权、东林的朋党性质辩护，等等。这些都已在前文提到过。

吴应箕、黄宗羲等人坚持东林为讲学之士的说法，是因为东林借讲学干政、形成朋党之祸的说法自明末以来就长期流传，这在前文已经有较多引述，这种说法即使在明清易代之后也仍然存在，如康熙时史官朱彝尊就说："明自万历间，顾、高诸君子讲学于东林书院，士大夫向风景从，主持清议，久而渐成门户。不得其门以入者，分镳而驰，迁染之途既殊，相争如水火，当是时中立不倚者寡矣"③。这种言论可能影响清代及后世对东林的认识和评价，吴、黄把东林说成是纯正的讲学之士，正是为了应对这些言论，维护东林讲学之士的历史形象。顾宪成的后人为其撰写《年谱》，其中重要的

---

① 计六奇：《明季南略》卷4《贵池吴应箕传》，任道斌、魏得良点校，中华书局1984年版，第268—269页。

② 夏燮：《忠节吴次尾先生年谱》，上海图书馆1995年影印本。

③ 朱彝尊：《曝书亭集》卷32《史馆上总裁六书》，《四部丛刊初编》，上海书店1989年版，集部，358册，第278页。

动机也是为了影响《明史》的编撰。①

　　清朝修《明史》，曾有人提议仿照《宋史》在《明史》中立《道学传》，实际是要在历史书写上坐实东林的朋党性质，"道学之名立而伪学之禁起矣"②。史官汤斌以黄宗羲反对这一做法的书信出示史馆众人，这一提议便被搁置③，说明黄宗羲虽然拒绝了清朝修撰《明史》的征召，但他推荐儿子黄百家、弟子万斯同参与修史，仍可以将自己的立场、观念通过二人输入到《明史》的修纂中去；不仅如此，他自身也能直接对修史施加影响，"公虽不赴征书，而史局大案必咨于公"，汤斌以是否要立道学传相询于黄氏，史馆最后采纳黄氏的意见不立此传，就说明了这点。但是黄宗羲维护东林历史形象的意图并没有全部实现，比如，他出于贬低魏党的用意，说弘光时期与魏忠贤有关联的官员张捷、杨维垣在清军逼近南京时是逃窜而死，并不是殉节④，就没有被采纳，《明史》仍称两人"殉难""晚节自盖"⑤。

　　与朱彝尊对东林颇有微词不同，汤斌非常倾慕东林，任江苏巡抚时，因仰慕周顺昌的为人，为其建祠。⑥ 又喜欢结交东林后人，"尝诣东林讲学"，东林党人文震孟的孙子文点，"负盛名。诗古文辞、书画金石，咸不失高曾矩法""汤斌抚苏，屏骑访之，问为政之要""汤文正以监司乞养归，方授徒梁宋间，闻孙（奇逢）名，造门问道，执弟子礼甚恭，读书十年复出"⑦，而孙奇逢则与东林交

① 张宪博：《顾宪成赠谥、从祀文庙成败探析》，《中国史研究》2010年第4期。
② 尤侗：《艮斋杂说》卷2，《续修四库全书》，上海古籍出版社2002年影印本，集部，1136册，第351页。
③ 全祖望：《鲒埼亭集》卷11《梨州先生神道碑文》，《四部丛刊初编》，上海书店1989年版，集部，372册，第132页。
④ 全祖望：《鲒埼亭集》卷11《梨州先生神道碑文》，《四部丛刊初编》，上海书店1989年版，集部，372册，第132页。
⑤ 张廷玉：《明史》卷275《高倬传》、卷306《阉党传》，中华书局1974年版，第7047、7834页。
⑥ 汪诗侬：《所闻录》"汤潜庵"条。
⑦ 孙静庵：《栖霞阁野乘》卷上"明哲保身"条、卷上"文与也之廉洁"条、卷下"孙奇逢"条，山西古籍出版社1997年版，第55—56、89页。

好。① 在朱彝尊、汤斌这样对东林意见不同的史官的作用下，清朝官修的《明史》对东林持总体肯定，但也于讲学、结党等不乏批评的态度，在一些卷什的相关书写中有所反映，这个问题后面还有专门论述。

二

　　笔者上中学时曾学到两篇文章，一是复社领袖张溥崇祯七年写的《五人墓碑记》，说的是天启六年魏忠贤指使"缇骑"即锦衣卫到苏州逮捕东林党人周顺昌，受到"生于编伍之间，素不闻诗书之训"当地五名普通百姓的自发抗击，一人被打死，朝廷为之震动，魏忠贤此后不敢再派锦衣卫外出逮人，各地人犯进京都由抚按差人押解，五人最后也被朝廷以叛乱罪名处死。到了崇祯时魏忠贤及其党羽被打倒，东林人士重回政坛，"贤士大夫"文震孟、姚希圣等东林人士，"请于当道，即除魏阉废祠之址以葬之；且立石于其墓之门，以旌其所为"，在今苏州虎丘毁掉原来为魏忠贤建的生祠，改为五人营建坟墓。张溥"与同社诸君子，哀斯墓之徒有其石也，而为之记，亦以明死生之大，匹夫之有重于社稷也"②，为五人立墓竖碑、撰文赞颂。

　　清代乾隆时桐城派代表人物方苞写的《左忠毅公逸事》③，记述了天启后期史可法与他的老师东林党人左光斗在狱中相见的情形，左光斗受到严酷刑罚，却仍然考虑学生安危和国家命运，史可法不负老师厚望，日后兢兢业业为国家效力，死而后已。再加上那首耳熟能详的东林书院的"风声雨声读书声声声入耳，家事国事天下事

---

① 张廷玉：《明史》卷244《左光斗传》，中华书局1974年版，第6332页。
② 张溥：《七录斋集》卷6《五人墓碑记》。
③ 方苞：《方苞集》卷9《左忠毅公逸事》，刘季高校点，上海古籍出版社1983年版，第237—238页。

事事关心"对联，在笔者当时的心中，东林党人就是明末一群读书报国、忠肝义胆的忠臣义士。

但是，随着笔者读书的增多，尤其是攻读硕士、博士期间对晚明的党争问题进行了较多关注，发现事情可能并不是那么简单。张溥的文章表面是表彰五人，实际是声讨魏党的罪恶和称赞东林的忠义。"大阉之乱，缙绅而能不易其志者，四海之大，有几人欤？"魏忠贤专权时官僚士大夫纷纷趋附，衬托出五人"激昂大义，蹈死不顾"的不易，东林曾反抗魏忠贤，自然也在"不易其志"的赞誉之列。而且目不识丁的平民百姓都奋不顾身地支持东林，也表明东林反抗魏党具有的深厚民意基础。张溥作为"继东林而起"的复社领袖，通过民间普通百姓的情感向背，来凸显东林的忠义和魏党的罪恶，比直接称赞周顺昌等人来得更为高明。这样，全文没有一字一句直接称赞东林，但是赞美东林的思想意图却很明显，效果也比直接称赞东林更好。

与张溥相似，方苞的文章也重在写史可法与左光斗的师生情谊，以及学生对老师忠义精神的传承，并没有直接称赞左光斗，但称赞的意味也是呼之欲出的。已有研究表明，史可法自身曾对其见左光斗之事有所记述，之后他的弟弟左光先《枢辅史公传》、乡人戴名世《左忠毅公传》对此事都不断渲染，方苞又在这些基础上"踵事生华"①。经过这样的演变，哪些是真实，哪些是虚构，就不好辨明了。难怪方文末尾说："余宗老涂山，左公甥也，与先君子善，谓狱中语，乃亲得之于史公云"，要从材料的源头上表明这些内容的可信，因为方苞所处的时代毕竟距离左光斗受难的明代天启时期已较久远，为了让人不对这类材料的出处生疑，故不得不做出交代。此外，方苞在其文集中还有多篇文字表彰东林人士，如称赵南星"有明一代可计数之君子也"，黄道周谨守礼法，表彰钱澄之当众以秽物

---

① 王建农、王成军：《清代传记文学论——以顾炎武、方苞、曾国藩、沈复为个案》，《江苏教育学院学报》（社会科学版）2005年第2期。

撒溅某阉党御史等。①

周顺昌被逮时，应社成员杨廷枢"倡率士民数千人谒巡抚，欲上书令申救，巡抚不可，哭声震地，校尉呵问，即击杀之"②，动员士民请求巡抚毛一鹭申救周顺昌被拒绝，请愿不成才演变为民变，因此，可以认为杨就是苏州民变的推动者。黄宗羲也说这次民变，"捶死校尉，焚驾帖，（杨）廷枢与焉，仅而得免"③。到了清代，方苞仍说杨"海内朋从者万余人"④。日本学者小野和子说苏州民变，"是自然发生的大众运动，他们的政治行动并不是有计划地实行的"⑤，看来并非如此。从她的《明季党社考——东林党与复社》描述的复社在地方的巨大社会动员力量来看，杨廷枢动员大量士民敦促地方官员申救周顺昌，未果后又与缇骑暴力对抗，并不是不可能的，甚至苏州民变也可以视为是后来复社进行地方动员的预演。这不由得让我们联想到前文所说的清初苏州的哭庙案，两者都是苏州地方士绅动员士民与官方相抗，似乎在当地已形成这一风气，很多民间史籍都表彰它们的正义性，但这种做法或风气公然挑战官方的统治权威，成为一种社会不稳定因素，也是必然不能为官方所容忍而要厉行镇压的。明末江南地区讲学结社之风兴盛，这是地方士绅领袖进行如苏州民变这样社会动员的重要途径，清初统治者利用哭

---

① 方苞：《方苞集》卷4《畿辅名宦志序》、卷9《石斋黄公逸事》、卷12《田间先生墓表》，刘季高校点，上海古籍出版社1983年版，第91、239、336页。

② 温睿临：《南疆逸史》卷13《杨廷枢传》，中华书局1959年版，第91页。抱阳生：《甲申朝事小纪·三编》说是杨廷枢、文震亨倡导（卷6"杨廷枢纪"条，任道斌校点，书目文献出版社1987年版，第593页）。计六奇：《明季北略》说墓石"五人之墓"四字是文震亨堂兄文震孟所写，墓门"义风千古"由杨廷枢写：（卷2"周顺昌被逮"条，魏得良、任道斌点校，中华书局1984年版，第57页），可以看作是事后称颂亲人或自己。

③ 黄宗羲：《思旧录·杨廷枢》，见《黄宗羲全集》第一册，浙江古籍出版社1985年版，第362页。

④ 方苞：《方苞集》卷5《书杨维斗先生传后》，刘季高校点，上海古籍出版社1983年版，第120页。方苞此文是要为当时对杨的这一议论进行辩护，称持这种看法的人为"鄙夫贸儒"（第122页）。

⑤ ［日］小野和子：《明季党社考——东林党与复社》，李庆等译，上海古籍出版社2006年版，第258页。

庙案打击讲学结社之风，应正是有鉴于此。崇祯初期应社并入复社，杨廷枢仍是核心成员。张溥说："予犹记周（顺昌）之被逮，在丁卯三月之望，吾社之行为士先者，为之声义敛资财以送其行，哭声震动天地。"[①]"吾社之行为士先者"指的就是杨廷枢，虽然他在推动苏州民变时还是应社成员身份，但张溥根据当时应社已并入复社的实际，把他归入"吾社"中，将他们推动的苏州民变作为复社的荣耀。而且由亲历者的口吻陈述，可以增强此事的可信度。

后来，复社人士陈子龙也回忆苏州民变："逆阉矫旨逮治周忠介公，吴民愤，奋击缇骑至死。时道路汹汹，以为四方响应，将有汉末讨卓之举。予亦阴结少年数辈，诇伺利便，久之寂然，叹恨而已！则缚刍为人，书阉名射之。"[②] 他为苏州民变最终没有发展为"汉末讨卓之举"，自己没能一展才华，只能"缚刍为人，书阉名射之"来发泄对魏忠贤的憎恶而深感懊恼，这样不但凸显出此事在当时得到人们的广泛支持，也委婉表现了自己的豪迈气概。

史籍记载这样支援东林的民间群体性事件还有多起，如逮捕杨涟时，"都城士民数万，拥道攀号，争欲碎官旗而夺公"[③]。魏大中被逮时，"士民号泣遮道者数万计"[④]。据说在江阴逮捕李应昇时，也曾发生士民自发击杀缇骑之事，只是因为知府曾樱"素惠民，抚之须臾而定，故义民之名逸不传"[⑤]。史籍记载的这些事件有一些共性，即都是魏党垮台之后被人追述的，天启时期民众自发而为的大规模同情东林、抗拒魏党的活动，几至演变为变乱，但最后又都被平息。

借助崇祯帝将魏党打倒、为东林洗雪冤屈的契机，东林自身及

---

①　张溥：《七录斋集》卷6《五人墓碑记》。

②　陈子龙：《陈子龙诗集》附录二《陈子龙自撰年谱》，施蛰存、马祖熙标校，上海古籍出版社1983年版。

③　计六奇：《明季北略》卷2"杨涟惨祸本末"条，魏得良、任道斌校点，中华书局1984年版，第48页。

④　孙奇逢：《乙丙纪事》，《中国野史集成》第27册，巴蜀书社1993年版，第465页。

⑤　《人变述略》，见黄煜：《碧血录》卷下，《中国野史集成》第27册，第588页。

其支持者在这一时期纷纷著书立说，为东林申冤，留传美名，把魏党则永远钉在历史的耻辱柱上。如钱谦益描述魏大中、黄尊素被难后浙江的情形："虽樵夫牧竖，皂隶庸丐，语及忠臣义士，靡不咨嗟涕洟，如不获见其人也。语及于阉儿媪子，靡不呼号骂詈，恨不得食其肉也。三十年来，士大夫立名矫行，聚徒植党，所以鼓动激飏者至矣，而人未必从，两公以死教而人从之。"① 再如竟陵派代表人物谭元春写《吊忠录序》，说杨涟遇害后，"海内知与不知，歌咏嘉乐，甚至稗官之家，编为小说、传奇之部，镂成图像"。地方官为他"建祠祀之"，称赞他"劲气一往，为风为庭"的节概，认为他的精神"成金铁星斗，不可朽坏"②。二人都以东林人士在天启时期的遭受迫害作为事由，借助文字为其树立忠臣义士的声名，并突出其对世风士行的引领和在地方、民间的影响。

再如东林党人孙慎行所撰《恩恤诸公志略》，作于崇祯钦定逆案之后，"一则在史，史局宜明大义，记数年来奸邪弑逆状；一则以志表，记诸忠直冤死状。"③ 吴应箕《熹庙忠节死臣列传》，作于崇祯十三年，他说目的在于："诸臣死十有余年矣，余恐后此听闻之言或失其实，则死者有知，谓当世何于是……使未死者皆有所感而已。"吴之后人编辑刊刻此书，仍旨在使"后之读者知东林诸公忠烈之惨，并深憾小人之害人家国，以致明季之所以败也"④。

还有如黄煜《碧血录》，收录杨涟、魏大中、缪昌期、顾大章、高攀龙、李应昇六人被捕前后留下的文字。据该书所附《燕客传略》，这些文字得以保留传世，"燕客"起了很大的作用。此人"任侠重然诺"，认为"六君子"是当时的"贤豪长者"，声名将远播后

---

① 钱谦益：《牧斋初学集》卷50《山东道监察御史赠太仆寺卿黄公墓志铭》，《四部丛刊初编》，上海书店1989年版，集部，345册，第576页。

② 谭元春：《谭元春集》卷22《吊忠录序》，陈杏珍标校，上海古籍出版社1998年版，第607页。

③ 孙慎行：《恩恤诸公志略》，《中国野史集成》第27册，巴蜀书社1993年版，第491、507页。

④ 吴应箕：《熹庙忠节死臣列传》，《中国野史集成》第27册，巴蜀书社1993年版，第508、519页。

世，自己必须与之见上一面，"遂走燕都，旅泊诏狱左右，易吏人衣，日逐与舆夫、马圉相欢狎。久之，混入镇抚，因得见诸公之颠末。诸公亦窃知客为有心人，遗书、遗札多默付之"①。此人因感佩东林诸人的忠义，为侠义之心所激，设法混入诏狱，获知诸人被迫害致死的始末，并得到诸人的信任，将遗书、遗札托付于他，使其得以保存传世。清乾隆时期的卢文弨也相信这种说法。②

笔者读到书中所收东林诸人的一些文字，也不禁为之动容。如魏大中边教馆边读书应试，夫妇协同艰难操持家计，其妻"虽菜腐，不时食"，其居处"遇雨则上漏下涨，即晴霁亦湿，以为常"。魏被酷刑拷打而死，情形惨不忍睹，"骸涨而黑，炭炭有露落忧，急并秽褥卷之入棺，无论饭含弗及，并不得凭身一恸也"③。缪昌期省视自己："予行真而未笃，口直而多躁，心慈而色厉。为人有笔而无学，为学有识而无养，种种欠缺，人所共见。而不敢营私背君，欺心卖友，一念亦天地神明所共鉴也。"④

特别是李应昇，他为父母、弟妹、儿女、妻妾、朋友各做诀别诗，且都饱含深情而感人。如给儿子的诗写道："世事浑如梦，贻经累后生。覆巢宁有卵，刘草岂留萌。幸得收吾骨，还须隐姓名""寄语儿曹焚笔砚，好将犁犊听黄鹂。"以自己的亲身经历告诫儿子，追求功名，在险恶的官场中不得善终，倒不如恬淡田园，颐养天年。他的诗尤以思念父母，对父母担心的居多，读来令人恻然。"君怜幼子呱呱泣，我为高堂步步思。最是临风凄切处，壁间俱是断肠诗""病余憔悴一孤身，归去宽心慰两亲。常愿生生为手足，鹡鸰原上了

---

① 《燕客传略》，见黄煜《碧血录》卷下，《中国野史集成》第27册，巴蜀书社1993年版，第582页。

② 卢文弨：《题辞》，见黄煜《碧血录》卷上，《中国野史集成》第27册，巴蜀书社1993年版，第541页。

③ 魏大中：《魏廓园先生自谱》，见黄煜《碧血录》卷下，《中国野史集成》第27册，巴蜀书社1993年版，第553、555、562页。

④ 缪昌期：《缪西溪先生自录》，见黄煜《碧血录》卷下，《中国野史集成》第27册，巴蜀书社1993年版，第572页。

前因""兄自料生聊暖眼，我为料死总灰心。双亲但有平安字，传得些儿抵万金""与君异姓为兄弟，意气宁论杯酒端。他日蒙恩弛党禁，老亲稚子待君看""十年未敢负朝廷，一片丹心许独醒。只有亲恩无可报，生生愿诵法华经。"①

但该书也存在较明显的不足。如所载杨涟《绝笔》："不意身一入都，侦逻满目，即发一揭亦不可得，打问之日，汪文言死，案密定，固不容辨，血肉淋漓，生死顷刻乃就，本司不时追赃，限限狠打。"魏大中《魏廓园先生自谱》："抗辩之语，悉密不得宣"。顾大章《顾尘客先生自叙》："一入诏狱，声息俱遥闻，不能觌面。"② 照这么说，许显纯等人一心要将诸人置于死地，在诏狱严密看管，隔断诸人与外界的联系，又怎么会让其留下文字？即使留下，又怎会让其传出？而且，也是依据该书，诸人被逮前后留下的文字，并不是全都给了"燕客"。如魏大中自撰年谱说，在入京前的一天即天启六年六月十二日将谱"授浒"，"浒"即随之入京的他的长子魏学浒，但在此之后年谱仍有记述，直至魏大中被拷打致死，其尸骨被魏学浒取回"扶榇南返"。观六月十二日后的行文均是"浒"如何如何，又称魏大中为"先君"，而魏大中将谱授予魏学浒时，就"戒勿求见"，因此，这些记述，应是魏学浒据"与此事相终始"、多次探监的"旧邻"刘启先所见，后来补充的。③ 而在此之前的《自谱》的记述，则应是魏大中自己写的。这样看来，谢国桢说《自谱》是魏学浒编辑的④，并不准确。高攀龙自沉之前留下的《遗表》《别友柬》，是被逮前在家中所作。⑤ 魏、高的文字，一个给了

---

① 李应昇：《示儿》《大兄同行因忆五弟》《书驿亭壁方寿州诗后》《良乡呈大兄三首其三》《又六月初三日别兄》《狱中遥寄蒋泽垒》，见黄煜：《碧血录》卷下，《中国野史集成》第27册，巴蜀书社1993年版，第572、574、575页。

② 黄煜：《碧血录》卷上，《中国野史集成》第27册，巴蜀书社1993年版，第543、561、565页。

③ 魏大中：《魏廓园先生自谱》，见黄煜：《碧血录》卷下，《中国野史集成》第27册，巴蜀书社1993年版，第561—562页。

④ 谢国桢：《增订晚明史籍考》，上海古籍出版社1981年版，第128页。

⑤ 黄煜：《碧血录》卷下，《中国野史集成》第27册，巴蜀书社1993年版，第573页。

儿子，一个作于家中，自然也是为家人所得，并不是如上所说的在诏狱交给了燕客。另外，前面燕客如何混入诏狱的记载，也类似于武侠小说的情节，诏狱管理、魏党防范是否会那般疏松，都不免让人存疑，但它毫无疑问地对缺乏辨识力的普通大众的影响是巨大的。

该书刊布于崇祯钦定逆案后，郑鄤为之写《序》说："吾友人毅然传之，谓明圣御天，恩隆赠恤，忠魂如日，逆案如山，自非虎彪儿孙，何致以触忌相格。处不讳之朝，留不死之论，此而不传，谁当传者？"① 其友人借崇祯帝钦定逆案刊布该书以褒东林贬魏党，做法和用意与孙慎行、吴应箕等人相同。郑氏此文写得大义凛然，与其不容于乡党、族人的形象判若两人②，可见所谓文如其人，并不一定。

六君子、七君子事件，是后来东林得到广泛同情、赞誉的重要原因，虽上文在讨论杨涟参劾魏忠贤时，其也存在诸多被忽略的问题甚至不光彩的地方，但他们毕竟身死，且有材料表明，他们是被严刑拷打致死。这样的遭遇和结局，自然容易博得众人的同情，更何况还有如上所述的后人众多的称颂、渲染文字。魏党内部对处置东林诸人的意见起初并不统一，魏忠贤似曾有意放过，但在其党羽的怂恿下，最终借端无差别地将诸人全部迫害而死，由此，也将魏党人员与东林累积的恩怨做个清算，存在的威胁予以消除。如果不是天启帝在位时间短，政局发生变化，可能还有更多的东林党人遭致横祸。政治斗争是残酷的，魏党的手段确实毒辣，但杨涟等参魏忠贤，高攀龙等参崔呈秀，复社攻击阮大铖，以及东林人员对其他非东林人员的讨伐，又何尝不是不遗余力，必欲置对方于死地才甘心罢休？而东林党人落败的结局，追根溯源，其自身在前述诸多问题上失算失策，以及存在的如好同恶异、言行过激等不足，也是重要原因。在孙慎行、吴应箕、黄宗羲等人撰写的文字中，都对六君

---

① 黄煜：《碧血录》卷上，《中国野史集成》第 27 册，第 536—537 页。
② 参见吕杨《党争与乡评旋涡中的江南缙绅——明末郑鄤案考论》，《常州大学学报》（社会科学版）2019 年第 2 期。

子、七君子大加赞扬，主要是说他们在维系人心、维护正义上起的作用。这些都是出自魏党已垮台，东林则获得昭雪，亡者恢复名誉，生者逐渐复出的崇祯时期，孙、吴还把崇祯帝对东林的赠恤，作为为其著书立传的依据。但在六君子、七君子被杀的天启后期，并没有人敢这么说，他们都很好地利用了政治风向的转变。

前面说过，崇祯初期东林后人，为了给父辈申冤，声援朝堂上的贤奸之辩，曾集体上血疏。与其他人不同，周顺昌之子周茂兰上的血疏，最终因故由其自身保存、流传下来，产生了不小的影响。周的血疏也是为父申冤请恤，请求处分杀父仇人倪文焕、毛一鹭。首次上疏用手指之血写成，因姚希孟认为其中有不妥词语，再用舌血改写了上奏，首疏因此得以保留。皇帝下旨"给三世诰命"，按照惯例，"令典赠恤止一身，无及父祖者"，因此，对周氏的恩恤可谓异数，并为之处死倪元璐，毛一鹭则因人先已死去而免于究问。周茂兰曾跟吴肃公说，在明清鼎革之际，因兵乱三世诰命曾失去其二，百觅不得之际，却又为一兵卒送还，吴对此奇事发感慨道："古有挥戈而去阳，拊膺而陨霜，悲泣而摧城，浩歌而裂石，而况忠孝之大乎？亦诚而已矣"。他想表达的是，粗鄙无文的兵卒自觉送还诰命，是被周氏父子的忠孝精神感动的结果，这当然也是周向他讲述这件奇事，所希望看到的。

周氏长期妥善保存此疏，如魏允枬59岁时见到时，"血光泪痕，宛然若新"，75岁再见时"已装潢成帙"。有二十多人为其做跋题识，其中，包括黄尊素、缪昌期、李应昇、魏大中等东林党人的后人、其他"胜国遗民"，以及朱彝尊、汪琬等清朝参与修撰《明史》的人员。这些跋识都大力表彰其父子的忠义和孝道，如康熙二十一年（1682）徐枋说："此宁独周氏一家之芳烈乎？实千百世吾吴之光也。于是文人志士抚其书而泣，咸曰：'是父是子，既忠既孝，垂范千秋'"，将其视为当地荣光，千秋典范。至乾隆五十三年，赵怀玉见疏后仍说："为人臣未有不慕为忠介者也，为人子未有不愿为端孝者也，观是疏未有不肃然易虑三复之、什袭之，乐得而称道者也"。这与彭定求的"不咨嗟太息者，当非人情"赞词一样，把个人的观感，以宣扬忠孝的名义，通过极富感染力的文字，巧妙地转化为大众的感受。言下之意，凡是不对此疏"乐得而称道者""不咨嗟太息者"，便都不是忠孝之士。这是《周端孝先生血疏贴黄册》收录的最后一篇跋文，从崇祯初期到乾隆末年一百多年的时间里，借助这些各个时期名士的表彰，周氏父子、东林人士因这份 144 个字的血疏，收获了满满的赞誉。

随着时间的久远，后世对周顺昌父子事迹的记忆会逐渐模糊，而有血疏这一传播源在，再通过题识跋文不断阐扬发挥，让后人可以完整地了解那些事迹，生发追慕之情。如杨无咎叹恨自己出生晚，没有见到周顺昌死事之烈，见到徐枋的跋文后，才稍微了却心愿。"捧颂斯文，奚容赞一词哉？"后来，周茂兰的孙子又将血疏出示杨无咎之子杨绳武。① 杨无咎为复社人士杨廷枢之子，与徐汧之子徐枋交善。② 前文谈到，杨廷枢在天启后期倡导了旨在营救周顺昌的开读之变，周茂兰在崇祯初期为给父亲周顺昌鸣冤的血疏，又为杨、徐的后人传看、称颂，并且再往下一代延续，三家人成为代代传承、传播血疏文本及其蕴含精神的固定力量。除此之外，像参与修《明史》的汪琬，曾求学于徐汧，也为血疏撰写跋文称颂周氏父子，这对他后来写作《明史·周顺昌传》③，在情感取向、内容选择上必定产生了重要影响。此疏借由周氏及读者世代传承、宣扬，得以流传不绝，而对周顺昌父子的称赞，对东林、魏党的表彰和贬斥，也因此永远不会断绝。

虽有众多表彰，但是魏学洢说，当他向"亲知"求助以交赎父亲魏大中的"赃银"时，"百无一应，推诿迁延，备极诈狙"④，与

① 周茂兰：《周端孝先生血疏贴黄册》，见黄煜《碧血录》卷下，《中国野史集成》第 27 册，巴蜀书社 1993 年版，第 588、593—594、596、597、598、600 页。
② 《清史列传》卷 70《杨无咎传》，中华书局 1987 年版，第 5679 页。
③ 李圣华：《汪琬与〈明史〉纂修》，《史学史研究》2011 年第 2 期。
④ 魏学洢：《将赴浙狱与友人书》，见黄煜：《碧血录》卷下，《中国野史集成》第 27 册，巴蜀书社 1993 年版，第 562 页。

上述材料描述的景况大不相同。危难发生时，能否不惧牵连而解囊相助，仗义执言，跟安全环境下，唏嘘感叹，表达敬仰，对人的要求自然是完全不同的。由此再回到苏州民变，不禁让人要问，当逮捕周顺昌时，所谓的"民意""人心"究竟存不存在，存在又能起多大作用？黄宗羲就认为"人心"是靠不住的，"形势昭然者也，人心莫测者也。其昭然者不足以制，其莫测则亦从而转矣"①，在他看来，人心是会随着形势的转变而转变的。余英时更是就一些人在清末戊戌政变前后的不同态度而感慨道："中国所谓人心、所谓舆论，往往随形势而转，其不可恃如此。"②再联想一下，袁崇焕被崇祯帝处以极刑时，百姓争相购啖其肉。清末的"戊戌六君子"喋血菜市场，围观的老百姓欢呼雀跃。在鲁迅笔下，日俄战争时的中国民众看见自己的同胞因为做间谍被杀而围观取乐；辛亥革命后华老栓因为相信人血馒头可以治他儿子的痨病，而用革命烈士的鲜血做药引子。在传统社会的愚民政策统治之下，一般民众除了征派赋役外，跟政治的联系很少，对政治的了解和关注也很少，精神普遍麻木。杨奎松说："他们和国家的关系，是通过地主士绅和地方官吏在租税关系中体会到的"③，虽是为了说明在新中国成立前，中国老百姓的民族国家意识非常淡薄，但是由此也可以看出他们与政治的疏离。天启后期，皇帝对魏忠贤"厂公而不名"，在魏忠贤及其党羽的导演下众声"颂珰"，到处给他营建生祠，在这样的氛围下，苏州的五名普通百姓，会有那么高的思想境界逆时势而动，为声张他们认为的正义而奋不顾身，或者说竟能够达致那样高度的政治自觉，总不免让人生疑。周顺昌"被逮后，其著作多为友人投火灭迹，其子端孝力保持之，故曰《烬余录》"④，这跟上述魏学洢说的"亲知"

---

① 黄宗羲：《兵部左侍郎苍水张公墓志铭》，见《黄宗羲全集》第二十册《南雷诗文集中》，浙江古籍出版社1985年版，第331页。

② 余英时：《戊戌政变今读》，香港《二十一世纪》1998年2月号。

③ 杨奎松：《近代以来中国民族主义问题》，《社会科学论坛》2005年第9期。

④ 谢国桢：《增订晚明史籍考》，上海古籍出版社1981年版，第126页。

多对其父亲漠视不理，所反映的可能更是当时的众生之相。

上述张溥等人的说辞，距离苏州民变发生的时间不久，当事人有的还在世，所以凭空编造不太可能。古代一些官员任职时推行善政，得到出生或任职地方百姓的爱戴，当他们可能因为一些缘故受到朝廷的处分时，却仍常常会得到地方和民间的推崇。如清末主张对八国联军宣战的刚毅、赵舒翘，当八国联军攻占北京后，被先前还接受其宣战建议的清政府抛弃，作为"奸臣"处死，但地方百姓却联合为他们求情，在他们死后还为其建祠祭祀。① 由此来推断，周顺昌、杨涟等人得到地方百姓爱戴是可能的，但说地方百姓会激于公义，为保护他们而自发群起反抗魏忠贤，则应是添加了不少后人渲染想象的内容。实际情形更像是东林、应社等成员，利用在地方的强大号召力和动员力，主导、推动了这些民众运动，想以民间的力量来援救被魏党迫害的东林人士而未果。而东林诸人被逮后，也并不是任人摆布、无所作为，而是积极设法托人相救。与东林诸人交好的孙奇逢，在崇祯元年七月著有《乙丙纪事》一书，主要追述自己及家人、鹿善继父子等燕赵之地的人士，多方周旋被逮的左光斗、魏大中、周顺昌"三君子"，也由此表彰了燕赵之地的侠义之气。从中可以看到，三人被逮时曾写信给孙、鹿，被逮途中与二人会晤，左光斗在狱中托人告知友人为自己筹措"赃银"，鹿为之请督师大学士孙承宗相助，却为魏党所阻等等。②

在魏党垮台，政治形势有利的情形下，东林、复社人士再以亲历者或同情者的身份来追述这些事件，隐去东林、应社等成员的主导作用，突出民众的自发性，进一步树立被难的东林人士光辉形象的同时，也把自己的是非标准植入到追述文字之中，希望以此引导社会舆论和影响历史评述。而如果只就后出的复社人士来说，他们这么做，一方面，表明了自己在政治立场上的"继东林而起"；另一

---

① 郑小悠：《庚子事变"误国者"：出身寒微的技术官僚》，《东方历史评论》2019 年 7 月 30 日。
② 孙奇逢：《乙丙纪事》，《中国野史集成》第 27 册，巴蜀书社 1993 年版，第 465—471 页。

方面，也可借此为自己赢得更多政治资本和社会声誉。日本学者岸本美绪梳理了历史文献对五人的书写、流传，以及"五人像"在人们脑海里定型的过程，强调张溥等苏州士大夫对五人忠义的彰显，通过对事件中缙绅与匹夫不同行止的对比，彰显五人忠义的同时，也揭示了事件背后社会对立、政治秩序解体的深刻危机。① 本文则侧重明末党争的背景下来看待这一事件，与岸本美绪有所不同。

另外，侯振龙在《崇祯南迁之议考辨》一文提到，北京被农民军攻破后，右庶子李明睿投降李自成大顺政权，李自成被清军打败后，他又南逃投靠南京弘光政权的魏党人员阮大铖。复社名士吴伟业是李明睿的门生，邹漪又是吴伟业的门生，在其各自所写的《绥寇纪略》《明季遗闻》中，却把李明睿塑造为深得崇祯帝赏识的忠臣，在农民军逼近时，他早就建议南迁，但最终因一些官员的阻挠和崇祯帝的犹疑不绝没有能实施，酿成北京城破后崇祯帝自缢而死的结局。为此，吴、邹还有意把崇祯帝的一些命令附会为筹备南迁，影响了后世史书对此事的认知，以至于今天仍有学者被误导。② 这篇论文只是从科举的师承关系来分析吴、邹的史书对明末人、事的改写及其影响，没有结合当时的党争背景，而李明睿是东林党人标榜中的人物，吴梅村则是复社中人，因此，这实际也是另一个复社改变历史书写，以影响后世对东林评价的例子。

三

相比来看，魏党后人在维护先人的形象和声誉上则几乎没有什么表现。虽然在阮大铖的幕后操纵下，也有魏党潘汝桢之子潘映娄

---

① ［日］岸本美绪：《"五人像"的成立》，《明清交替与江南社会——十七世纪中国的秩序问题》，东京大学出版社 1999 年版，第 101—140 页。此文由昆明学院人文学院卢珺博士翻译成中文，在此表示感谢。

② 侯振龙：《崇祯南迁之议考辨》，《历史档案》2019 年第 3 期。

等人结中江社与东林、复社相抗的举动，开始也招纳了不少人，颇具声势，但是在复社的抗击下，很快就败散。桐城人钱澄之先是受阮大铖的影响加入中江社，后来又在友人的劝告下脱离出去，转而参加复社①，就可以表明中江社在与复社对抗中所处的劣势。

还有一些魏党后人，把先辈的魏党身份和所作所为当作一种负担，想方设法地在言行表现上与之划清界限，转而向东林、复社靠拢。陈宝良曾取材全祖望《七贤传》，列举了周昌时、周昌会（两人为周昌晋的弟弟）、邵似庸、邵似欧（两人为邵辅忠之子）、姚胤昌、姚宇昌（两人为姚宗文之侄）、陈国舜（陈朝辅之子）、谢三宾四孙等多名魏党后人，可以看出他们因为在言行上改弦更张，遂为东林后人、社会舆论认可。② 除这些人外，还有周镳、周钟兄弟也是这种情形。③ 连魏党的后人都力图摆脱先辈的影响，改而投向东林、复社，可以想见当时社会舆论的态势，也更加树立了东林的正面形象。

魏党后人中，李清是个较为特殊的例子。他是魏党李思诚的孙子，著有《三垣笔记》《南渡录》，对明末政治尤其是党争有较多记载。康熙十八年史馆总裁徐元文曾推荐他入史馆参与修撰《明史》，他没有前往，但"朝廷从其家取书数种赴史馆"④。李清持论公平向来为人所称道，如徐元文说："公言盖有所激，故其著书亦多为持平之论，不能一意排比，与时附和，见者或不谓然，久之论定而知其立言之不苟也"⑤。清代研治南明史的专家杨凤苞也说："映碧先生（指李清——笔者按）持论最平，无明季门户之习。在陪京掖垣时，小朝之诏谕章奏，皆其手亲简料者，故记载核而不诬，褒贬公而不

---

① 朱偰：《明季桐城中江社考》，商务印书馆1930年版。

② 陈宝良：《明代七大夫的精神世界》，北京师范大学出版社2017年版，第208—209页。

③ 参见拙著《"小人"的轨迹："阉党"与晚明政治》，中国社会科学出版社2016年版，第202—207页。

④ 徐元文：《含经堂集》卷27《李映碧先生墓志铭》，《续修四库全书》，上海古籍出版社2002年影印本，集部，1413册，第667—668页。

⑤ 徐元文：《含经堂集》卷27《李映碧先生墓志铭》，第668页。

谬""《明史·福王传》悉取资焉"①。这一点，复社人士夏允彝所著《幸存录》一书与之相似，夏氏自称该书："质言之，平言之""失之略者有之，失之诬者，予其免夫"②，近人朱希祖、谢国桢也都对它立论"持平"有所称道。③

李、夏的所谓持平之处，无非是在于对明末党争的评论，具体则是指他们在一些事情上批评东林、同情非东林的言论。而对他们抱以持平赞誉的人，显然是赞成这些言论的，这是对长期以来历史评述总体倒向东林一边的反拨。但是也有人对李、夏的持平之论不以为然，夏的《幸存录》被黄宗羲斥为"不幸存录"，是众所周知的。而对于李清，上文徐元文说他的看法"见者或不谓然"，也已表明了这一信息。

如清末的缪荃孙就说："盖王氏尝与兴化李清相友善，李所交多明季魏党一流人物，所言多回护阉，万氏则无此矣"④，认为李清多和魏党人员交往，常有"回护阉"的言论，这也影响跟他交往的清代王鸿绪所编撰的《明史》，对魏忠贤及其党羽有较多回护。但据清末张鉴说，李清曾批注夏允彝《幸存录》，对该书马士英等人的回护之处有所批评。⑤ 马士英与魏党阮大铖关系密切，李清批评夏氏对他回护，是李清"回护阉"的一个反证。再看李清的《三垣笔记》等书，固然对东林不无微词，但对魏党也常施以痛批，如天启四年春阮大铖与魏大中争吏科都给事中，李清说："然大铖资俸居先，迫之去者过"，对东林处事不公表示不满；但他又说阮大铖"一出而傲悍

---

① 杨凤苞：《秋室集》卷1《南渡录·跋》，《续修四库全书》，上海古籍出版社2002年影印本，集部，1476册，第12页。

② 夏允彝：《幸存录·自叙》，留云居士辑：《明季稗史初编》卷14，上海书店1988年版，第281页。

③ 朱希祖：《明季史料题跋·跋旧抄本幸存录》，辽宁教育出版社1998年版，第6页；谢国桢：《增订晚明史籍考·自序》，上海古籍出版社1981年版，第7页。

④ 萧穆：《敬孚类稿》卷9《记永乐大典·附记王万二家明史稿》，《续修四库全书》，上海古籍出版社2002年影印本，集部，1561册，第57页。

⑤ 张鉴：《冬青馆甲集》卷6《幸存录跋》，《续修四库全书》，上海古籍出版社2002年影印本，集部，1492册，第71页。

贪横，除正引邪，六十老翁复何所求？而若敖已馁，何不觅千秋名，乃遗万年臭？"① 对阮大铖弘光时期复出后的所作所为也绝不宽恕。这么看来，李清并不是只"回护阉"，他在上文说的汪文言被参事件上，也为东林辩解。所以他在东林和魏党问题上是根据自己的认识评判，就事论事而不选择站队，这么说或许更符合实际。当然，李清毕竟有"回护阉"的言论，因此，缪荃孙说的也不是完全没有根据，只是这是否影响王鸿绪《明史稿》的编写，还要具体看李清与王鸿绪的交往情形、李清"回护阉"的言论在王书中如何反映等，才能从根本上厘清。

即使是因对东林有所批评，就被黄宗羲批为"不幸存录"的《幸存录》中的某些地方，对东林也仍有所回护，如对于东林与太监王安的结交，认为"乃珰之慕贤，而非诸贤之通珰也"②。明代外廷官员交结内官即"通内"，受到法律的严厉禁止，"凡诸衙门官吏，若与内官及近侍人员互相交结……皆斩，妻子流三千里安置"③。而且交结内官也违背士大夫的政治伦理，被认为是"官邪之首恶，言路之奇丑"④。因此《幸存录》说王安因仰慕东林与其结交，不是东林主动而为，看似只是平常的对主被动关系的辨明，实际上为东林规避法律和伦理责任的意图却很明显。《幸存录》中评述明末党争的主要是"门户大略""门户杂志"两篇，如谈迁《国榷》、计六奇《明季北略》、叶珍《明季编遗》都部分或全部抄录⑤，王鸿绪《明

---

① 李清：《三垣笔记》卷下《弘光》，顾思点校，中华书局 1982 年版，第 114 页。

② 夏允彝：《幸存录》"门户大略"条，留云居士辑：《明季稗史初编》卷 14，上海书店 1988 年版，第 293 页。

③ 《大明律》卷 2《职制》，《续修四库全书》，上海古籍出版社 2002 年影印本，史部，862 册，第 433 页。

④ 《明熹宗实录》卷 32，天启三年三月戊申，台湾"中央"研究院历史语言研究所 1967 年校印本，第 1654 页。

⑤ 谈迁：《国榷》卷 104，张宗祥点校，中华书局 1958 年版，第 6215—6216 页；计六奇：《明季北略》卷 24"门户大略"条、"门户杂志"条，魏得良、任道斌点校，中华书局 1984 年版；叶珍：《明季编遗》卷 3"门户始末"条、"门户杂志"条，《四库禁毁书丛刊》，北京出版社 1997 年版，史部，19 册。

史稿》也有所摘录，可见其被接受之广。而且明末清初在党争问题
上对东林有所批评的，除李清《三垣笔记》《南渡录》和夏允彝
《幸存录》外，还有黄景昉《国史唯疑》、谈迁《国榷》、张岱《石
匮书后集》、史敦《恸余杂记》、林时对《荷锸丛谈》、吴岳《清流
摘镜》、温睿临《南疆逸史》、戴名世《弘光朝伪东宫伪后及党祸纪
略》等众多史书，不见得它们都是出于维护魏党，有些应该就是持
平之论。所以，不可因李清、夏允彝有一些不利于东林的言论，就
说他们是"扶邪抑正""回护阉"而加以质疑和批判，这恐怕是东
林党见在明清易代之后仍然延续的表现。

由以上论述也可以看出，魏党的后人在崇祯时期可以参加科
考中第，进入仕途，也可以摆脱家族先人的影响，转投东林、复
社，获得显赫的社会声誉。这也表明崇祯朝对魏党的处理只及其
一身，并不牵连其后人，所谓"恶恶止其身"①。东林、复社对魏
党绝不放过，如阮大铖几次三番向其乞哀示弱，仍不能得到谅解；
但对魏党的后人，只要其改弦更张，他们也愿意接纳。如周镳、
周钟的社会声望、仕途发展确实曾从中受益，但最终也因此卷入
党争而断送性命，而将他们置于死地的则是曾被他们过度羞辱的
阮大铖。

但是东林、复社对曾与己方对立的崇祯首辅温体仁的后人又有
所不同。温体仁崇祯时期与东林、复社的纷争前文已经提到，他死
后仍然受到清算，弘光时期礼部尚书顾锡畴曾奏请削去他的"文忠"
谥号，后来马士英、阮大铖当国，诚意伯刘孔昭才又上疏恢复。他
的族弟温璜不趋附他，却与东林、复社人士交厚，"夷然自守，反与
东林诸公结契，名在复社第一集"，这一点与周镳、周钟相同，在明
朝灭亡后抗清而死②。但其他的亲属也有人因而受到牵连，"体仁

---

① 《公羊传·昭公二十年》。
② 全祖望：《鲒崎亭集·外编》卷 12《推官温公璜》，《四部丛刊初编》，上海书店 1989 年
版，集部，376 册，第 637 页。

死，其家有润仁者，乡举拆糊名得之，相顾曰：'此乌程家也，置之副科'"。① 东林、复社（或者是其支持者）因对温体仁的忌恨，而在科举考试中对他的亲属进行打压，由此可见，其在当时政治社会中的影响力以及对待政敌之苛刻。

　　崇祯"钦定逆案"之后就不断有人对某些逆案人员的是非，以及整个逆案的处理等问题提出异议。如夏允彝为杨维垣、虞廷陛、吕纯如等人列入逆案辩护，并进而说逆案"草草罗入，致被处者屡思翻案，持局者自费提防，纠缠不已。至南都再建，逆案翻而宗社为墟矣。此当局者之咎也"②。逆案处理失于草率，加剧了政治纷争，翻案之风不断，至南京弘光政权时终于被推翻，而弘光政权也随之灭亡，夏允彝认为这些都是当初负责处理逆案人员的过错，这与前文杨维垣、史惇等人对钦定逆案的评论差不多。不少人认为某些逆案人员存在冤屈，或者其人在入案后的行迹有值得称道之处，而为其鸣不平。如崇祯时期的大学士黄景昉为王绍徽、吕纯如等人辩护③；李清为吴孔嘉、虞廷陛、傅櫆等人开脱④；邹漪指出朱国盛之冤，"以俟后之君子考论焉"，更称名列逆案，但在南京陷落后以身殉明的杨维垣"大节过人，后之殉国，甘之如饴，门户之不可以定人如此"⑤；钱大昕非常推崇张瑞图的书法，称他因为为魏忠贤生祠撰写碑文而名列逆案，"笔墨遂不为世所珍"，但除此以外，"未闻别有指摘""遽加以逆名，不亦甚乎"，提出"勿以其素行而訾及翰墨"的建议⑥；赵维寰为潘汝祯、吴岳为贾继春、李文田为李思诚

---

① 全祖望：《鲒埼亭集·外编》卷12《推官温公璜》，《四部丛刊初编》，上海书店1989年版，集部，376册，第637页。

② 夏允彝：《幸存录》"门户杂志"条，留云居士辑：《明季稗史初编》卷15，上海书店1988年版，第304—305页。

③ 黄景昉：《国史唯疑》卷11，陈士楷等点校，上海古籍出版社2002年版，第324页。

④ 李清：《南渡录》卷，何槐昌点校，浙江古籍出版社1988年版，第207、225、227页。

⑤ 邹漪：《启祯野乘二集》卷6《太常朱公国盛》、卷5《副都御史杨公维垣》，《四库禁毁书丛刊》，北京出版社1997年影印本，史部，41册，第182—183、151—152页。

⑥ 钱大昕：《潜研堂文集》卷32《跋张晋江札》，江苏古籍出版社1997年版，第560页。

辩诬①，等等。总的来看，这些为魏党辩护的言论，有些虽然也不无道理，但声势和影响远不能跟上述东林后人、复社及其他支持者对东林形象的维护，以及对魏党的诋斥相比，因此，并未受到太多关注，或者就像李清、夏允彝一样被批驳。

乾隆三十二年南直隶震泽人曹森敬，为周茂兰崇祯初期为其父周顺昌申冤上的血疏做跋，写道：魏党

> 子孙羞奉为祖宗，间党耻道其姓氏。而二三清流君子，虽经国难家祸，沧桑翻覆，而忠孝清白，子孙世守，故家旧姓，通门世好，以及海内同声共气之士，其节义相许，患难相恤之概，依依如一日。乃至片楮留传，见者起敬。②

魏党和东林身后的毁誉情形确如所言，而曹氏在明清易代一百多年后的这番爱憎分明的言论，也将为这一是非观念传承于后世再增添一份力量。与之相似的是，夏燮为吴应箕编撰的《忠节吴次尾先生年谱》，依据的是《两朝剥复录》《东林本末》《留都见闻录》以及吴梅村《复社纪事》等，都是吴氏本人或其友人所撰，于吴氏不利的言论则不采用，再加上书中"阉党""珰孽"等用词，都反映出夏燮倾向于东林、复社的立场。这样，东林、复社的声音经过吴应箕、夏燮，在近两百年的时间里得以经久不息。

有意思的是，首创东林书院的北宋理学名儒杨时，根据最新的研究，其醇儒形象也是其死后，门人有意构建而成的。如有意遮蔽

---

① 谈迁：《国榷》卷87，张宗祥点校，中华书局1958年版，第5330页；吴岳：《清流摘镜》卷1《党祸根源》，《四库禁毁书丛刊补编》，北京出版社2005年影印本，17册，第589页；缪荃孙：《艺风堂文续集》卷6《〈三垣笔记〉跋》，《续修四库全书》，上海古籍出版社2002年影印本，集部，1574册，第254页。按：缪荃孙书中称为"顺德师"者，是指李文田。万斯同：《明史》卷402《崔呈秀传》记崔呈秀嫁祸李思诚受贿（《续修四库全书》，上海古籍出版社2002年影印本，史部，第331册，第343页）。

② 周茂兰：《周端孝先生血疏贴黄册》，《中国野史集成》第27册，巴蜀书社1993年版，第599页。

他复出是为蔡京父子汲引以及他与蔡氏家族的关系、曾受命差常州市易务事的卑微职务等事实，散播不实的高丽国主问"龟山安在"的事件，把他复出后的无所作为，说成是他的言论不被采用，否则当改变不良时局，虚构、夸大"吾道南矣"和《三经义辨》反王学的成就①，等等。这与东林后人、复社及其他支持者，不遗余力维护东林讲学之士、忠臣义士形象，确有异曲同工之妙。

---

① 朱学博、和溪：《杨时身后形象的人为塑造——兼论杨时墓志撰写的风波》，《复旦学报》（社会科学版）2020 年第 3 期。漆侠：《宋学的发展和演变》一文，已对杨时为蔡京汲引，最早提出把王安石作为北宋亡国祸首的言论，以此向宋高宗靠拢，从而借助南宋政府之力发展程系道学等有所提及（《文史哲》1995 年第 1 期）。

"党人之习气未尽"

——黄宗羲思想的另一面

黄宗羲是明末三大儒之一，但前文已说到，他同时也是东林后人，且是其中党派思想较为深重，对维护先辈形象最为出力的人。学界一般对前者关注较多，对后者则缺少了解，或者了解程度尚不够全面和深入。

黄宗羲为"东林七君子"之一的黄尊素的儿子，其师是东林人士刘宗周，这样的家世、教育背景，难免不影响他的思想言行。清朝乾隆时期浙东学派的代表全祖望在评论黄氏的学术思想时说："先生之不免余议者有二：其一，则党人之习气未尽，盖少年即入社会，门户之见深入而不可猝去，便非无我之学"①，即仍带有父亲、老师等明末党人的色彩。全祖望在学术上推崇黄宗羲，自称为黄氏的私淑弟子，但他"治学最反对门户之见"②，因此，他这么说虽不免有碍黄氏的人物形象和思想价值，但如仔细检视黄氏著述中的有关言论，又不得不说他所说是符合实际的。但全祖望并没有对此展开，而学界虽引用这段话较多，却多未予深究。

---

① 全祖望：《鲒埼亭集·外编》卷44《答诸生问南雷学术帖子》，《四部丛刊初编》，上海书店1989年版，集部，376册，第993页。前文说到，全祖望对弘光帝遭受的曲笔表示同情，也不像谢国桢说的曾质疑弘光帝假冒，并且从他此处言论来看，他对明末党争应是较为持平的，但不知为何，邓之诚也批评他"党见"甚深。（邓之诚：《清初纪事初编》，上海古籍出版社1984年版，第123页）

② 仓修良、吕建楚：《全祖望和〈宋元学案〉》，《史学月刊》1986年第2期。

　　全祖望虽敬重黄宗羲，但反对他把"党人之习气"带入学术思想中，使之不能达到"无我"即客观中立的境界，同时，对黄氏在明末政争一些问题上的看法也不认同。如黄氏在崇祯初期以苏杭织造太监李实为其杀父仇人而以锥刺之，全祖望则认为："然丙寅（1626年）之祸，确由永贞填写空本，故永贞论死，而实末减"①，对李实颇表宽恕之意。关于此事的大致始末，前文已有说明。

　　对于黄宗羲的思想，学界以往较多关注他在政治、学术方面的论述及其具有的重要意义，而他作为东林党人的后人，在他留下的文字著述中受党人习气影响，含有较浓厚的褒东林贬非东林的"党见"，则不太为人注目。拙文《〈弘光实录钞〉辨误及其他》，曾对黄氏所著《弘光实录钞》中一段关于弘光时期阁臣马士英举荐魏党人员阮大铖的记载进行辨析，指明黄氏出于党见有意裁剪、嫁接材料，以达到褒贬有关人物的目的，作为当时清流领袖的史可法，也因主张不拘是否"逆案"人员等局限用人而受到他的批评。② 不只是对明末历史的看法，黄氏的这些党见还影响他的有关学术、政治等思想，对清修《明史》及清人对晚明政争的认识，乃至今天一些学者的论断，都具有重要影响。有鉴于此，本书细致梳理黄氏著述中关涉晚明政争人与事的言论，阐发其中党见的具体表现，并结合相关材料对此加以辨析，由此，呈现晚明政争，尤其是东林有关人、事的部分实貌，同时也对黄氏的一些政治思想做正本清源的审视。阐明黄宗羲的党见，相对于阐释他的政治、学术思想似乎是形而下的，也于黄氏鸿学硕儒的身份不利。但它却是黄氏思想中真实存在的，对他的历史观及政治、学术思想也有影响。将此厘清，才能更完整全面地认识兼有党人之后与鸿学硕儒身份的黄

---

　　① 全祖望：《鲒埼亭集》卷11《梨洲先生神道碑文》，《四部丛刊初编》，上海书店1989年版，集部，372册，第126页。

　　② 阳正伟：《〈弘光实录钞〉辨误及其他》，《书品》2008年第4辑。

氏其人和思想。

一 黄宗羲的褒东林贬非东林言论

生活在党争激烈的明末,父亲、老师都是东林党人,黄宗羲的政治倾向因之非常鲜明。崇祯初期,当朝廷开始为天启时期遭到太监魏忠贤及其党羽残酷迫害的东林人士平反时,黄氏就有"草疏入京颂冤",与魏党对簿公堂,手刃杀父仇人等举动。崇祯十一年,他还参加复社发布《留都防乱公揭》以驱逐滞留南京的阮大铖的活动。

黄宗羲的党见,最为人熟知的,就是针对夏允彝所作《幸存录》于东林有所批评,而作《汰存录》对其逐条驳斥。再如为魏大中之子魏学濂辩称是在李自成攻陷北京后死难,驳斥他曾降附大顺政权的说法;对于其父黄尊素天启时期想要和苏杭织造太监李实,仿效正德时期杨一清和太监张永联合铲除太监刘瑾以铲除魏忠贤的说法,斥之为"呆人说梦"[1];说东林党人郑鄤杖母不是真事[2],等等。除为东林及其有关人士辩护外,黄氏还对东林的对立者极力贬斥,也是其党见的体现。马士英、阮大铖是这方面的显著例子,再如对弘光时期被认为曾与魏忠贤有关联的大臣张捷、杨维垣的结局,黄氏说是逃窜而死,而并不是一些人说的在清军占领南

---

[1] 黄宗羲:《南雷文定》卷11《辩野史》,王云五主编:《丛书集成初编》,商务印书馆1936年版,2463册,第173页。

[2] 全祖望:《鲒埼亭集》卷11《梨洲先生神道碑文》,《四部丛刊初编》,上海书店1989年版,集部,372册,第132页。关于"郑鄤之狱"的大概事由,晚清学者萧穆的《敬孚类稿》所载较详:郑母梦到自己将要遭受官府刑责,郑鄤解释再三,其母的疑虑仍然不能消释。郑鄤为了开导其母,自己假装为法官审讯其母,并且命婢仆假意责打,但这一切却为他的表兄某所见,不明就里的表兄向官府告发了此事。郑鄤被官府收押后,他的母亲多次向官府陈述此事的始末,但都被驳回,郑鄤最后被凌迟处死(卷14《记郑鄤狱》,《续修四库全书》,上海古籍出版社2002年影印本,集部,1561册,第121页)。

京时殉节①，等等。

二 《明儒学案》为东林的朋党性质辩白

上述还只是就具体的人和事为东林辩护，而黄氏所撰《明儒学案》，以往学界较为看重其对明代学术史梳理的价值，但前文所引俞正燮《癸巳存稿》也提到，其对东林党人邹元标的不光彩之处，存在遮掩回护的问题。该书专门设《东林学案》，将东林视为一个学派，而在笔者看来，这是旨在从根本上为东林的朋党性质辩白②。近人胡玉缙说："宗羲此书，犹胜国门户之余风，非专为讲学之设也。"③ 他认为黄氏《明儒学案》仍带有明末的门户之见，本书此处将以《东林学案》为例对他的这一说法进行具体论证。

《东林学案》卷首开篇的文字，以往学界称引较多，但大多是从学术思想史的角度涉入，而从政治史的视角还有进一步挖掘其内涵的必要。它提出："今天下之言东林者，以其党祸与国运终始，小人既资为口实，以为亡国由于东林，称之为两党，即有知之者，亦言东林非不为君子，然不无过激，且依附者之不纯为君子也，终是东汉党锢中人物。"实际说的是自明末至当时一直在社会上流传的对东林的三种看法，即结党亡国、言行过激和成员鱼龙混杂，黄氏虽然将持这些看法的人分为"小人"和对东林的"知之者"，但统称为"瞫语"，接着就为其展开辩护。"东林讲学者，不过数人耳，其为讲院，亦不过一郡之内耳"，东林人士并不像之前的钱德洪、王畿、罗汝芳，"鼓动流俗，江、浙南畿，所在设教，可谓之标榜矣。东林

---

① 全祖望：《鲒埼亭集》卷11《梨州先生神道碑文》，《四部丛刊初编》，上海书店1989年版，集部，372册，第132页。

② 黄宗羲：《明儒学案》（二）卷58《东林学案一》，周骏富辑：《明代传记丛刊》第2册，台湾明文书局1991年影印本，第1375页。

③ 胡玉缙撰、王欣夫辑：《四库全书总目提要补正》，中华书局1964年版，第508页。

无是也。京师首善之会，主之为南皋、少墟，于东林无与"。在东林书院讲学的只有几个人，从事的都是讲学活动，又只在无锡设书院讲学，与其他地方如京师的首善书院等无关，从成员数量及其讲学活动、讲学地域范围上看都谈不上"标榜"，因此也就不存在所谓的"依附者"。这其实是在地域范围、成员及其活动上对东林进行限定，以此表明东林的性质只是书院而非朋党。

东林学案分为四部分，共列了十六人。第一部分列了顾宪成、高攀龙两人，自然是因其为东林书院的首倡者；第二部分列了钱一本、孙慎行两人；第三部分列了顾允成、史孟麟、刘永澄、薛敷教、叶茂才、许世卿、耿橘、刘元珍八人；第四部分列了黄尊素、吴钟峦、华允诚、陈龙正四人。除了顾、高外，其他人列入的标准似乎有以下几条：出生在南直隶，或在南直隶为官，绝大多数人都符合前者，后者如耿橘为北直隶河间人，但万历年间曾任常熟知县，且与顾宪成交往密切；参与东林书院讲学或与顾、高有交谊；参与争国本；与内阁抗争。各人符合以上标准的数目有差异。但是，如第四部分所列四人，后三人分别为顾、高门生。黄尊素是浙江余姚人，不属南直隶，也未尝在书院讲学，并且还曾劝阻邹元标等人不要在北京建首善书院讲学，黄宗羲将其放在第四部分，主要应是自己父亲要特殊对待，而在年龄、辈分上又与其他三人相仿，所以做这样的安排。第三部分所列史孟麟也曾师事顾宪成，可能因为其年龄、辈分与顾、高相仿，虽曾师事顾，但出于礼敬，还是放在由与顾、高交谊深厚的人组成的第三部分为妥。但顾的另一学生丁元荐没有列入，可能是因为其名声不佳①，曾与顾宪成同朝为官，交谊深厚的赵南星也没有列入。对于与东林关系密切、政治上支持东林、自己的老师刘宗周，黄宗羲则又为他单列《蕺山学

① 据王鸿绪《明史稿》，丁元荐与于玉立一样受到东林政敌的攻击。王对丁、于都持称赞态度，细察其叙述文字，主要是对两人助东林攻非东林而言（卷219《丁元荐传》，周骏富辑：《明代传记丛刊》，台湾明文书局1991年影印本，97册，第567页）。于的权谋机变及其受到的指摘，前文已提到。丁和于被人同样看待，应是丁在立身处世上也存在可议之处。

189

案》，对其凸出程度显然又更高。而且在黄宗羲看来，刘的学术思想与顾、高等人也有别。

接着黄氏笔锋一转，开始对一些看法加以驳斥。"乃言国本者谓之东林，争科场者谓之东林，攻逆阉者谓之东林，以致言夺情奸相讨贼，凡一议之正，一人之不随流俗者，无不谓之东林，若似乎东林标榜，遍于域中，延于数世，东林何不幸而有是也？东林何幸而有是也？然则东林岂真有名目哉？亦小人者加之名目而已矣"。东林跟这些政治事件扯上关系，被冠以"标榜"之名，在黄氏看来是与之对立的"小人者"加到东林头上的。黄氏说东林"不幸而有是"，是说其本只是在东林书院的讲学之士，与政治并无瓜葛，小人者将其与这些政治事件强扯上关系，冠之以东林党的名号，让东林的书院实质、讲学之士的身份受到影响，并让东林人士遭受政治迫害。至于"幸而有是"，则是说东林以讲学为手段力图扶持颓靡的世风，虽被小人者与政治强扯上关系，但不少官员在上述政治事件中坚持正义，他们中的一些人在退居林下后重建东林书院，又通过讲学影响一些官员坚持正义，这又让东林得到忠臣义士的赞誉。

再往后，黄氏继续循着"幸而有是"的理路，针对批评东林在朝或在野因主持清议招来祸患的看法进行反驳："论者以东林为清议所宗，祸之招也。子言之，君子之道，辟则坊舆，清议者天下之坊也""清议熄而后有美新之上言，媚阉之红本，故小人之恶清议，犹黄河之碍砥柱也。"他认为清议关乎世道人心和政治清明，清议如被遏制，一些官员就会肆无忌惮，便会出现"美新之上言，媚阉之红本"等不良政治现象，从这个意义来说，清议必然引起道德自律不严的"小人"的憎恶，对东林言行过激的批评就是这种情形。言下之意，东林主持清议是无可非议的，即使因受到小人的憎恶陷害而招来灾祸，也不能因此被批评。"熹宗之时，龟鼎将移，其以血肉撑拒，没虞渊而取坠日者，东林也。毅宗之变，攀龙髯而蓼蝼蚁者，属之东林乎？属之攻东林者乎？数十年来，勇者燔妻子，弱者埋土室，忠义之盛，度越前代，犹是东林之流风余韵也。一堂师友，冷风热血，洗涤乾坤，无智之徒，窃窃然从而议之，可悲也乎！"① 在这里，黄氏又改变上述东林只是一个书院，东林党之名是"小人者"强加的说法，而将其作为一个有具体成员、思想宗旨和行动主张的政治实体，不仅在明末倡导忠义，并且为使政治良性运行蹈死而不顾，让忠义之气在明末乃至明朝灭亡后仍然延续，甚至超越前代。黄氏在此想要表达的是，东林在明末主持清议，又践行和倡导忠义，不但与明朝亡国无关，还勉力澄清政治，抗拒邪恶，让忠义之气得以流传，由此，他也对给东林作出上述批评的人，给予"小人者""无智之徒"的严厉指责。

以上就是《东林学案》针对东林结党亡国、言行过激和成员鱼龙混杂的三条批评，而从东林的成员、活动及其影响等方面进行辩白的基本逻辑。概括来说，黄氏认为东林不是朋党，而只是一些由在"国本"即皇储人选等问题上，因坚持原则而被罢官的官员组成的从事讲学活动的书院，其成员都是讲学之士，讲学范围只限于无锡，并没有标榜习气，因此也不存在所谓依附者即鱼龙混杂的问题。东林人士本只从事讲学活动，与政治无关，但小人者硬是要把一些政治事件与他们扯上关系，既让他们背上朋党的恶名，又让他们主持的清议得以对明末以来的政治和社会风气产生一定的良性影响。在风雨飘摇的明末，大量东林人士自觉践行忠义原则，抗拒邪恶势力对政治的危害，带动很多人为明朝慷慨赴死，使忠义之气得以延续。东林是一群极力撑持明朝国祚，勇于殉节的忠义之士，与明朝亡国毫无关系。

但是，黄氏的这些论述也存在不少问题。首先，他所说的东林书院中的讲学人士，其中固然有纯粹的传播程朱理学的学者，但也不乏借讲学为手段干预时政的人，或者其所讲的内容本身就跟时政

---

① 黄宗羲：《明儒学案》（二）卷58《东林学案一》，周骏富辑：《明代传记丛刊》第2册，台湾明文书局1991年影印本，第1375页。

有关。他自己也说东林讲学："多裁量人物，訾议国政，亦冀执政者闻而药之也。天下君子以清议归于东林，庙堂亦有畏忌。"而干政的具体表现，如顾宪成曾阻止阁臣王锡爵复出，因淮扬巡抚李三才受到弹劾而为其向首辅叶向高、吏部尚书孙丕扬说项等。从结果来看，也正是由于顾宪成等人干预时政，"东林由是渐为府怨""东林独为天下大忌讳矣"①，使东林卷入政治斗争的旋涡，在政治上树敌。当时，御史张铨就曾以此批评他："若东林聚徒讲学，岂非美事。然使其隐居乐道，不干预国家之事，谁得而议之。顾宪成诚贤者也，乃三书之失，毕竟为千古难洗之愆。其他若高攀龙、刘元珍辈直节清风，超超尘表，臣等方望其早晚赐环，岂反相阨"②，如果顾宪成等人只是讲学而不干预时政，就不会招来诸多非议。另外，黄氏说东林人士只是在无锡的东林书院讲学的几个人，看似如此，实际也不尽然。也是他自己说顾宪成建东林书院，"大会四方之士""其他闻风而起者"③，影响显然不仅限于无锡东林书院中的几个人。

其次，东林是否如黄氏所说的仅指在东林书院的讲学人士，晚明政坛上被称为"东林"的官员，与这些讲学人士是否存在关联，应当如何界定？东林书院本就是万历时期顾宪成、高攀龙等罢官官员组成的，如上所说，他们干预时政，往往能影响朝廷的政治决策。这很大程度上是因为他们虽处于林下，但在朝中仍有支持者。如王锡爵被召复出，顾宪成"为文二篇，号梦语、嘿语，讥切之"，劝阻他复出。江西参政姜士昌依据顾宪成的意思，也上疏反对王锡爵复出。④顾宪成还曾因为朝官举荐被起复为南京光禄寺少卿，而为他拒绝。

---

① 黄宗羲：《明儒学案》（二）卷58《东林学案一·端文顾泾阳先生宪成》，周骏富辑：《明代传记丛刊》第2册，台湾明文书局1991年影印本，第1378页。

② 文秉：《定陵注略》卷10《门户分争》，北京大学图书馆藏善本。

③ 黄宗羲：《明儒学案》（二）卷58《东林学案一·端文顾泾阳先生宪成》，周骏富辑：《明代传记丛刊》第2册，台湾明文书局1991年影印本，第1377—1378页。

④ 黄宗羲：《明儒学案》（二）卷58《东林学案一·端文顾泾阳先生宪成》，周骏富辑：《明代传记丛刊》第2册，台湾明文书局1991年影印本，第1378页。

再如前文已引给事中商周祚围绕东林是非的纷争而评论的那段话①，其中所谓"苏浙诸奸"，指的正是前面田一甲说的"诸奸辅"，即申时行、王锡爵、沈一贯、朱赓等几位江苏、浙江籍的阁臣（田说的"诸奸辅"还有李廷机，是福建晋江人，因其师从沈一贯，而被与苏浙的几位阁臣归在一起）。无名氏《东林事略》说：张居正之前的内阁，"必反前人之政，进其所忌，退其所昵"。申时行、王锡爵以后，"转相拥护，久而不败，议者比之传钵沙门"②。张居正之后的内阁，不同于过去的后继者总是拆前任的台，在政治举措、用人上刻意相反，而是后先相继，在与以东林为主的外廷官员的对抗中立场一致，关系的重心由内斗转为共同对外，"苏浙诸奸""传灯钵续"一类的说法就是由此而生。张鑫《传衣钵：明代中后期内阁辅臣新型关系考论》一文指出，申时行"通过政策调整和个人风格影响，使得内阁辅臣关系呈现出新的变化，即以'传衣钵'的方式塑造了前后首辅之间的政治继承关系，极大地稳定了当时的中枢政局"。但到沈一贯时发生变异，"'传衣钵'式的辅臣关系'异化'为党同伐异的'护身符'"，其结果"不仅无法继续维护内阁和朝局的稳定，反而恶化了朝廷的政治生态，加剧了朝野的政治斗争，加速了明王朝的覆灭"③。该文发现了张居正之后的内阁，在相互关系上与之前内阁的不同之处，但是没有正确理解"传衣钵"这一说法的语境，它是由东林党人针对申时行之后的阁臣，在国本、矿监税使等问题上持续迎合皇帝而与外廷相抗提出的④，在这一语境下，申时行及其之后的阁臣是被批判的，沈一贯也是"传衣钵"的一员，

---

① 文秉：《定陵注略》卷9《淮抚始末》，北京大学图书馆藏善本。
② 无名氏：《东林事略》卷中，《中国野史集成》第27册，巴蜀书社1993年版，第529页。
③ 张鑫：《传衣钵：明代中后期内阁辅臣新型关系考论》，《内蒙古大学学报》（哲学社会科学版）2021年第1期。
④ "传衣钵"的说法来源于高攀龙："四明为吴县、太仓的传衣钵"，以及万历三十六年礼部仪制司主事郑振先上《直发古今第一权奸疏》，把王锡爵、沈一贯、朱赓到李廷机说成"灯灯相续""薪薪无穷"［樊树志：《晚明史（1573—1644年）》，复旦大学出版社2003年版，第606页］。万历时期田一甲也说申时行等人"诸奸辅钵传灯续"（文秉：《定陵注略》卷10《门户分争》，北京大学图书馆藏善本）。

而不是所谓"异化"者。另外，该文对"传衣钵"的开创者申时行大加赞赏，对其"软熟"助长神宗怠政，约束"言路"乏力而养成激烈的党争，导致张居正改革举措的全盘废除，明朝国势日益衰颓，走向覆灭的趋势不可逆转等，则没有提及。"传衣钵"一词在当时有很浓厚的党争色彩，是东林党人因在政见、利益上相左，而为几任前后相继的内阁安上的批判性表达。改变"苏浙诸奸"与东林基本均势相抗的人是方从哲，其入阁后，"向之罪申、王、四明者，皆不复计及，而东林独为天下大忌讳"，而这又是由于"台谏右东林者尽出，他傍附者皆以法谪"①，剪除朝堂上支持东林的言官和"傍附者"，相应地支持内阁的人便坐大，不再有人与其相抗，而东林则成为众矢之的。这样来说，方也是"传衣钵"的一员，这可能也是东林话语主导的清修《明史》，把他作为明朝灭亡"罪首"的重要原因。

商周祚认为东林"林下贤者"因为弹劾苏浙诸奸而被贬黜，针对朝堂上"疑东林"的官员以东林与淮抚李三才的关系而加以批评，"护东林"的官员也将"疑东林"的官员视作与东林久存嫌隙的"苏浙诸奸"的追随者而进行指责，可见顾宪成等人创建东林书院以与内阁对抗，也成为后来的政争中支持东林一方官员借用的重要题目。而且顾宪成虽在万历四十年故去，但终明朝灭亡他都是政争要借重的人物，而其身后的荣或辱，也是朋党力量消长的反映。如天启初期"诸正人稍稍复位"，邹元标请求朝廷追赠他为太常寺卿，后期"逆阉之乱"，御史石三畏又请求削夺他的赠官。崇祯二年，魏忠贤及其党羽垮台，东林逐渐复出后，又再给他赠谥。② 朝堂上的"护东林"官员，公然支持东林的主张，维护东林的讲学之举，与东林书院的讲学之士显然存在关联。他们是东林在朝的代表，也应归入东林的阵营中。

---

① 无名氏：《东林事略》卷中，《中国野史集成》第27册，巴蜀书社1993年版，第529页。
② 黄宗羲：《明儒学案》（二）卷58《东林学案一·端文顾泾阳先生宪成》，周骏富辑：《明代传记丛刊》第2册，台湾明文书局1991年影印本，第1378页。

在所谓的苏浙诸奸中，浙江四明人沈一贯与东林的对立，又最为后出史籍所提及，常常将以他为核心形成的"浙党"，与东林并列作为明末的两个朋党。如崇祯时的王世德说："廷臣方以东林、浙党分门户，如其党即力护持之，误国殃民皆不问；非其党纵有可用之才，必多方陷害务置之死，而国事所不顾。朋比为奸，互相倾轧"①，认为两党都党同伐异，因私废公，弊害相等而各打五十大板。文秉则认为东林与沈一贯的相争，开启了明末党争之端："自东林与四明并峙，门户之水火所由来矣。"② 夏允彝说：

> 国朝自万历以前未有党名，及四明沈一贯为相，以才自许，不为人下，而一时贤者如顾宪成、孙丕扬、邹元标、赵南星之流，謇谔自负，与政府每相持。附一贯者言路亦有人，而宪成讲学于东林，名流咸乐趋之，此东林、浙党之所自始也。③

在他看来，沈一贯"以才自许，不为人下"，与顾宪成等人"謇谔自负"，即各自气质秉性上的冲突是他们结党相争的缘由。而以顾宪成等人为"贤者"，已开始体现出明显的情感倾向。戴名世认为：

> 党祸始于万历间，浙人沈一贯为相，擅权自恣，多置私人于要路，而一时贤者如顾宪成、高攀龙、孙丕扬、邹元标、赵南星之属，气节自许，每与政府相持，而高顾讲学于东林，名流咸乐附之，此东林、浙党所自始也。④

---

① 王世德：《崇祯遗录·叙》，《四库禁毁书丛刊》，北京出版社 1997 年影印本，史部，72 册，第 2 页。

② 文秉：《定陵注略》卷 10《门户分争》，北京大学图书馆藏善本。

③ 夏允彝：《幸存录》"门户大略"条，留云居士辑：《明季稗史初编》卷 14，上海书店 1988 年版，第 287 页。

④ 戴名世：《弘光朝伪东宫伪后及党祸纪略》，见《忧患集偶钞》，《四库禁毁书丛刊》，北京出版社 1997 年影印本，集部，187 册，第 7 页。赵吉士：《续表忠记》卷 1《顾端文公传》，对此有完全相同的看法（周骏富辑：《明代传记丛刊》，台湾明文书局 1991 年影印本，64 册，第 486 页），应是来源于戴氏所载。

基本沿袭夏允彝所说。谈迁、张岱、朱鹤龄、王弘撰等人，对此亦持相同看法①，可见夏氏说法流传与接受的广泛。与之不同，顺治时期成书的谷应泰《明史纪事本末》则说：

> 一贯既入相，以才自许，不为人下。宪成既谪归，讲学于东林，故杨时书院也。孙丕扬、邹元标、赵南星之流謇谔自负，与政府每相持。附一贯者，科、道亦有人。而宪成讲学，天下趋之。一贯持权求胜，受黜者身去而名益高。此东林、浙党所自始也。其后更相倾轧，垂五十年。②

他提出沈一贯"持权求胜"，利用权势黜退异己，但"受黜者身去而名益高"，在野或在朝与沈继续争斗，并且这种争斗并没有因为沈、顾等人离开朝堂或故去而结束，而是由其各自的支持者在明末清初一直延续。他这么说，实际是在夏允彝气质秉性冲突的说法之外，又加入了权力斗争的因素，自是更加深刻。而删掉"贤者"等字眼，说两党"更相倾轧垂五十年"，情感态度上也与夏不同。稍后康熙时期蒋平阶所著《东林始末》，对此完全沿袭。③

　　在沈一贯之前，阁臣为东林反对的还有申时行、王锡爵，上述史籍为何独独突出沈一贯，笔者推测可能跟他与东林的对立最为显著有关，如黄宗羲著《明儒学案·东林学案》所列的人物，就大都有反对沈一贯的举动。东林与沈一贯及浙党结怨的具体事由，无名氏《东林事略》的说法是，万历中期开始的矿监税使，次辅沈鲤反对，首辅沈一贯因得宦官贿赂而支持，在楚狱、妖书等事件上两人

---

　　① 分见谈迁：《枣林杂俎·智集》"分党"条，罗仲辉点校，中华书局2006年版，第64—65页；张岱：《琅嬛文集》卷3《与李砚翁》，云告点校，岳麓书社1985年版，第146页；朱鹤龄：《愚庵小集》卷11《无党论》，上海古籍出版社1979年版，第526—530页；王弘撰：《山志·二集》卷5"二党"条，何本方点校，中华书局1999年版，第264—265页。
　　② 谷应泰：《明史纪事本末》卷66《东林党议》，中华书局1977年版，第1028页。
　　③ 蒋平阶：《东林始末》，《四库全书存目丛书》，齐鲁书社1997年影印本，史部，55册，第620页。

看法也不同，李三才参罢沈一贯，沈则让其姻娅工部主事邵辅忠参劾李，其党羽也借京察打击东林。王国与李三才不和，浙党支持王，顾宪成则致信吏部尚书孙丕扬，劝其支持李。孙"信（王）国语怒不省"，在王国的作用下，将顾的书信公开，东林由此与浙党结怨。[①]

最后，黄氏虽然想把所谓"依附者"排除在东林阵营之外，但他们为东林接纳，替东林出力也是事实，如于玉立、汪文言以及其他"依草附木之徒"，这在前文已说到了。

《东林学案》卷首把批评东林的人称为"小人""无智之徒"，门户之见溢于言表。上文笔者常用《东林学案》中的言论批驳黄氏自己的观点，或者说他为东林的朋党性质辩白时，也有不少地方自相矛盾。对于东林究竟是朋党还是书院这一根本性问题，笔者认为，应主要看它的行为，据此，可以大致将其分为两个阶段：第一阶段，万历中后期顾宪成等主持东林书院时，东林成员以一群罢官赋闲的官员为主，其行为讲学之外议政，或者讲学的内容就涉及政治，同时，朝堂上也不乏支持者。这一阶段东林讲学是形式和手段，朝野结合干政是实质和目的，其朋党的性质较为隐晦。第二阶段，当顾宪成等人万历后期故去，或天启初期被召回朝堂后，讲学活动停止，讲学之士不复存在，被召回朝堂的高攀龙等人，与所谓东林的"依附者"都是纯粹的官员，直接参与政事。这个阶段东林完全成为朋党，其成员言行方面都有明显的党人色彩。从成员构成、奉行宗旨等方面看，两个阶段具有明显的接续性。当然，就人品优劣而言，东林或许总体上要优于非东林，但是它自始至终都具有朋党色彩，应是可以断定的。

三　黄宗羲对东林人士言论思想的继承和发展

除了直接为东林的人、事、性质等进行辩护外，黄氏的党见还

---

① 无名氏：《东林事略》卷上、卷中，《中国野史集成》第 27 册，巴蜀书社 1993 年版，第 521—524、528 页。

表现为继承和发展某些东林人士的言论思想。

如黄氏的老师刘宗周天启元年十月疏纠太监魏进忠（魏忠贤）蛊惑皇帝："间者道路之言，（皇帝）还宫后颇事宴游，或优人杂剧不离左右，或射击走马驰骋后苑，无乃败礼之渐"，称魏"得时用事，亲幸如左右手""导陛下逐谏官者，进忠；并导以优人杂剧、射击走马者，亦进忠也。不然则亦进忠之党也"。同时，他也批评皇帝："即宵衣旰食，与群臣交儆犹惧万无一济，乃欲与进忠等了天下事，复蹈二正之辙（指正统时太监王振专权和正德时太监刘瑾专权——笔者按）乎？"①崇祯时期他也曾反对任用宦官。弘光时期他又因反对起用魏忠贤的党羽阮大铖而离开朝堂。②刘宗周对宦官鄙夷的言论，在黄宗羲《明儒学案》中仍有引述："自古小人与中官气谊一类，故天下有比中官之小人，必无合于君子之小人，有用小人之君子，终无党比中官之君子"③。刘氏说的"比中官之小人"，应主要是指天启时期依附魏忠贤的官员；而"终无党比中官之君子"，自是指包括自己在内的坚决与魏忠贤抗衡的东林官员。但实际上，东林也与太监王安关系密切，政治上得到王安帮助很多，前文已对此有较多说明。除了其师，黄氏之父黄尊素天启后期遭难，也是苏杭织造太监李实参劾所致④，黄氏在崇祯初期还曾有锥刺李实的举动。这些也影响黄氏的思想主张。如《明夷待访录》中称阉宦为"奴婢"，认为他们在明代逐渐凌驾于外官之上，变乱政治，导致了

---

① 《明熹宗实录》卷15，天启元年十月甲午，台湾"中央"研究院历史语言研究所1966年校印本，第776—778页；刘宗周：《刘蕺山先生奏疏》卷8《敬修官守疏》，《四库禁毁书丛刊》，北京出版社1997年版，史部，38册，第600—602页；蔡士顺：《傈庵野抄》卷11，《四库禁毁书丛刊》，北京出版社1997年影印本，史部，69册，第380页。

② 黄宗羲：《明儒学案》（二）卷62《蕺山学案·忠端刘念台先生宗周》，周骏富辑：《明代传记丛刊》第2册，台湾明文书局1991年影印本，第1509、1511页。

③ 黄宗羲：《明儒学案》（二）卷62《蕺山学案·忠端刘念台先生宗周》，周骏富辑：《明代传记丛刊》第2册，台湾明文书局1991年影印本，第1509页。

④ 李逊之：《三朝野纪》卷4《崇祯朝纪事》，上海书店1982年版，第146页。李实之参疏，见蔡士顺《傈庵野抄》（卷6，《四库禁毁书丛刊》，北京出版社1997年影印本，史部，69册，第487—488页）。

明朝的灭亡,其危害更甚于汉唐宋时期的阉宦。尤其他说崇祯帝:"以毅宗之哲王,始而疑之,终不能舍之,卒之临死而不能与廷臣一见,其祸未有若是之烈也。"① 崇祯帝在农民军将要攻破北京时,召集廷臣商议却无人应召,自缢煤山时只有一太监王承恩相伴,黄氏认为这是他信任阉宦的结果。而这实际也是接续其师在崇祯时期反对任用宦官的主张,言语之中,不无对崇祯帝当初没有听取其师的建议,而酿成身死社稷惨祸的批评之意。

崇祯帝对阉宦时弃时用,文官不能实心任事,屡屡让他失望是重要的原因,这在前文已谈到了。崇祯帝任用内官,受到包括黄宗羲在内的很多人的批评,他们甚至认为这跟明朝灭亡密切相关,却忽略了当时文官的种种积弊及其对崇祯帝用人的影响。中国古代士人向来都鄙薄阉宦,但黄宗羲对阉宦的评议,却还跟上述刘宗周、黄尊素的因素有关,这也是他的政治思想中含有党见的体现。

再如《明夷待访录》中"以学领政"的政治思想,来自对明末君主专制及其恶果的反思和批判,主要指的是明朝对书院讲学的禁毁。"有所非也,则朝廷必以为是而荣之;有所是也,则朝廷必以为非而辱之。伪学之禁,书院之毁,必欲以朝廷之权与之争胜。其不仕者有刑,曰:此率天下士大夫而背朝廷者也。"② 这段话与万历时期顾宪成和阁臣王锡爵"庙堂之是非""天下之是非"的对话相似,应是黄氏继承衍化而来。黄宗羲说:"盖使朝廷之上,闾阎之细,渐摩濡染,莫不有诗书宽大之气,天子之所是未必是,天子之所非未必非,天子亦遂不敢自为非是,而公其非是于学校",并称道汉宋时期的太学清议。③ "公其非是于学校"、称道清议,实际是对顾宪成

---

① 黄宗羲:《明夷待访录·奄宦上》,见《黄宗羲全集》第1册,浙江古籍出版社1985年版,第44页。

② 黄宗羲:《明夷待访录·学校》,见《黄宗羲全集》第1册,浙江古籍出版社1985年版,第11页。

③ 黄宗羲:《明夷待访录·学校》,见《黄宗羲全集》第1册,浙江古籍出版社1985年版,第10—11页。

等东林人士重建东林书院，讲学议政以影响社会舆论、倡导清议思想与实践的继承和发展。而顾宪成等建东林书院受到的接纳"奸雄"①，阵营中不乏"依草附木之徒"②等非议，黄氏则不提，表明他在记述这些史事上的选择性和倾向性，这在思想上仍根源于他致力于褒扬东林的党见。

四　黄宗羲对东林的批评

但是黄氏在有些事情上，也对东林的举动不予认可。如前文已提到的，他对天启时期魏大中弹劾阁臣魏广微，致使其投靠魏忠贤陷害东林就不以为然。

对于天启四年十月初一朝廷的颁历、享庙典礼，魏广微"颁历不至，享庙则后至"，黄尊素曾劝阻魏大中要稳住魏广微，不要以此弹劾他，但没有被接受。最终果然致使魏广微决意帮助魏忠贤作恶，"内外既合，缙绅之祸始烈"③，魏忠贤由此完成了内外的串联，对东林的残酷镇压随即展开。对此，黄宗羲也叹息魏大中没有听取其父的建议，致使东林党人后来受祸异常惨烈："若忠介（指魏大中——笔者按）从先忠端公（指黄尊素——笔者按）之言，天下事不如是之烈也"④。当然，鉴于黄氏的这一言论是缘自他的父亲，可能更多的是出于对其父的敬重，而并不表明他心怀和衷，没有党见。

黄氏敬重其父，有时会因此而对东林有不利的言论。除上述例子外，再如中书舍人汪文言曾经对东林大力相助，为很多东林人士

---

① 文秉：《定陵注略》卷10《门户分争》，北京大学图书馆藏善本。
② 蔡士顺：《傃庵野抄》卷1，《四库禁毁书丛刊》，北京出版社1997年影印本，史部，69册，第374页。
③ 吴岳：《清流摘镜》卷2《党祸发端》，《四库禁毁书丛刊补编》，北京出版社2005年影印本，17册，第596页。
④ 黄尊素：《黄忠端公文略》卷3《止魏廓园劾魏广微庙享不至书》，《四库禁毁书丛刊》，北京出版社1997年影印本，集部，185册，第48页。

引重。但天启四年给事中傅櫆参劾他并牵连左光斗、魏大中，当他被逮入诏狱后，黄尊素曾受魏大中之托，嘱咐锦衣卫指挥同知署镇抚司刘侨："文言无足惜，使缙绅之祸由文言不可"，由是"谳辞卒无所坐，中旨廷杖之而已"①。张廷玉《明史》或许也觉得此举不光彩，跟为东林立佳传的主流不符，所以删去了魏托黄一节。② 但黄尊素《黄忠端公文略》中有明确记载，黄宗羲《南雷文定》也仍然沿袭，直把魏大中为保住自身，让汪文言一人担罪，全然不顾后者曾对己方的帮助，以及与自己交情的面目暴露无遗。

黄氏父子的上述言论显然不利于东林，这或许跟黄尊素在一些具体事情上的见解，常有别于其他东林人士有关。如对于魏广微，黄尊素除了劝告魏大中外，还曾对其门人说不应过于激怒他。③ 清初汪有典说黄尊素"志在弘济艰难，不欲侥直偾事"，如魏大中与阮大铖因史科都给事中一职相争时，他曾进行调和。他还曾劝邹元标不要在京师建首善书院讲学以招来非议，劝上疏参劾魏忠贤二十四大罪状的杨涟去位以消祸④，劝魏大中不要反对尚书南师仲的恤典而取怨江西言官⑤，等等。清初与修《明史》的史官徐乾学，因此，称赞黄尊素是"诸君子中最为深沉有智略""一时诸君子以壮往夹决为矫矫风节，而公意主于调剂水火，不欲逞一击以误国家大计"⑥。黄尊素主张调解与政敌的关系，并不像其他东林人士一样偏激行事，不顾后果。黄宗羲在谈及晚明政争时，因其父的东林身份而想极力

---

① 黄尊素：《黄忠端公文略》卷3《汪文言传》，《四库禁毁书丛刊》，北京出版社1997年影印本，集部，185册，第46页；黄宗羲：《南雷文定》卷11《辩野史》，王云五主编：《丛书集成初编》，商务印书馆1936年版，2463册，第173页。

② 张廷玉：《明史》卷244《魏大中传》，中华书局1974年版，第6335页。

③ 钱谦益：《牧斋初学集》卷50《山东道监察御史赠太仆寺卿黄公墓志铭》，《四部丛刊初编》，上海书店1989年版，集部，345册，第576页。

④ 汪有典：《史外》卷6《黄尊素传》，《四库禁毁书丛刊》，北京出版社1997年影印本，史部，20册，第396页。

⑤ 黄尊素：《黄忠端公文略》卷3《止魏廓园抄参恤典书》，《四库禁毁书丛刊》，北京出版社1997年影印本，集部，185册，第48页。

⑥ 徐乾学：《憺园文集》卷25《赠太仆寺卿黄忠端公祠堂记》，《续修四库全书》，上海古籍出版社2002年影印本，集部，1412册，第627—628页。

为东林回护；但又由于其父在一些事情上的主张不同于其他东林人士，黄氏为表示对其父的敬重而沿袭他的见解。如在《东林学案》中也多处记载其父对政争的调解，称赞"先生忧深虑远，弥缝于机失谋乖之际，皆先事之左券也"①，所以给人以他也批评东林，乃至对东林有不利言论的印象。

这里还有一个较有意思的问题值得一提。前文说到，倪元璐崇祯初期与魏党杨维垣展开贤奸之辩，之后又成功说服崇祯帝焚毁《三朝要典》。而与此同时，黄宗羲与魏学濂等东林后人，则有锥刺杀父仇人、上血书的举动，前者在政坛推动，后者在民间助力，双方似乎存在某种默契。但黄宗羲后来在其《明夷待访录·田制三》中，又因倪元璐提出加征"三饷"的主张，批评他"不学无术"。但笔者推想，主张加征三饷可能只是表面，实际恐怕还跟倪在贤奸之辩时，也指斥东林中的一些品节不善之人，批评东林言行方面的缺陷，以及称"东林之人""攻东林之人"，将东林看作一个政治实体，而与黄氏宣扬的东林只是一个书院的说法不同有关。

黄宗羲其父、其师的东林背景，对他的党见形成都有重要影响，但两者仍有不同。天启初期曾任首辅的叶向高说刘宗周："甚清苦，好言事，又左袒东林，乡人皆恶之。余过浙，宗周极言时局之为害，而责余当日以调停贻祸。其言甚倨，余笑而不辩。"② 叶向高对朝臣的政争进行调停，受到刘宗周的批评，可见刘氏对政争的态度是严格区分敌我阵营，决无容融之念的，这一点在他对待弘光时期阮大铖复出问题的态度上最能体现，因而完全不同于黄尊素。黄宗羲虽高评其父的调停主张，在对一些晚明政争事件的记述上袭用其父的看法，但在对明末政争的态度上更倾向于其师，在学术思想上也属

① 黄宗羲：《明儒学案》（二）卷61《东林学案四·忠端黄白安先生尊素》，周骏富辑：《明代传记丛刊》第2册，台湾明文书局1991年影印本，第1488—1489页。
② 叶向高：《蓬编》卷11，《四库禁毁书丛刊补编》，北京出版社2005年影印本，25册，第529页。

戬山学派①。或者说，他的党见主要承袭于其师。

五 黄宗羲的"党见"对清修《明史》及后世认知晚明政争的影响

众所周知，万斯同对《明史》修纂贡献巨大，其史学师承于黄宗羲，"现行的《明史》，大半是万季野的稿本，而季野之史学，实传自梨洲"②。而黄氏浓厚的门户观念，似乎定会影响其弟子万斯同修《明史》时对晚明政争人与事的评述。

梁启超说在门户观念上，万斯同与其师不同，他是"一点也没有"③。梁氏此语或许太过绝对，如万斯同是清朝与修《明史》的人员中，首次为弘光朝廷首辅马士英作传，并将其列为"奸臣"的人，之后王鸿绪、张廷玉分别修纂的《明史》仍然沿袭。黄宗羲的《弘光实录钞》对马士英大加挞伐，有些地方就是出于门户之见，万氏编写马士英传时应有所参考（下编对此还有专论）。再如在魏党天启阁臣魏广微的传记上，万斯同《明史》与王鸿绪《明史稿》、张廷玉《明史》有所不同，万氏对东林刺激魏广微投靠魏忠贤的记载较隐晦和简略，如赵南星因不满魏广微结交魏忠贤斥责其不堪为人，魏大中、李应昇因魏广微"颁历不至，享庙则后至"弹劾他等事情，万氏都只是稍有提及，没有详细记载。对魏广微曾上疏营救被逮入诏狱的杨涟一事，也记得很简略。魏广微死于崇祯"钦定逆案"之前，他说"天下以广微通诛为恨"，将其列入"奸臣传"，很有死了仍不肯放过其人的意思。④ 万氏对东林刺激魏广微投靠魏忠贤，以及

---

① 庄兴亮、黄涛：《〈明儒学案〉文本研究和校点整理——访朱鸿林教授》，《中国史研究动态》2018年第2期。
② 梁启超：《中国近三百年学术史》，东方出版社2004年版，第54页。
③ 梁启超：《中国近三百年学术史》，第102页。
④ 万斯同：《明史》卷402《魏广微传》，《续修四库全书》，上海古籍出版社2002年影印本，史部，331册，第341—342页。

他曾营救杨涟等人只略加提及，或许是出于回护东林过激之举和极度鄙夷魏之为人，可视为是门户之见的体现，而王鸿绪、张廷玉在这些事情的记载上要优于万氏。

但万氏《明史》在明末党争问题的处理上，又有平允而不同于其师的一面，并不是邓之诚说的"奉其师说"①。如他说："东林以门户得祸，论者多为责备之辞，盖时势所激，意气乘之，贤者不能无过"②，承认东林因参与党争而得祸，且意气用事，言行不无过激之处。他还批评包括东林在内的崇祯朝臣争斗不休，因私废公："矧其时生灵涂炭，锋镝满于天下，士大夫犹哄堂斗室，狱讼弗休，不知有宗社，何有于封疆耶！帝固曰诸臣尽败亡之徒耳！反而求之，不知将自居于何等也"③。尤其难能可贵的是，一些官员官声本较好，但在立论上与东林存在分歧，最终为其所逼走向对立，万氏也为这些人立传，并且不讳言其为东林逼迫之状。如张捷在泰昌、天启初期多有进言，"所建白多皆可称"。四年春，其被赵南星出为江西副使，不久又为魏忠贤起复，"自是疾东林次骨"④。再如李春烨，"居谏垣，颇号敢言，只以持论与东林异"，四年春由刑科都给事中出为湖广参政，被魏忠贤召还后，"自是谄事忠贤，益仇视东林"⑤。最显著的是万氏还为"雅不喜东林"的王永光作传，具体内容已在前文讲过。此传对于了解王氏主要政治行迹，以及当时的党争情形是极为有用的，而且从行文来看，万氏的态度较为公允，对东林并无回护。后来王鸿绪《明史稿》完全因仍之，但张廷玉《明史》则不知为何删除了这一传记。笔者推断，可能是因为王永光不仅不在

---

① 邓之诚：《清初纪事初编》，上海古籍出版社 1984 年版，第 225 页。
② 万斯同：《明史》卷 354《贾继春传》，《续修四库全书》，上海古籍出版社 2002 年影印本，史部，330 册，第 282 页。
③ 万斯同：《明史》卷 26《庄烈皇帝本纪四》，《续修四库全书》，上海古籍出版社 2002 年影印本，史部，330 册，第 316 页。
④ 万斯同：《明史》卷 359《张捷传》，《续修四库全书》，上海古籍出版社 2002 年影印本，史部，330 册，第 363 页。
⑤ 万斯同：《明史》卷 354《李春烨传》，《续修四库全书》，上海古籍出版社 2002 年影印本，史部，330 册，第 278 页。

钦定逆案中，而且还奉崇祯帝之命参与审定逆案，又在天启时期有忏诌的举动，所以不能放入《阉党传》。他与温体仁一样都因与东林对立，被崇祯帝认为"孤立"而加以青睐，并曾与温协谋想要推翻逆案，温在《明史》中入《奸臣传》而王未入，可能是他的情况尚未达到。而他的立场态度与所作所为，又与黄克缵、崔景荣等"中立者"有别，各种做法都不好处理，所以不如删除的好。上述张捷、李春烨等内容，在张廷玉《明史》中也被删去。而这种处理，对东林的情感倾向显然起了重要作用，是东林话语对《明史》编纂，将对立者打入《奸臣传》《阉党传》之外的又一种体现。

前文已谈到，黄宗羲通过推荐儿子黄百家、弟子万斯同参与修《明史》，将自己维护东林而贬斥魏党的立场、观念，灌输到《明史》的修纂中去，同时，他自己也可以借助史官汤斌等人，反对在《明史》中立《道学传》。另一参与修《明史》的史官毛奇龄，则直接接受了黄宗羲为东林朋党性质辩白的说法，他说："东林非党也，有抗东林者而党始名。然而不敢显居于抗之者也，于是敢于抗东林者必文曰中立，夫使抗之者不敢显居于抗之，而乃曰中立，则东林尊矣"①。他认为东林不是朋党，朋党之名是"抗东林者"所加，抗东林者由于畏忌社会舆论等原因，不敢明显地把自己处在与东林对抗的地位，而把自己装扮成"中立"的样子，这反倒让东林更为人尊重。而清朝在修《明史》时对于黄宗羲的这些主张，如认可其反对设立《道学传》的见解；但是不同于黄氏的是，《明史》把东林视为朋党，对张捷、杨维垣的结局，仍称二人"殉难""晚节自盖"②。前述文秉认为苏杭织造太监李实并非杀害黄尊素主谋的看法，也为《明史》沿袭③，这也不同于黄宗羲的说法。

---

① 毛奇龄：《西河集》卷23《回友笺》、卷37《桐城左仲子瞑樵诗集序》，《文渊阁四库全书》，台湾商务印书馆1983年影印本，集部，1320册，第193、310页。

② 张廷玉：《明史》卷275《高倬传》、卷306《阉党传》，中华书局1974年版，第7047、7834页。

③ 张廷玉：《明史》卷245《黄尊素传》，第6363页。

　　到了清末，魏源仍赞同黄宗羲将《幸存录》贬为"不幸存录"，认为它是"马（士英）阮（大铖）邪党所伪撰，而窜允彝父子之名以求信于世""其书专以扶邪抑正为事"，即多处指斥东林，而为魏党、马士英和阮大铖"解脱"①。"阉党是封建统治阶级内部最腐朽的政治集团，他们结党营私，卖官鬻爵，败坏吏治，封建社会的许多有识之士对其祸国殃民、倒行逆施的行为极为愤慨。黄宗羲把阉宦干政称之为'毒蛇猛兽'"②，对"阉党"的认识和评价完全依据黄氏的言论。直到21世纪，复旦大学樊树志教授提出"东林非党论"，也仍是沿用黄氏为东林朋党性质辩白的言论和理路。③

六　结语

　　父亲、老师都是东林党人，并且父亲还是被魏党迫害而死的东林七君子，17岁的黄宗羲也受到地方上一些亲近魏党人员的冲击，"羲幼而孤，乡邑之间，多逆阉之党，人推挤之，无所不至"，这些都决定了他的思想中必定含有浓厚的党见，也就是褒东林贬非东林的门户观念。这些观念有意无意、或隐或显地掺入黄氏的各种著述中，当然主要是出于维护父辈、师长的声誉，并且影响后世认知的目的。其父黄尊素在一些事情上，主张调解与政敌的关系，而反对极端过激的做法，常常不同于其他东林党人。这使黄宗羲在敬重其父、袭用其主张叙述晚明政争的时候，又不免会有对东林批评或不利的言论。这也说明晚明政争所涉事情往往非常复杂，东林内部对一些事情的应对策略常会有分歧，有些人行事偏激，有些人则讲究持重，注重调解。但从史实来看，他们最后采取的基本都是偏激的

①　魏源：《魏源集》"书明史稿二"条，中华书局1976年版，第223页。
②　朱子彦、陈生民：《朋党政治研究》，华东师范大学出版社1992年版，第20页。
③　樊树志：《东林非党论》，《复旦学报》（社会科学版）2001年第1期。

做法，这也可视为东林群体应对政争的重要特点。注重调解的人常被认为是更合乎时宜而明智的，但对东林的过激之举，也会被看作是被时势所激不得不为，仍被给以同情和称赞。东林在历史认识和评价上确乎左右逢源，备受爱护。

但《东林学案》针对对东林批评的三种看法进行反驳，从反面说明对晚明政争的是非一直都存在争议，对东林而言，既颇多声援者，也不乏批评者。黄宗羲身为东林后人，同时又兼具硕学鸿儒的身份，使他的言论对后世的影响更大。东林有黄宗羲这样出色，又致力于塑造先辈光辉形象的后人，也是东林话语更为流传的重要原因。

与黄宗羲身处同时的王夫之说："朋党兴，而人心国是如乱丝之不可理，将孰从而正之哉？邪正无定从，离合无恒势，欲为伸其是、诎其非，画一是非以正人之趋向，智弗能知，勇弗能断。"① 他说的虽是唐文宗时朋党相争，邪正难分的情形，但所说未始不能用于明末的党争。他又说："曾见魏党中有一二士大夫，果然不贪。他只被爱官做一段私欲，遮却羞出幸门一段名义，却于利轻微，所以财利蔽他不得；而其临财毋苟得一点良心，也究竟不曾受蔽。此意分数偏全之不齐也"②，对魏党总体上否定，但也对他们当中一些人的清廉品性加以赞扬。而对于东林，他则说："杨大洪（指杨涟——笔者按）之刚，而所用以卫主者王安"③，认为杨涟在移宫事件中，利用太监王安保护皇太子朱由校，实际对杨涟有所回护。

而顾炎武对明末党争的态度，如前文已指出的，他对东林人士设书院讲学带来"士风的浇漓"有较多批评，并且引以为鉴，用于自身的立身处世。④ 顾的唯一门生潘耒，在其文集中找不到记述、议论党争的材料，这一点跟黄宗羲的学生万斯同很不相同。如前文引

---

① 王夫之：《读通鉴论》卷26《文宗》，中华书局1975年版，第915页。
② 王夫之：《读四书大全说》卷1《大学》。
③ 王夫之：《读通鉴论》卷25《顺宗》，中华书局1975年版，第874页。
④ 王家范：《明清江南社会史散论》，上海人民出版社2019年版，第121页。

述的顾炎武对移宫案中杨涟与王安串通的说法：王安"素不快于
（李）选侍，为（杨）涟等内应""兵科给事中杨涟先上疏自明，被
旨褒嘉过当。人谓其结王安以取旨如响答者"①，虽然顾说这些是
"人谓"，即有人这么说，但他加以引用且没做任何批驳，表明他是
倾向于相信这一说法的。这或许也是他所谓"于序事中寓论断"做
法的体现。但是他又说："偏心之辈，谬加笔削，于此之党，则存其
是者，去其非者；于彼之党，则存其非者，去其是者。于是言者之
情隐，而单辞得以胜之。"北宋新旧党争时，新党中就有人提出对旧
党的言论和文字这样处理。② 顾在"三朝要典"条目下发表以上言
论，似乎是要表明，《三朝要典》也像北宋的党争一样，利用文字保
存己党"是者"和敌党"非者"，除去己党"非者"和敌党"是
者"。虽然这样的做法，实际东林人士也采用，但他对魏党借《三朝
要典》打击东林的批判之意是比较明显的。

---

① 顾炎武：《顾亭林诗文集·熹庙谅阴记事》，华忱之点校，中华书局 1959 年版，第 434、443 页。

② 顾炎武著、黄汝成集释：《日知录集释》卷 18《三朝要典》，栾保群、吕宗力校点，上海古籍出版社 2006 年版，第 1035—1036 页。

下编　隔空传音

——清代晚明史书写中的东林话语

"抑扬顿挫之间，别有所用意"

——清修《明史》对东林的记载与评价

近代学者李晋华说："东林与魏党之曲直，稍有识者皆能判定，而《明史》为一代之书，尤应采取公论，务得其平，而足以垂后。乃抑扬顿挫之间，别有所用意。"① 李氏所说"《明史》"是指王鸿绪《明史稿》，李氏是以东林为直魏党为曲的，认为这才是"公论"，而王氏之书则"抑扬顿挫之间，别有所用意"，并不是如此，因而为李氏不满。李氏说的王氏《明史稿》对东林与魏党曲直的评论问题，实际上在其前后形成的万斯同、张廷玉两种《明史》版本中也存在。

万斯同《明史》的情形，在前面考察黄宗羲对清修《明史》的影响时已提到。至于王鸿绪的《明史稿》，李晋华举出实例说："于王之寀列传后，复采夏允彝《幸存录》数百言，以折东林、魏党之曲直"②。王之寀是争"梃击案"的主要人员，认为张差持梃闯入太子所居的慈庆宫，并不是如刘廷元、刘光复等人说的疯癫所致，或由两名太监主使，而是对自己儿子没有成为皇位继承人心怀不满的郑贵妃阴谋策划的。王鸿绪《明史稿》在其传后引用夏允彝《幸存录》的评语，在此事上对东林有所批评，而于魏党则有所宽恕。在李晋华之前、清末道光时期的魏源，已注意到这个问题，并且对此进行了主观倾向性较强的解读。他首先赞同黄宗羲将夏允彝《幸存

---

① 李晋华：《明史纂修考》，《民国丛书》第四编，上海书店 1989 年版，4074 册，第 53 页。
② 李晋华：《明史纂修考》，第 52—53 页。

录》贬为"不幸存录",认为它是马士英、阮大铖假托夏允彝的名义撰写而成的。继而他又说王之寀传后附录《幸存录》的评语,因万斯同是黄宗羲的学生,不会违背师意引用不利于东林的言论,因此断定"其为王鸿绪之增窜无疑"①。再看万斯同《明史》卷三四九《王之寀传》高评王之寀,确实没有《幸存录》的评语②,后来的张廷玉《明史》也没有,因此,魏源说"其为王鸿绪之增窜"可能是真有其事。但魏源认为王、万二人在看待晚明党争的立场上相左,即万氏遵从其师黄宗羲的立场,不会有不利于东林的言论,而王氏则相反,由上文论述可知,至少他对万氏的判断是说不通的。

再看乾隆四年刊行的张廷玉《明史》,如汤纲等人认为《明史》"尽管对于其中个别人物的品质有所赞扬,但对其结党讲学,则极为不满,认为党人'好同恶异之心胜'"③,看到了《明史》对东林的"一分为二"态度和做法,但并没有举出实例,也没有根究其中原因。鉴于此,本书将对这一问题做进一步的探究,期望能在找出具体实例的基础上,进而从已有历史认识和现实政治需要两个维度寻究个中原因,通过梳理晚明对东林利与不利的历史话语在张廷玉《明史》中的体现,来看其在清代的流传、接受,以及被清朝统治者用来服务现实政治需要等情形。

已有研究主要是在明末的时代背景下,探讨东林的起源、活动及意义、参与政争的线索与阶段、性质、事功及评价等问题。④ 本书将讨论的时空背景放在清初,从清朝对东林历史书写的视角来看东林的性质、明末党争的是非诸问题,或许可以一定程度上摆脱时空

---

① 魏源:《魏源集》"书明史稿二"条,中华书局 1976 年版,第 223 页。

② 万斯同:《明史》卷 349《王之寀传》,《续修四库全书》,上海古籍出版社 2002 年影印本,史部,330 册,第 218 页。

③ 汤纲、王鸿江、傅贵九:《〈明史〉的纂修及史学思想》,中国社会科学院历史研究所明史研究室编:《明史研究论丛》第二辑,江苏古籍出版社 1983 年版,第 312 页。

④ 有关成果可参见黄兆:《建国以来明末东林党研究述评》,《中国史研究动态》1991 年第 11 期;万明:《晚明社会变迁问题与研究》,商务印书馆 2005 年版,第 463 页;[日] 小野和子:《明季党社考——东林党与复社》,李庆等译,上海古籍出版社 2006 年版,第 1—5 页。

背景、人际环境的局限，对以上问题得到一些新的认识，同时也由此对清朝"以我为主"叙述和阐释历史的情形做一探究。

一　张廷玉《明史》对东林的记载与评价

《明史》对东林的记载，一方面众所周知是广为立传而且大力褒扬的，如著名的"六君子""七君子"等就是如此。① 再如《明史·王之寀传》对明末"梃击案""张差口供，法司原谳"全文收录，清末的夏燮认为"具有深意"②，即表明《明史》修纂者在对此案是非的判定上，是以东林的主张为准绳的。《明史·杨涟传》记载杨涟弹劾魏忠贤奏疏全文③，也可这样看待。正面颂扬外，《明史》也有意遮蔽一些于东林不利的材料和细节，目的显然是为了维护东林的良好形象。如明末以来不少人对杨涟弹劾魏忠贤，导致双方彻底决裂、给东林带来巨大祸患有所批评，但在《明史》中全无痕迹。魏大中在被傅櫆弹劾与汪文言结交后，托黄尊素转告负责审理汪文言的刘侨，把罪责全部推在汪氏身上，而使自己能够脱免。这在黄尊素的《黄忠端公文略》中有明确的记载，其子黄宗羲的《南雷文定》也继续沿袭不改，应该是可以确定无疑的，但《明史·魏大中传》却只留下黄尊素向刘侨说项的内容，而删去了魏大中请托一节。④

但是《明史·魏忠贤传》又说传话给刘侨的是首辅叶向高："四年，给事中傅櫆结忠贤甥傅应星为兄弟，诬奏中书汪文言，并及

---

① 分见张廷玉《明史》卷244、卷245 各人传记。

② 夏燮：《明通鉴》卷81，沈仲九点校，中华书局1959 年版，第3112—3113 页。

③ 张廷玉：《明史》卷244《杨涟传》，中华书局1974 年版，第6324—6328 页。

④ 张廷玉：《明史》卷244《魏大中传》，中华书局1974 年版，第6335 页。黄尊素：《黄忠端公文略》卷3《汪文言传》，《四库禁毁书丛刊》，北京出版社1997 年影印本，集部，185 册，第46 页；黄宗羲：《南雷文定》卷11《辩野史》，王云五主编：《丛书集成初编》，商务印书馆1936 年版，2463 册，第173 页。

左光斗、魏大中。下文言镇抚狱，将大行罗织。掌镇抚刘侨受叶向高教，止坐文言。忠贤大怒，削侨籍，而以私人许显纯代。"① "诬奏"二字，表明出明显的立场倾向。另外，《明史·叶向高传》虽没有直接提到此事，但也说："当是时，忠贤欲大逞，惮众正盈朝，伺隙动。得楙疏喜甚，欲藉是罗织东林，终惮向高旧臣，并光斗等不罪，止罪文言。然东林祸自此起"②。魏忠贤本想借傅楙弹劾汪文言，而汪文言与东林交往密切"罗织东林"，因忌惮叶向高才只给汪文言治罪，没有牵连左光斗等人，就是叶向高在其中起了作用，与《明史·魏忠贤传》的说法对应。

而根据叶向高自撰年谱《蘧编》，他和黄尊素都没有传话给刘侨，而是刘侨自己对杀汪文言"坚持不肯"③。但也不能就此信以为真，因为《蘧编》所说完全可能是有意隐瞒。《明史》所说言之凿凿，必有所本，而且由叶向高以首辅的身份传话给刘侨，也比黄尊素更能让刘侨听从。观《蘧编》说自己天启二年举荐汪文言为内阁中书是受东林怂恿，杨涟上疏弹劾魏忠贤后，他上揭劝魏忠贤引退也是被东林逼迫，给人较强的感觉就是在规避与东林的关联。这很可能是他已感觉到魏党对东林的杀机，所以主动与东林撇清干系以避祸。《蘧编》中隐去自己曾传话给刘侨的内容，也可看作是在这一动机下的举动。前面已表明，叶向高万历、天启时期两任首辅，对朝堂上的政争采取调停的做法，并取得了一些成效。上述傅楙参劾汪文言等人，魏忠贤要借此对东林发难，叶向高要刘侨只处分汪文言而不牵连其他人，正是为了避免政争的更加激化，特别表明黄尊素没有传话给刘侨，可能也有暗中保护他的用意。因此，黄尊素、叶向高出于各自的原因，都曾传语刘侨只给汪文言治罪，而不要牵连其他东林党人，《明史》的两种记录都没有问题。

---

① 张廷玉：《明史》卷305《魏忠贤传》，中华书局1974年版，第7818页。
② 张廷玉：《明史》卷240《叶向高传》，第6237页。
③ 叶向高：《蘧编》卷16，《北京图书馆古籍珍本年谱丛刊》第54册，第236—237页。

另外，《明史》也对东林有或显或隐的批评。较明显的，如《明史·王元翰传》：“两党分争久不息”；《明史·王之寀传》：“两党是非争胜，祸患相等，迄明亡而后已。”[①]“两党”指东林与非东林，显然在东林性质的界定上，《明史》是以之为朋党的，《明史·钱龙锡传》更是直接说钱龙锡是“东林党魁”[②]。尤其值得注意的是，《明史》对于东林与非东林之间政争的影响，认为两者是“祸患相等”。再如《明史》卷二五六《传赞》：“崔景荣、黄克缵皆不为东林所与，然特不附东林耳。方东林势盛，罗天下清流，士有落然自异者，诟谇随之矣。攻东林者，幸其近己也，而援以为重。于是中立者类不免蒙小人之玷。核人品者，乃专以与东林厚薄为轻重，岂笃论哉。”[③]“不附东林”“落然自异”的“中立者类不免蒙小人之玷”，《明史》并不同意这种明末政坛以东林的标准来核定人品的做法。《明史·李三才传》称东林“名盛则附之者众，附者众，则不必皆贤而胥引之”[④]，是说依附东林的人较为混杂，东林都加以援引而没有严加区别。于玉立就是一个例子，《明史·于玉立传》：“玉立倜傥好事。海内建言废锢诸臣，咸以东林为归。玉立与通声气，东林名益盛。而攻东林者，率谓玉立遥制朝权，以是诟病东林”[⑤]。

较隐晦的，如《明史·韩爌传》全文收录泰昌时期东林党人阁臣韩爌，就“红丸案”为首辅方从哲辩解的疏文，该传赞语中对韩爌在崇祯初期庇护与东林对立的吏部尚书王永光微有指责[⑥]，却未提为方辩护一事，表明《明史》对东林党人孙慎行等人以“红丸案”处置失当批判方从哲的举动并不以为然。

《明史·魏忠贤传》：“天启初，（东林异己）废斥殆尽，识者已

---

① 张廷玉：《明史》卷236《王元翰传》、《明史》卷244《王之寀传》，中华书局1974年版，第6152、6348页。

② 张廷玉：《明史》卷240《钱龙锡传》，第6248页。

③ 张廷玉：《明史》卷256《传赞》，中华书局1974年版，第6616页。

④ 张廷玉：《明史》卷232《李三才传》，第6067页。

⑤ 张廷玉：《明史》卷236《于玉立传》，第6158页。

⑥ 张廷玉：《明史》卷240《韩爌传》，第6244—6245、6249页。

忧其过激变生。及忠贤势成，其党果谋倚之以倾东林"①，批评东林在天启初期复出掌权后不能容纳昔日的异己，致使其投附魏忠贤与东林相抗。

《明史·叶向高传》肯定首辅叶向高对天启初期东林与魏忠贤等人之间的纷争"数有匡救"②，反过来则是责备东林的一些举动过激不当。

《明史·吴甡传》：吴甡天启二年为御史，东林党人吏部尚书赵南星"拟以年例出之。甡乃荐方震孺等，而追论崔文昇、李可灼罪，遂得留"③。赵这是在以官职的进退，来吸引吴甡为己方效力。联系前面说的赵违反常规任用邹维琏、魏大中、高攀龙等人，这跟他在万历时期提出："今之士人以官爵为性命，以钻刺为风俗，以贿赂为交际，以嘱托为当然，以徇情为盛德，以请教为谦厚"④，为解决当时官场积弊，不徇情面，锐意澄清吏治，在癸亥京察中，淘汰官员不避亲戚和权贵等表现⑤，前后对照，反差太大。这到底是他在万历时期长期被罢斥，重回政坛后，"思党"即注重联合力量以与政敌相抗，即使是做法有些不够光彩，还是像夏允彝在批评魏大中等人激怒魏广微时说的那样，对己对人采用双重标准，仍有待考索。

弘光政权灭亡后，潞王朱常淓在杭州不敢任事，投降清朝，《明史·马士英传》评论说："此即（吕）大器等之所议欲立者也"⑥，对东林当初在南京"定策"之争中拥立潞王不以为然。

《明史·魏大中传》中附记汪文言⑦，天启后期魏忠贤及其党羽残酷迫害魏大中等东林党人，就是以其与汪文言存在关联肇端，因此，《明史》的这一做法，表明修纂者也认为魏大中等人与汪文言存

---

① 张廷玉：《明史》卷305《魏忠贤传》，第7817页。
② 张廷玉：《明史》卷240《叶向高传》，第6233、6235页。
③ 张廷玉：《明史》卷252《吴甡传》，第6521页。
④ 孙慎行：《恩恤诸公志略》"赵冢宰"条，《中国野史集成》第27册，巴蜀书社1993年版，第500页。孙慎行说赵氏："是六言者，真中时世膏肓者也。"
⑤ 张廷玉：《明史》卷243《赵南星传》，第6297—6298页。
⑥ 张廷玉：《明史》卷308《马士英传》，第7944页。
⑦ 张廷玉：《明史》卷244《魏大中传》，第6334—6335页。

在密切关系，并且以此招致祸端。弘光时期曾有人弹劾周镳为东林党人阁臣姜曰广的"私党"①，而周镳也附于《明史·姜曰广传》之后②，这与上述魏大中传附记汪文言应都是出于相同的用意。

《明史·阮大铖传》："四年春，吏科都给事中缺，大铖次当迁，光斗招之。而赵南星、高攀龙、杨涟等以察典近，大铖轻躁不可任，欲用魏大中。大铖至，光斗意中变，使补工科。大铖心恨，阴结中珰寝推大中疏。吏部不得已，更上大铖名，即得请。大铖自是附魏忠贤。"③ 东林可以变更官员任用惯例，表明他们当时的大权在握和任用私人。

确如上文汤纲等人所言，《明史》对"六君子""七君子"、杨涟弹劾魏忠贤等人和事是大加赞扬的，也有意消除对东林不利的内容，而对东林言行过激、结党相争及其带来的危害，以及在红丸案、南京定策之争等具体事情上处置欠妥，则是有所批评的。可见，《明史》对晚明以来已有的东林和非东林的言论，各有沿袭和扬弃，并未一味信从东林。除了东林自身存在的上述问题贻人口实以外，笔者认为，造成《明史》这种处理的原因，还可以从清统治者的态度、参修《明史》人员不同的立场与史观、私修史书的影响三个方面来进行探讨。④

二 清统治者对东林的态度

清修《明史》耗时近百年，历经顺治、康熙、雍正、乾隆四朝，这些统治者对东林持何种态度，必定要反映到《明史》的修纂中去。

---

① 李清：《南渡录》卷2，浙江古籍出版社1988年版，第92页。
② 张廷玉：《明史》卷274《姜曰广传》，中华书局1974年版，第7031—7032页。
③ 张廷玉：《明史》卷308《阮大铖传》，第7937页。
④ 黄云眉先生《明史编纂考略》一文中"时主之钳制""总裁之攘窃"的内容已包含这三方面，但它是就整个《明史》的编纂而言（黄云眉：《明史编纂考略》，见《史学杂稿订存》，齐鲁书社1980年版，第144—161页）。本书这里从三个方面来分析《明史》对东林如此记载、评价的原因，恰是对黄先生这一论述的具体化。

　　早在摄政王多尔衮执政时期，一方面，对降清的复社官员陈名夏"甚任之"①；另一方面，当东林、复社人士对"魏党"冯铨等人参劾时，多尔衮也严厉责骂这些人因袭明末结党陋习："故明诸臣，各立党羽，连章陈奏，陷害忠良，无辜被罚，无功滥用，酿成祸患，以致明亡"②，而把冯铨等人视为"忠良"。在此之前，他还曾申诚群臣：

　　　　明季诸臣窃名誉，贪货利，树党与，肆排挤，以欺罔为固然，以奸佞为得计，任意交章，烦渎主听，使其主心志眩惑，用人行政，颠倒混淆，以致寇起民离，祸乱莫救。覆辙在前，后人炯鉴。③

"树党与"的"明季诸臣"，自然也包括东林、复社人士。

　　当顺治帝亲政后，又重新审议上述东林、复社参劾冯铨之事，责令冯铨致仕，并起复因参劾他而遭罢斥的官员，同时，李若琳、谢启光等魏党官员也都受到处分④，似乎对东林有所偏向。但十三年二月，他又以"诛陈名夏黜龚鼎孳"一事谕示诸臣严禁朋党："朕观宋明亡国，悉由朋党。"十六年五月，再次申明朋党之禁：

　　　　明末诸臣，背公行私，党同伐异，恣意揣摩，议论纷纷。一事施行，辄谓出某人意见；一人见用，辄谓系某人汲引；一人被斥，辄谓系某人排挤。因而互相报复，扰乱国政，此等陋习，为害不少，朕甚恨之。⑤

　　① 谈迁：《北游录·纪闻下》"陈名夏"条，汪北平点校，中华书局1960年版，第390页。
　　② 《大清世祖章皇帝实录》卷20，顺治二年八月丙申，日本东京大藏出版株式会社承印本。当双方对质时，复社官员龚鼎孳参冯铨为魏忠贤党羽，冯铨为自己辩护，并反纠龚曾投顺李自成，龚以魏征曾归顺唐太宗为自己辩护，摄政王因其比拟不当而切责之。
　　③ 《大清世祖章皇帝实录》卷18，顺治二年闰六月壬辰，日本东京大藏出版株式会社承印本。
　　④ 参见《清史列传》卷79《冯铨传》《李若琳传》《谢启光传》，中华书局1987年版。
　　⑤ 《大清世祖章皇帝实录》卷98，顺治十三年二月丙子；《大清世祖章皇帝实录》卷126，顺治十六年五月乙丑。

显然，这些话是吸取了包括东林党在内的党争乱政亡国的教训才说的。谢正光曾撰文指出，顺治帝非常同情崇祯帝的遭遇，称为"大哥"，感慨自己与他都是"有君无臣"①。崇祯时期的一些党人官僚投降清朝后仍然结党相争，顺治帝之所以对崇祯帝抱如此情感，既是同情他被朋党包围，难以施展而最终身殉社稷的境遇和结局，也是表明自己与他同一境遇的感慨和对包括东林在内朋党的厌恶。

康熙帝接受官员的建议，铲平魏忠贤在西山碧云寺的墓碑②，对魏党的憎恶固是无疑。同时，他也曾多次谈到晚明官员结党乱政导致亡国。③

雍正时期，前文在说杨涟弹劾魏忠贤之举，在清朝仍受到表彰时已提到，一方面，皇帝由褒奖杨涟的忠义之举，在科举考试上推恩于其子孙。另一方面，雍正帝又亲自撰写《朋党论》，对历史上的所谓"君子党""小人党"均加以贬斥④，不讳言结党，只是自认为所结为"朝中公党""君子之党"的东林，也是应该包括在内的。

乾隆帝在位之初《明史》便得以刊刻，他对东林、复社的态度尚来不及影响《明史》中去。但他后来仍不断对《明史》存在的问题提出自己的意见，史官根据他的意见又对《明史》进行修改，形成了所谓四库本的《明史》。如乾隆四十一年他曾发布上谕表明对东林所为及其著作当代价值的肯定：

> 刘宗周、黄道周、熊廷弼、王允成、叶向高诸臣所言，若当时能采而用之，败亡未必若彼其速。是其书为明季丧乱所关，足资考镜。惟当改易违碍字句，毋庸销毁。又彼时直臣如杨涟、左光斗、李应昇、周宗建、缪昌期、赵南星、倪元璐所有书籍并当以此类推。即有一二语伤触本朝，本属各为其主，亦止须

---

① 谢正光：《新君旧主与遗臣——独木陈道忞〈北游集〉》，《中国社会科学》2009 年第 3 期。
② 蒋良骐：《东华录》卷 18，中华书局 1980 年版，第 298 页。
③ 参见刘志刚《康熙帝对明朝君臣的评论及其政治影响》，《清史研究》2009 年第 1 期。
④ 《清世宗实录》卷 22，雍正二年七月，第 358 页。

　　酌改一二语，实不忍并从焚弃，致令湮没不彰。[1]

　　认为这些东林人士的言论，是切中晚明时弊的，如被采纳实施，明朝便不会亡得那么迅速。杨涟等人也被他视为"直臣"，显然是赞许他们参劾魏忠贤等举动。但乾隆四十三年他为陈鼎《东林列传》作序，论调又完全不同，"东林讲学，始以正，终以乱，驯至与明偕亡"，开篇就表明他对东林的总体看法。陈鼎认为，东林讲学使天下人"尚气节，重名义"，明朝灭亡时，"帝后殉社稷，公卿百职以及士庶人、百工技艺、妇人女子，皆知捐躯效节，杀身成仁"，这些都是东林的"讲学之功"。这实际也是黄宗羲《明儒学案》对东林的看法，上文已对此做了详细表述。但乾隆帝认为这是"邪说"而加以批驳。首先，他认为"君人者以显承祖业、致太平、安民物为有光"，而不是"以国亡殉节为有光"，这是他对身为君王者职责的看法。其次，他认为东林对混入的"小人"不严加区别，"开门揖盗"，致使其成员"糅杂混淆"，引发党争："东林诸人，始未尝不以正，其后声势趋附，互相标榜，糅杂混淆，小人得而乘之以起党狱。是开门揖盗者，本东林之自取，迄明亡而后已"。党争导致了明朝的灭亡，因此，东林是"帝后殉节"的罪人，何来"讲学之功"？最后，他认为历代的名臣之所以为世人称颂，不是因为他们讲学，而是因为他们的"致君泽民实绩"。总而言之，他认为"有讲学必有标榜，有标榜必有门户，尾大不掉，必至国破家亡"[2]，官员应该讲求为政实绩，不可耗费精力于讲学歧途。他在这里既是表明对东林讲学的看法，也是为了警诫和提醒当时的官员，当然这些都是根

---

　　① 萧穆：《敬孚类稿》卷7《跋旧本左忠毅公尺牍》，《续修四库全书》，上海古籍出版社2002年影印本，集部，1560—1561册，第38页。

　　② 乾隆：《御制题东林列传》，载陈鼎《东林列传》，《文渊阁四库全书》，台湾商务印书馆1983年影印本，史部，458册，第173—174页。但是张宪博：《政治诉求与理学气节——东林党人讲学考》一文，举出众多人物例子，反驳乾隆帝而赞同陈鼎的看法（载陈支平、万明主编：《明史在中国历史上的地位》，天津古籍出版社2011年版）。

基于他维护清朝统治的现实需要。

乾隆帝最反感的是钱谦益，如清人方浚师《蕉轩随录》卷二"钱牧斋"条，引乾隆题《初学集》诗："平生谈节义，两姓事君王。进退都无据，文章那有光？真堪覆酒瓮，屡见咏香囊。末路逃禅去，原为孟八郎"。钱作为明朝官员，在清朝进占南京后又向其投降，虽然文名显赫，终究因气节品质有亏而受到影响。但同书卷七"李穆堂文集"条又说，"君子不以人废言，明钱谦益降志辱身，进退无据，实为小人之尤。然纯皇帝御选《唐宋诗醇》，于工部诗中亦尚采其评语"。乾隆帝对杜甫的诗采用钱的评语，显然与他上述对钱"文章那有光"的评价相矛盾。而同书卷八"沈确士先生"条，沈德潜"晚年登第，荐历卿贰，复优游林下者十余年，寿九十有八。自古诗人遭际，罕有其比"，对沈所得宠耀表示羡慕。乾隆《御制诗注》，表明自己对沈之优宠，而沈却"忘恩负义"，选辑的《国朝诗别裁集》"以钱谦益为本朝之冠"[1]，提示乾隆帝对钱的评价前后不同，除了钱本人的气节、文章以外，可能还跟他对沈的态度变化有关。

据佚名《啁啾漫记》，沈"服官数十年，旅进旅退，毫无建树。高宗徒以其捉刀之故，独宠眷不衰。《乾隆御制诗集》半为归愚之作，其他亦必归愚润色者也""归愚卒后，帝闻其泄捉刀事于外，不觉大怒。乃借徐述夔诗案，追夺阶衔祠谥，扑其墓碑"。沈为乾隆帝《御制诗集》捉刀，虽然在职位上"毫无建树"，仍得到皇帝的"宠眷"。但沈向人泄露捉刀之事，引起乾隆帝恼怒，"乃借徐述夔诗案，追夺阶衔祠谥，扑其墓碑"[2]，对已死的沈德潜仍严厉追责。乾

---

① 方浚师：《蕉轩随录》卷 2 "钱牧斋"条、卷 7 "李穆堂文集"条、卷 8 "沈确士先生"条，盛冬玲点校，中华书局 1995 年版，第 277、291 页。

② 佚名：《啁啾漫记》"沈归愚轶事"条，《中国野史集成》第 50 册，巴蜀书社 1993 年版，第 96 页。乾隆四十三年，江苏东台县发生徐述夔诗案。已故举人徐述夔所著《一柱楼集》被认为悖逆朝廷，引起一场文字狱。当时沈德潜已去世近十年，因其生前在书中为徐写传而受株连，乾隆帝降旨追夺沈阶衔、祠谥，仆其墓碑。次年，乾隆帝还写诗责沈"可惜徒工诗，行缺信何济"（《清史列传》卷 19《沈德潜传》，中华书局 1987 年版，第 1456—1460 页），行文不一，这也正是钱谦益的写照。

隆帝一度对沈极为宠眷，不仅屡屡对他加官晋爵，写诗相赠，在他致仕后，还让他"在籍食俸"，召集致仕大臣为"九老"，为其"绘图"，而让沈位列"九老之首"。乾隆帝还专门下谕表明自己宠眷沈，是因为他"为人诚实谨厚，且怜其晚遇"，而不是因为沈的诗文，告诫他人不可会错意，效仿沈以诗文谋求宠眷。① 但这恐怕是欲盖弥彰。沈高评钱诗，因此，在他为乾隆帝捉刀的诗文作品中，"于工部诗中亦尚采其评语"。但是当他泄露为乾隆帝捉刀之事而为其怨怒时，他的《国朝诗别裁集》"以钱谦益为本朝之冠"，便成为乾隆帝安给他的罪名。据《清史列传》，乾隆二十六年，沈德潜以所撰《国朝诗别裁集》请乾隆帝写序，后者对该书"列前茅者，则钱谦益诸人也"，认为钱身为明臣而降清，品节不纯，并且提出"诗者何？忠孝而已耳。离忠孝而言诗，吾不知其为诗也"，即作诗要遵循、宣扬忠孝之道，否则便不堪为诗的看法，言下之意，沈把不符合忠孝标准的钱"冠本朝诸人"，是很不得体的。把文学创作纳入政治伦理轨则中，这是当时强化政治思想管制的体现，也可由此看出皇权之专横。虽对沈有所批评，但在这之后一段时间内，乾隆帝仍对沈屡加赏赐，直至三十四年九月沈死，他还"加恩赠太子太师，入祀贤良祠"，作诗相赠，"赐祭葬如例，谥文悫"②。钱臣节有亏，沈称许他的诗文成就，本可以视为在学言学，不以人废言，但因乾隆帝为发泄心中怒火而借题发挥，这便成为沈的罪状。至于一方面对钱的诗文水平有所肯定，另一方面又说他"文章那有光"，自相矛盾，因为前者实际是沈的看法，后者才是乾隆帝的观念。只是乾隆帝在借钱品节、文章均低下为由，批判沈《国朝诗别裁集》"以钱谦益为本朝之冠"时，却忘了由他御选的《唐宋诗醇》，其中对杜甫的诗采用钱的评语，也是冠以他的名义。

但凡君主，都不喜臣下结党，清初几位统治者也不例外，为防

---

① 《清史列传》卷 19《沈德潜传》，中华书局 1987 年版，第 1456—1460 页。
② 《清史列传》卷 19《沈德潜传》，中华书局 1987 年版，第 1456—1457 页。

止臣下结党，他们常以晚明的东林党为例加以劝诫。多尔衮为应付时局对东林、复社与魏党都加以任用，同时，他也非常明了两者在晚明的相争及危害，并加意防范其在自己眼皮底下再次发生。顺治帝对东林、复社与魏党时用时弃，似有以权术相驾驭的迹象。雍正帝则对东林党人一分为二，既宣扬其忠义形象以激励当时官员的政治品格，又指斥其结党行为以防止当时官员效仿。

东林、复社与魏党的相争，随着党局中的主要人物在顺治、康熙初期的相继谢世而告终结，从多尔衮、顺治帝的态度和两者的结局来看，冯铨等魏党人员要好于陈名夏等东林、复社人员。他们曾由于钦定逆案的重压，在明朝始终不得复出，并可能永远背负历史骂名，所以当清朝入关后，他们在降清上非常积极，如多尔衮说："冯铨等自投诚后，薙发勤职，孙之獬于众人未薙发之前，即行薙发，举家男妇皆效满装，李若琳亦先薙发"[1]。在被清朝任用后，他们如获重生，在心态上更希望通过忠心为清朝服务，得到清朝的认可，以此来排解长期的沉郁之气、展示才华和挽回名誉，据说冯铨还曾抽毁天启实录中对自己不利的部分。他们在言行举止上比陈名夏等人要更收敛，因此，更能为清朝统治者接受。阮大铖降清后，被授予内院之职，他感激涕零，大张告示说："本内院素秉血性，明析恩仇，虽中明朝科甲，实淹滞下僚者三十余载，复受人罗织，插入魏珰，遂遭禁锢，抱恨终身。今受大清特恩，超擢今职""将行抒赤竭忠，誓捐踵顶，以报兴朝"[2]，这或许可以反映他长期受压抑后一朝得释的心态，其他魏党人员积极降清和努力表现，可能也跟这一心态不无关系。他们对清初稳定统治、恢复社会秩序都起到了一定的作用，这些在《清史列传》《清史稿》的相应传记中都有所反映。但是如果从身后名誉来看，冯铨等人又比不上东林人士。前文说乾隆帝对东林的讲学、钱谦益等人的品节都有严厉的指责，但也

---

① 《大清世祖章皇帝实录》卷20，顺治二年八月庚寅，日本东京大藏出版株式会社承印本。
② 张岱：《石匮书后集》卷48《阮大铖传》，中华书局1959年版，第281页。

称道杨涟等人为"直臣",而对冯铨则连《贰臣传》也不列入,并且追夺谥号。①

三 修史人员的不同立场和史观

先后参与修纂《明史》的人员众多,其个人与东林的关系、对东林的态度、秉持史观等不尽相同,也必然会影响《明史》对东林的评述。

立场上倾向于东林的史官,如康熙时期史馆总裁徐乾学,受命分纂明末"三案"、东林诸事。其领衔编撰的《明史列传》时间下限只到万历时期,对东林党人作传并不多,但对三案的看法是:"其后'三案'是非,清议以(高)攀龙为折衷焉。"高攀龙对于三案的意见,完全是站在东林的立场,如天启初期就红丸案弹劾首辅方从哲②,门户之见非常显著,徐氏称他的意见"折中",可以反映其立场与东林一致的一面。但是另一方面,他也有不认同东林的地方,如曾想延请著述对东林有所批评的李清进入史馆修《明史》,称赞黄尊素是"诸君子中最为深沉有智略""一时诸君子以壮往央决为矫矫风节,而公意主于调剂水火,不欲逞一击以误国家大计",对其他东林"诸君子"含有批评之意,这些都已在前文中有所论述了。徐氏为顾炎武外甥,学问思想受顾影响很大,而顾曾为复社中人,与东林颇有渊源,他对东林与魏党的看法已略见于前文,并不全盘肯定东林。徐氏对东林的态度是否跟他有关,还有待进一步探究。徐乾学《明史列传》是清修《明史》的较早成果,其对后来续修《明史》诸版本,讨论东林起到了一定的定调作用,如张廷玉《明史》

---

① 参见吴航《清代南明史撰述研究》,天津人民出版社 2015 年版,第 139 页。
② 徐乾学:《明史列传》卷 92《高攀龙传》,周骏富辑:《明代传记丛刊》94 册,台北明文书局 1991 年版,第 742—743 页。

在三案论调上就与它相同。①

史官汤斌倾向东林，他与万斯同对《明史》中东林与魏党有关内容修纂的影响，已在前文表明。毛奇龄也倾向东林，仰慕东林党人左光斗之为人，曾拜见其弟左光先，与其次子交游，并以与其结交和为其诗集作序为荣。他还继承黄宗羲的说法，为东林的朋党之名洗刷。② 从这部分开头所引《明史》一些例证来看，其并没有接受黄、毛的这一观点。

也有一些史官主张摒弃门户之见，而以人物的立身处世作为评价标准。如朱彝尊说："自万历间，顾高诸君子讲学东林书院，士大夫向风景从，主持清议，久而渐成门户，不得其门入者分镳而驰，迁染之途既殊，相争如水火。当是时，中立不倚者寡矣。究之东林多君子，而不皆君子；异乎东林者亦不皆小人，作史者当就一人立朝行己之初终本末，定其是非，别其白黑，不可先存门户于胸中，而以同异分邪正、贤不肖也""异议者一发而不胜，乃树援以为敌，久而假宦寺之权以祸君子，未始不由君子之疾恶过激也"③。除了提出"作史者当就一人立朝行己之初终本末，定其是非"的主张外，朱氏此言至少还包含三层意思：东林是由书院转变为门户；东林中多君子，但也有小人；东林"疾恶过激"，这些在上述所列《明史》例证中都有体现。前文说到，朱氏非常憎恶魏党阮大铖；为周茂兰的血疏写题跋，盛赞其父子的忠孝；接受黄宗羲的主张，反对在《明史》中立《道学传》等，似乎他是褒东林而贬魏党的。但是他的这段言论，又表明他对东林也有所批评。东林成员众多，品性状况比较复杂，而所关涉的事情也纷繁庞杂，所以即使是同一个人，也会对他们形成不够统一，甚至看起来有点自相矛盾的认识。朱氏

---

① 分见张廷玉：《明史》卷244《王之寀传》《杨涟传》、卷240《孙慎行传》。

② 毛奇龄：《西河集》卷23《回友笺》、卷37《桐城左仲子暝樵诗集序》，《文渊阁四库全书》，台湾商务印书馆1983年影印本，集部，1320册，第193、310页。

③ 朱彝尊：《曝书亭集》卷32《史馆上总裁七书》，《四部丛刊初编》，上海书店1989年版，集部，358册，第278页。

的这段话，也为近人胡玉缙在评述陈鼎《东林列传》时引用，并进一步提出："东林之君子则不然，一言不合，则以为同道而信之终身，一言之乖，则斥为非人，怀恶而不复亲比，居田间者遥制朝柄，而庠序之士立文社应之，转相慕袭，胶结而不可解"①。前面提到，胡玉缙首肯东林的气节表现、讲学之举，但这里对他们的好同恶意习气，是极度批判的。再如王士禛非常钦佩东林党人黄道周，称"石斋黄先生文章气节为明末第一流人物"②，但又对东林于悍将左良玉的曲笔不以为然，说左良玉在武昌称兵，"杀掠甚于流贼，东林诸公快其以讨马（士英）、阮（大铖）为名，而并讳其作贼"③。这样对东林区别看待的，除了与修《明史》的史官外，清末的方浚师一方面表彰魏大中、李应昇、周顺昌，另一方面又说："明季梃击、红丸、移宫三案，夏允彝《幸存录》持论最为平允"④。但是夏氏的持论并完全不倾向于东林，这点已在前文有过交代。针对崇祯时期黄道周上疏称自己文章气节不如因杖母而被杀的郑鄤，他也说："郑鄤甫以罪诛，亦似不当陈之奏牍"⑤，认为黄道周的言论不当。而对于钱谦益，他则直接称为"有文无行之人"，并批评投降大顺政权的侯恂没有气节。⑥

与修《明史》的史官，大多在立场上倾向于东林，朱彝尊、王士禛反对以东林的是非为是非，对东林的曲笔颇有微词，但他们也未尝不在立场上支持东林。但是，他们将东林区别看待的观念，毕竟存在不利于东林的内容，而不同于汤斌、汪琬等一味赞颂东林的

① 胡玉缙撰、王欣夫辑：《四库全书总目提要补正》，中华书局1964年版，第513页。

② 王士禛：《蚕尾续文集》卷19《跋黄石斋先生书赠太仆寺少卿中明徐公墓表墨迹》，《续修四库全书》，上海古籍出版社2002年影印本，集部，1415册，第210页。

③ 王士禛：《分甘余话》卷2"柳敬亭"条，中华书局1989年版，第52页。

④ 方浚师：《蕉轩随录》卷1"魏廓园先生年谱"条、卷1"李仲达先生就逮诗"条、卷2"钝翁周氏血书贴黄跋"条、卷9"三朝要典"条，盛冬玲点校，中华书局1995年版，第15、16、42、244页。

⑤ 方浚师：《蕉轩续录》卷2"不如"条，盛冬玲点校，中华书局1995年版，第584页。

⑥ 方浚师：《蕉轩随录》卷2"钱牧斋"条，方浚师：《蕉轩续录》卷1"周仪伯"条，中华书局1995年版，第41、493页。

史官。这两类史官在修纂《明史》时势将形成博弈，致使《明史》既在总体上为东林立佳传，又在记述、评价上对其某些方面有所指摘。如前述黄宗羲反对设立《道学传》的主张获得认可，但对张捷、杨维垣结局的意见却未被采纳，《明史》仍称二人"殉难""晚节自盖"①，应当就是这种博弈的结果。

四　私修史书的影响

修纂《明史》依据的材料，有不少是出自私修史书，其在东林问题上所持的立场、史观，也会渗透到《明史》的修纂中去。如前文缪荃孙说王鸿绪《明史稿》是因为受到李清影响，而对魏忠贤及其党羽有较多回护；李晋华说王鸿绪《明史稿》，"于王之寀列传后，复采夏允彝《幸存录》数百言"，都是清修《明史》受到私史影响的明证。再如顾炎武说李选侍移宫后，朝廷以天启帝名义发布的几道诏谕，都是"太监王安等之笔也"②，张廷玉《明史》予以采纳③。《明史·魏大中传》中附记汪文言的内容，与黄尊素《黄忠端公文略》卷三《汪文言传》大同小异④，也应是取材于后者。而且私史作者与参修《明史》人员的各种关系，更是可以直接影响《明史》的修纂，如上述黄宗羲、李清等人的例子便是如此。

明末清初的张岱作《石匮书后集》，因对东林有所批评曾引起一"大老"不满，"中有大老，言此书虽确，恨不拥戴东林，恐不合时

① 张廷玉：《明史》卷275《高倬传》、卷306《阉党传》，中华书局1974年版，第7047、7834页。

② 顾炎武：《顾亭林诗文集·熹庙谅阴记事》，华忱之点校，中华书局1959年版，第436、440—441页。

③ 张廷玉：《明史》卷114《李康妃传》，中华书局1974年版，第3541—3542页。

④ 张廷玉：《明史》卷244《魏大中传》，中华书局1974年版，第6334—6335页；黄尊素：《黄忠端公文略》卷3《汪文言传》，《四库禁毁书丛刊》，北京出版社1997年影印本，集部，185册，第46页。

宜。弟闻斯言，心殊不服，特向知己辨之"。他认为东林结党，对明朝灭亡负有责任，并说："盖东林首事者实多君子，窜入者不无小人；拥戴者皆为小人，招徕者亦有君子。其间线索甚清，门户甚迥，作史者一味模糊，不为分别，则是魏收集秽，陈寿报仇，颠倒错乱，其书可烧也""今乃当东林败国亡家之后，流毒昭然，犹欲使作史者曲笔拗笔，仍欲拥戴东林，此某所痛哭流涕长太息者也"[①]。张岱认为应该对东林成员区别对待，如果不加分辨，一味加以颂扬，就会流为像《齐书》《三国志》那样掺入私人情感来书写历史，"颠倒错乱，其书可烧也"。在他看来，"东林败国亡家"，但当时写史的人仍要曲笔"拥戴东林"，让他非常气愤。张岱之书对东林有较多指摘，以此引起"大老"的不满，"言此书虽确，恨不拥戴东林，恐不合时宜"，则这一"大老"显然只看重东林门户，不顾事实。而"拥戴东林"才是"合时宜"，"不拥戴东林，恐不合时宜"，也可想见当时之舆论导向，以及清初修《明史》所处的社会氛围。这一"大老"对张岱书写东林的干预，不外乎是担心私史影响视听，不利于东林正面形象的塑造和传播，也从侧面表明私史对《明史》于东林的评述关系重大。

而这一门户观念从清初张岱提到的"大老"，到清末魏源、缪荃孙以至近代的李晋华一直都存在，直至 21 世纪初樊树志提出的东林非党论，足可反映其强大的时空穿透力。

清代表彰东林的情形，还有如顺治时期，刁包阅读《高子遗书》，非常感服高攀龙的学术思想，觉得自己数十年疑团魔障由阅读该书而涣然冰释，因此在家中摆设高的灵位进行祭拜。"先生若乘我悱而发之，举数十年疑团魔障涣然冰释，浑忘手舞足蹈，仿佛弄月吟风。嗣是特为位祀先生，朔望焚香展拜。或有愧心惰行，必稽首自责于先子及先夫子之前，私心慰幸，窃比于七十子之服孔子"，将

---

① 张岱：《琅嬛文集》卷 3《与李砚翁》，云告点校，岳麓书社 1985 年版，第 146—147 页。

高攀龙视为自己的异世导师，对其膜拜俨然已到宗教境界。① 刁包还与高攀龙的后人结交，高之从孙愈，"仪封尚书（指阮元——笔者按）抚吴，尝请主东林会讲，愈以疾辞""愈从父世泰，亲受业攀龙，名尤高，学甚该究，晚葺道南祠、丽泽堂，以梁溪为讲习地。祁州刁包，闻声谒之，两人非同门学也，而更相切磋，学者以为美谈，由是南梁北祁之号起。陆清献、张清恪皆与友善，若孝感相国（指熊赐履——笔者按），则世泰之徒所成就者也"②。张贞生也在家中建"我师祠"祭祀孔子，并以高攀龙从祀。③

清末吴庆坻《蕉廊脞录》就东林人士的遗墨进行发挥，盛赞其忠义。如"杨涟手札"条，"读札有忧有愤，如闻啜泣，如闻长叹，读之悚然起敬""左光斗手札"条，"诸札系心君国，与忠烈同，而词气稍异。忠烈缜密，忠毅豪迈，书迹亦如之"④。孙文靖为福建按察使时，黄道周的墓地为豪家侵占，"子孙力弱，讼不胜"。孙"督闽后，遂以漳浦之理学忠贞，奉请崇祀孔庙，得旨俞允"⑤。陆以湉《冷庐杂识》盛赞左光斗外，还称崇祯时期的郑鄤之狱为"奇冤"⑥。严有禧仰慕袁化中的为人，"余在山左询其祠祀，访其子孙，则百余年来未有专祠，子孙寥落，夷为村农"，请求地方官予以表彰。⑦

五　结语

清修《明史》对东林，主流是正面记叙和褒扬，但也有一些批

---

①　《清史列传》卷66《刁包传》，中华书局1987年版，第5243页。

②　陈康祺：《郎潜纪闻初笔》卷八"高顾两家子弟不坠家学"条，中华书局1984年版，第473页。

③　《清史列传》卷66《张贞生传》，第5290页。

④　吴庆坻：《蕉廊脞录》卷7"杨涟手札"条、"左光斗手札"条，中华书局1990年版，第220、221页。

⑤　陈康祺：《郎潜纪闻初笔》卷3"孙文靖奉请黄忠端崇祀孔庙"条，第45页。

⑥　陆以湉：《冷庐杂识》卷5"郑崒阳"条、卷5"左忠毅公"条，中华书局1984年版，第247、257页。

⑦　严有禧：《漱华随笔》卷2"袁忠愍"条，《守山阁丛书》本。

评。自晚明以来流传的历史记述，以及清初官方、民间对东林认识和评价存在的分歧，造成了这一情形。这种分歧主要集中在如何看待东林人员的道德品格与政治表现，批评者认为其中有人两方面都有缺陷，且对明朝灭亡负有重要责任，如张岱；维护者则注重如杨涟、黄道周、左光斗等人高蹈的道德人格与忠义的政治形象。分歧的根源在于东林自身的复杂性，尤其是东林在发展过程中，其性质究竟是铁板一块的书院，还是逐渐变异为朋党；其中谁是"君子"，谁是"小人"，各占多大比重和起了什么样的作用，抑或是不同时期情况有所不同。分歧不仅在不同的人之间，即使在同一个人身上也存在，如张岱、朱彝尊、雍正帝等人。实际上，除了黄宗羲、吴应箕等人绝对袒护东林外，多数人对东林都能持"一分为二"的态度，只是在是非曲直的权重上各有不同，但这种不同有时也会成为分歧所在。

这种认识、评价上的分歧在东林所处的晚明时期实际就已存在，延续至清代、近代以至于今天仍方兴未艾。有鉴于此，朱彝尊的建议仍有很大的可取之处，即排除门户观念的干扰，回到原点，在晚明的语境下具体分析东林的诸多活动，从而做出较为客观公允的评价。这或许是有助于消除分歧，达成共识的重要方法。这一点，在晚明、清代都有特定的原因而难以实现，但到了今天，史学工作者应该要努力做到。

《明史·杨涟传》对
"移宫案"的记载发微

上文提到，《明史·杨涟传》全文收录杨涟弹劾魏忠贤的疏文，是《明史》为东林立佳传的一个典型体现。除了弹劾魏忠贤外，杨涟还是泰昌、天启之际东林党中主导李选侍移宫的重要人员，而这件事情对于杨涟弹劾魏忠贤也是重要的起因，这已在前文中说过。"移宫案"是明末三大疑案之一，也是明末朋党之争的重要分野，催促李选侍从乾清宫移出的杨涟、左光斗等人，与批评移宫之举、请求善待李选侍的贾继春等人，后来分别成为东林、魏党两个对立阵营的重要成员。史籍对于此事的叙述话语，基本都是倾向于杨涟、左光斗，而诋斥贾继春，清朝所修《明史》也不例外。

但是细读《明史·杨涟传》，笔者发现其中一段关于移宫案的记载很值得玩味，其叙事基调不仅不同于上述毁誉倾向，而且由此探赜索隐，还可窥见移宫案各当事人的处境、表现、动机等，对这一疑案得出与过去颇为不同的认识。循此以进，也可展现明末党争人物更为丰富复杂的面相，有助于究明其相争的是非曲直。

《明史》卷二四四《杨涟传》：泰昌元年（1620）九月初一，泰昌帝驾崩后，太仆少卿徐养量、御史左光斗"责（杨）涟误大事，唾其面曰：'事脱不济，汝死，肉足食乎！'涟为悚然。乃与左光斗从周嘉谟于朝房，言选侍无恩德，必不可同居。"第二天，周、左各上疏催促李选侍移宫，左疏甚至称李选侍想要仿照唐朝武曌"垂帘称制"。

　　左光斗与杨涟都是东林同志，为"东林六君子"的两位主要成员，在移宫事件中互相合作，有"杨左"之称，他此时如此严厉地责备杨涟，"汝死，肉足食乎"，出语颇为骇人，原因何在？答案自然要从杨涟此前的活动来找，据其《明史》本传：泰昌帝驾崩后，周嘉谟、张问达、李汝华等人以皇长子朱由校的嫡母、生母都已过世，想要将其托付给李选侍看护，即按泰昌帝遗命封李选侍为皇贵妃，但遭到杨涟反对。之后杨涟又与众臣一道冲破内官阻挠，从乾清宫抢出皇长子。在议论新皇登基时间时，有人主张尽早以定人心，杨涟则认为泰昌帝刚刚驾崩，立即登基于礼不合。从行文来看，左光斗"责涟误大事"，所谓的"大事"应指新皇立即登基，杨涟对此不赞成，引起左光斗的恼怒，"事脱不济，汝死，肉足食乎"，新皇如果不能顺利登基，杨涟将百死莫赎。而对新皇登基造成障碍的，无疑只可能来自李选侍，或者还有其所谓党羽，即当时一些官员所说的"李党"。这让此前还风风火火、颇有主见的杨涟也"悚然"畏惧，究其原因，可能既担心自己当初的举动会影响新皇登基，误了东林党人的大事，也不排除出于自身安危的考虑。但是杨涟并没有改而赞成新皇立即登基，可能这会显得出尔反尔，于自己形象不利，而是与左光斗一道向吏部尚书周嘉谟进言，"选侍无恩德，必不可（与皇长子）同居"，催促李选侍移宫。周曾主张将皇长子托付李选侍，而在杨、左的建言下，他改变了自己的初衷。次日，周、左各自上疏催李选侍移宫，之后众多官员闻风响应，李选侍在外廷压力下不得不移宫。这便是《明史·杨涟传》所载杨、左等人倡导移宫的由来，目的是为新皇登基排除阻力，同时消除自身祸患，因为李选侍移宫后，新皇便可为外廷拥戴登基，事实也是李选侍九月初五移宫，次日新皇便登基；而且李选侍移宫即表明其政治上落败，自然不能再给杨、左带来祸端。李选侍移宫可以一举两得，公私兼顾，这可能也是杨涟、左光斗疏催移宫时的考量，如此一来，本来不利的形势便被全面扭转。上述杨涟反对新皇尽早登基，左光斗认为会招来祸患而大为光火，应该是他认为这会留给李选侍反扑的时间；而如果拥立新皇尽早登基，便可立即借助其对付李选侍。在移宫事件后不久，天启帝曾多次颁布诏谕，历数"选侍所行极毒极恶之事"，如"气殴圣母，以致怀愤在心，成疾崩逝""威挟朕躬，使传封皇后"；自己移居慈庆宫后，"李氏又差李进忠、刘逊等传每日章奏文书先奏我看毕，方与朕览，仍待即日垂帘听政处分"等等，并称自己"尊敬李氏"，绝无怠慢之处，批评外廷轻信谣传。顾炎武说这些都是"太监王安等之笔也。"① 左光斗参劾李选侍"垂帘听制"的话，在天启帝的诏谕中出现，似可推测他也应该是在顾炎武说的"太监王安等"之列的。

至于李选侍是不是想要"垂帘听制"，不少学者认为是，至少是有其迹象（泰昌帝弥留之际，李选侍曾命人拉皇长子入后庭，皇长子出来后，当着众臣的面向泰昌帝要求封李选侍为皇后）。其实她想不想并不重要，关键是她有没有可能做到。时人霍维华说："选侍之请封也，请封妃也；妃尚未封，而况于后！请之不得，况于自后！不妃不后，而况于垂帘！"② 霍氏虽然是魏忠贤的党羽，名列崇祯初期的"钦定逆案"，清修《明史·阉党传》中也有他；这番话的主要目的也是天启后期怂恿魏忠贤报复东林党人，但仍不得不说它是合乎情理的，连"封妃"的较低要求都不能实现，更不要说有实力"垂帘听制"！杨、左等人应该也能意识到这一点。实际上，在内外官员的威逼下，李选侍根本没有什么反抗的能力，在遣使内臣与杨涟等人争夺皇长子、声言要惩处说她"垂帘听制"的左光斗等都不奏效后，便只能乖乖就范。再从史源上来说，李选侍"垂帘听制"的说法，最早是由左光斗提出的，之后才不断有人提及。从上述《明史·杨涟传》的记载来看，左这么说，用意在于渲染事态的严重性，以激起官员的共鸣，尽快促成李选侍移宫，不无有意夸大的嫌

---

① 顾炎武：《顾亭林诗文集·熹庙谅阴记事》，华忱之点校，中华书局1959年版，第436、440—441页。

② 沈国元：《两朝从信录》卷26，《续修四库全书》，上海古籍出版社2002年影印本，史部，356册，第637—643页。

疑，所谓的"李党"也是如此。杨涟说："臣宁使今日忤选侍，无宁使移宫不速，不幸而成女后独览文书、称制垂帘之事。"① 言下之意，敦促李选侍移宫，仅是担心她会"垂帘听制"，防患于未然而已，至于她有没有条件和可能，则是无暇也无人顾及了。苗棣也说李选侍将要"垂帘听制""让后人听了实在觉得有点可笑"，并认为杨、左等人在移宫事件中的表现，是私心和公义交织的。② 杨、左等人倡导移宫，不仅让他们免祸，而且在短暂离职以避开风头后，不久便又得到起复，而且一路青云直上，前文在谈杨涟参劾魏忠贤时已对此做了详细论述。

相形之下，与杨、左在移宫之事上意见相左的贾继春，则被"除名永锢"③。如果说贾是因为"威福大权，莫听中涓旁落"的言论④，触犯太监王安而受到处分，那么在天启初期王安死后，他仍一直得不到起复，则是杨、左等"诸君子"难辞其责的。杨涟不否认贾继春关于移宫的言论存在一定的合理性，"亦谓继春语虽相戾，意实为相成，移宫之后自不可无此一段议论。总之同归于爱主，何忍独伤此和衷一念"⑤。左光斗也认为对待李选侍："惟是自移宫已后，自当存以大体，捐其小过。"⑥ 杨、左都说出于天伦人情，李选侍移宫后应予善待，但从上述诏谕仍追究其"垂帘听政"来看，杨、左所言可能不是出自真心。天启三年（1623）秋，左光斗还疏请召还贾继春⑦，恐怕也只是做做样子罢了。如果杨、左等人真的胸怀磊

---

① 张廷玉：《明史》卷 244《杨涟传》，中华书局 1974 年版，第 6323—6324 页。

② 苗棣：《魏忠贤专权研究》，中国社会科学出版社 1994 年版，第 52—54 页。

③ 万斯同：《明史》卷 354《贾继春传》，《续修四库全书》，上海古籍出版社 2002 年影印本，史部，330 册，第 281 页。

④ 万斯同：《明史》卷 354《贾继春传》，《续修四库全书》，上海古籍出版社 2002 年影印本，史部，330 册，第 281 页。

⑤ 蔡士顺：《傗庵野抄》卷 3，《四库禁毁书丛刊》，北京出版社 1997 年影印本，史部，69 册，第 424 页。

⑥《明熹宗实录》卷 1，泰昌元年九月己亥，台湾"中央"研究院历史语言研究所 1966 年校印本，第 65 页。

⑦ 张廷玉：《明史》卷 244《左光斗传》，中华书局 1974 年版，第 6331 页。

落，东林党人掌权的天启初期，大力汲引同辈，"东林势盛，众正盈朝"①，要起复他应并不是什么难事；又怎么会等到天启后期魏忠贤专权后才将他起复，共同对东林展开报复？

而对于李选侍，《明史》卷三〇六《贾继春传》在记述移宫时说对她"一时颇逼迫"，但马上就接着说"然固无恙也"。对李选侍"颇逼迫"已见于上文所述，而其移宫后是否"无恙""雉经""入井"等反对移宫之人所说或许言过其实，但如当时圣旨一再说的"善待"，也恐非尽然。李选侍迁往的哕鸾宫，听其名字就不是什么好地方。如果真是善待，就不会让其居处发生火灾，也不会等到天启四年魏忠贤掌握内外大权后才封其为康妃。②

就像前文所说的，《明史》在明末"三案"问题的叙述上，基本是遵循东林的口径，以东林的是非为是非。在杨涟本传中有这样一段文字，确实让人疑惑。或许是在《明史》的修纂过程中，一些人员施加了影响所导致的，如史官朱彝尊就提出不能以明末的门户之别作为区分邪正的标准。③上述《明史·杨涟传》的那段文字，不一定出自朱彝尊，也可能是跟他持相同看法的人。而在《明史》最后定稿刊行时，竟没能看出这段文字与《明史·杨涟传》乃至整个《明史》对移宫案的叙事基调不符，而将其删除；以至于在对移宫案的整个叙述遵循东林口径的前提下，仍留此一段不起眼的简短文字，供后人揣摩。

---

① 张廷玉：《明史》卷 243《赵南星传》，第 6299 页。
② 谈迁：《国榷》卷 86，张宗祥点校，中华书局 1958 年版，第 5290 页。
③ 朱彝尊：《曝书亭集》卷 32《史馆上总裁六书》，《四部丛刊初编》，上海书店 1989 年版，集部，358 册，第 278 页。

清修《明史·马士英传》修撰考述

前文从清统治者、与修《明史》人员和私修史书三方面，对影响《明史》东林人、事有关撰述的因素进行了分析。这里将再以马士英为例，对这一问题做具体而细微的分析。

马士英（1591—1646），字瑶草，贵州贵阳人，万历四十七年进士，历官凤阳总督、南明弘光朝廷内阁首辅，清朝官方刊行之《明史》，将其列入《奸臣传》。本书在体例和内容上梳理明末清初有关马士英的记载，及其与清修《明史·马士英传》的关系，旨在将该传形成的大致线索勾勒清楚；进而追究清初统治者对马士英的态度及其形成原因，马士英"奸臣"骂名的根由，以此窥探马士英奸臣骂名的形成原因与过程，清初书写晚明史的各种影响因素，及官方、民间修史活动的互动关系等问题。

一 清朝修撰《明史·马士英传》的基本过程

清朝修《明史》，历经顺治、康熙、雍正、乾隆四朝。顺治时期官方基本没有什么成绩，史官傅维鳞利用为官方修史的机会，将资料携带回家中，据其编成的《明书》卷一五七《奸回传》，没有列入马士英。康熙时期开史馆修《明史》，集成的徐乾学《明史列传》，所记人物下限只到万历时期，也没有马士英传。接下来的万斯同所撰《明史》，对徐乾学《明史列传》有较多借鉴，但马士英传应是他最先撰写。① 即是说，万氏是清朝参与修撰《明史》的人员中，首位为马士英作传的人；而把马士英列为奸臣，也应是他首创。

万斯同撰写马士英传，在体例、内容上无疑要借鉴于明末清初的诸多史籍。在体例上，其师黄宗羲的《弘光实录钞》对马士英大加挞伐，比如弘光朝廷建立之初，湖广巡按御史黄澍严厉弹劾马士英，称为"贼臣""谓士英十可斩"。黄宗羲说："向若澍无所挟，说论如是，忠矣哉"②，如果黄澍不是借助左良玉的兵威而弹劾马士英，就是真正的忠诚，也就是说，他是赞成黄澍对马士英的诸多责难的，这应该是万氏编写马士英传的重要参考。另外，万氏还可能受到张岱《石匮书后集·马士英传》的影响。张岱此书成于康熙初年，其马士英传记载他在南明鲁王时期上书极力贬斥马士英，称其为"奸佞""贼臣""弑君卖国第一罪臣"，甚至说马还不如李林甫、秦桧、韩侂胄、贾似道等历史上臭名昭著的奸佞。③《石匮书后集》虽然没有设奸臣传，把马士英收入其中，但他对马奸佞等的蔑称，很可能影响万氏后来把马士英列入奸臣传。而在内容上，其马士英传还对南明弘光时期曹澍参劾马士英为奸臣、左良玉起兵"清君侧"讨伐马士英记载较多，其他内容则较简略，与上述他声讨马士英罪状的长篇上书结合起来看，此传就是为了凸显马士英的罪责。张岱此传说的曹澍、左良玉之事，在万氏《马士英传》中也有记载；而他声讨马士英的上书，只见于他的《石匮书后集》，包括万氏《明

① 万斯同：《明史》卷402《马士英传》，《续修四库全书》，上海古籍出版社 2002 年影印本，史部，330 册，第 344 页。

② 黄宗羲撰、夔宁点校：《弘光实录钞》卷1，《南明史料（八种）》，江苏古籍出版社 1999 年版，第 13—17 页。

③ 张岱：《石匮书后集》卷 48《马士英传》，中华书局 1959 年版，第 275—279 页。除黄、张外，明末清初还有如文秉《甲乙事案》（《小叙》，见《南明史料（八种）》，江苏古籍出版社 1999 年版，第 426 页）、谈迁：《国榷》（卷 104，张宗祥点校，中华书局 1958 年版，第 6215—6216 页）、邹漪：《明季遗闻》（《自序》，北京出版社 1997 年影印本，史部，72 册，第 204 页）、计六奇：《明季南略》（卷 1《黄澍笏击马士英背》，任道斌、魏得良点校，中华书局 1984 年版，第 48 页）、杨陆荣：《三藩纪事本末》（"马阮之奸"条，中华书局 1985 年版，第 19—28 页）等，都对马士英有所指斥。

史》在内的其他史籍都没有载录。

除把马士英列为奸臣之外，万斯同《明史·姜曰广传》还记载了弘光阁臣姜曰广骂马士英为"权奸"之事。① 此后，马士英权奸之名远播，如弘光时人林时对称他"死为逆鬼，生号权奸"②，文秉说"权奸误国"③。清朝康熙时期的温睿临也说："南渡而后，贵阳（指马士英——笔者按）煽虐，犹有承平权奸之势。"④ 康熙末年，史馆总裁王鸿绪上呈御览的《明史稿》，其中的姜曰广传几乎完全同于万氏。⑤ 至乾隆时期刊行之《明史》，仍称姜曰广、高弘图、徐石麒等人离开朝廷，是"扼于权奸"⑥，即受到马士英的排挤。但张岱《石匮书后集·姜曰广传》⑦，则并没有权奸的记载。因此可以说，万斯同《明史·姜曰广传》对马士英的权奸之称，直接为后来的王鸿绪《明史稿》、张廷玉《明史》所继承，进一步确定了马士英的奸臣骂名。

万氏之后，温睿临受万氏所托撰写《南疆逸史》，对万氏《明史》有所订补，"取万子季野明末诸传及徐阁学明季忠烈纪实诸传，合而订之，正其纰缪，删其繁芜，补其所缺，撰其未备，以成是编"⑧。其中"明末诸传"，应包括马士英。温氏订补万氏《明史》，反映在马士英传上，二者所记马士英的有关事情是相同的，但在详略上有所区别。如温书对马士英在凤阳总督任上的活动、南都"定

---

① 万斯同：《明史》368《姜曰广传》，《续修四库全书》，上海古籍出版社 2002 年影印本，史部，330 册，第 513 页。

② 林时对：《荷牐丛谈》卷 4 "马阮合交之由"条，《清代稿本百种汇刊》，台湾文海出版社 1974 年影印本，26 册，第 338 页。

③ 文秉：《甲乙事案》，见《南明史料（八种）》，江苏古籍出版社 1999 年版，第 426 页。

④ 温睿临：《南疆逸史·凡例》，中华书局 1959 年版，第 7 页。

⑤ 王鸿绪：《明史稿列传》卷 254《姜曰广传》，周骏富辑：《明代传记丛刊》，台湾明文书局 1991 年影印本，97 册。

⑥ 张廷玉：《明史》卷 274《姜曰广传赞》、卷 275《徐石麒传》，中华书局 1974 年版，第 7034、7040 页。曹澍对马士英的"奸臣"称法，也为张廷玉《明史》袭用（张廷玉：《明史》卷 308《马士英传》，第 7942 页）。

⑦ 张岱：《石匮书后集》卷 8《姜曰广传》，中华书局 1959 年版，第 78—80 页。

⑧ 温睿临：《南疆逸史·凡例》，第 3—4 页。

策"时受阮大铖指使拥立福王、依仗兵威入朝并逼迫史可法外出督师、举荐阮大铖及受到诸人的反对弘光时期推行的弊政等事情，交代得比万书更清楚。但万书在马士英南逃后的活动上，记述要比温书详尽。所以就全面了解马士英的政治活动来说，两书所载可以互补。温氏还在体例上将万书"奸臣传"改为"奸佞传"①，可能是受到上述张岱对马士英奸佞蔑称的影响。

要指出的是，温氏《南疆逸史》对上述曹溶、姜曰广于马士英的"奸臣""权奸"之称，也都有记载。② 而与黄、姜一样曾与马士英同朝为官的李清、夏允彝，其所撰《南渡录》《三垣笔记》《幸存录》，于马士英有一些恕辞③，温氏《南疆逸史》虽也取材李、夏之书④，却未见采择其对马士英的宽恕言论。对黄、姜与李、夏言论的取舍不同，体现出温睿临在对马士英的认识态度上，是具有一定主观倾向的。在这一点上，张岱、万斯同与他相同。而与张岱《石匮书后集》均成书于康熙初年的查继佐《罪惟录》，设有"奸壬传"⑤，但没有列入马士英，说明他对马士英的评价没有上述几人那样低。

王鸿绪康熙五十三年上呈御览的《明史稿》，其中卷二八七《奸臣传》仍然列有马士英，内容较万书、温书都更充实。王氏自称"其间是非邪正，悉据已成之公论，不敢稍任私心臆见"⑥，将马士英列为"奸臣"，应也是其所谓"据已成之公论"的体现，具体而言，应是指上述万斯同、温睿临等人的评价。到乾隆四年刊行的

---

① 温睿临：《南疆逸史》卷56《马士英传》，中华书局1959年版，第442—445页。
② 温睿临：《南疆逸史》卷6《姜曰广传》、卷56《马士英传》，中华书局1959年版，第50、443页。
③ 如李清说："马辅士英初亦有意为君子，实廷臣激之走险。"（《三垣笔记》卷下《弘光》，顾思点校，中华书局1982年版，第101页）夏允彝说："马意颇不欲杀人，故中止"，并说："方诸奸欲起大狱，肆诛锄之时，即余亦赖士英知其无辜得免陷阱。"（《幸存录》"门户杂志"条，留云居士辑：《明季稗史初编》卷15，上海书店1988年版，第308—309页）
④ 温睿临：《南疆逸史·凡例》，第3页。
⑤ 查继佐：《罪惟录·传》卷30，浙江古籍出版社1986年版。
⑥ 王鸿绪：《明史稿列传》卷首王鸿绪奏疏，周骏富辑：《明代传记丛刊》，台湾明文书局1991年影印本，97册。

《明史》，马士英的奸臣之名正式以官方的名义定论，只是在形式上将之前诸书马士英、阮大铖分传改为了合传。①

二 清初统治者对马士英的态度

以上讲的是明末清初的私修史书，以及与修《明史》人员对马士英的贬斥态度，这还需要得到清初统治者的认可，马的奸臣之名才能成为定论，那么清初统治者又对马士英是什么态度？

张岱《石匮书后集》说清朝称马士英为"弘光奸辅，欲捕杀之"②。康熙时期的徐秉义《明末忠烈纪实》对此有更为详细的记载：顺治二年，清豫王多铎率军进入南京后，问弘光朝廷被俘的官员黄端伯："'马士英何相？'曰：'贤相。'王曰：'何以指奸为贤？'曰：'不降即贤。'"③ 黄端伯不愿降清，并且鄙薄降清众人，故意说南逃的马士英为"贤相"，并不一定出自真心，故不足为据。但由多铎之问可以看出，他是以马士英为"奸相"的，这也可视为是清初统治者的共同态度。

而清初统治者何以会对素未谋面的马士英形成这种认识，很难确考。但据钱澄之《所知录》记载，阮大铖降清后随清军进攻仙霞岭时，因清军将领认为阮年老跟不上行军步伐，让他可以不必跟大军同行，而阮认为这是东林、复社故意排挤他，执意要跟大军同行，并且为表明自己没有老迈，走在大军的前头，最终因体力过度消耗而死。钱氏说阮大铖"乞降后死仙霞岭事，皆得知同时共事者之口"④，则其所说应该可信。由此可推知一些东林、复社人士降清

---

① 张廷玉：《明史》卷 308《马士英传》，中华书局 1974 年版，第 7937—7945 页。
② 张岱：《石匮书后集》卷 48《马士英传》，中华书局 1959 年版，第 279 页。
③ 徐秉义：《明季忠烈纪实》卷 12《黄端伯传》，浙江古籍出版社 1987 年版，第 211 页。
④ 钱澄之：《所知录》之《凡例》、卷 6 "阮大铖本末小纪"条，浙江古籍出版社 1985 年版，第 244 页。

后，仍能在对明朝人物的品评上影响清朝上层视听，以致逼使阮大铖赌气争胜而死。马士英与阮大铖关系密切，两人同为万历四十四年进士，马士英在宣府巡抚任上，因挪用"公款"贿赂京城显贵被揭发罢官，在流寓南京时与"名挂逆案，失职久废，以避流贼至（南京）"的阮大铖"相结甚欢"，这一方面是由于两人共同的长期被废斥的命运和企望复出的念头，另一方面也因为两人在才艺上拥有共同的兴趣和名望。阮大铖后来还助马士英复出担任凤阳总督，为回报阮大铖，马士英又在弘光时期举荐他。在这一时期，两人虽仍在对东林、复社发难等事情上有所联合，但也开始在人事安置、权力分配上产生矛盾，到弘光朝廷灭亡，两人南逃后彻底分道扬镳。① 人们常常将两人并称为"马阮"，张廷玉《明史》就将两人合并放在《奸臣传》中，因此，东林、复社人士在评论阮时势必牵及马，这或许是多铎上述对马士英"奸相"印象的由来。从上述马士英"奸臣""权奸"骂名的流传来看，这种印象在清初几朝一直都延续着。

清初统治者受降清的东林、复社人士的影响，形成对马士英的不良印象，加上明末清初私修史书对马士英多数持否定态度，这些都促使清初在修撰《明史》的过程中，对马士英均加以否定。

三　马士英"奸臣"之名的根由

马士英的不好名声，实际在南明弘光时期就已产生。弘光朝廷建立之初，湖广巡按御史曹澍挟悍将左良玉之威势入朝，指马士英为"奸臣"②，他应是最早称马士英为奸臣的人。除此之外，弘光阁

---

① 参见拙著《善恶忠奸任评说——马士英政治行迹研究》（云南人民出版社 2003 年版）中的有关内容。
② 计六奇：《明季南略》卷 1《黄澍笏击马士英背》，任道斌、魏得良点校，中华书局 1984 年版，第 48 页。

臣姜曰广也曾骂马士英为"权奸"①。弘光元年四月,左良玉以讨马士英"清君侧"为名,从武昌率军顺长江而下直逼南京,檄文称其为"奸臣"。南京群臣降清后,马士英南逃至浙江绍兴时,江西九江佥事王思任曾上疏弘光母后斥责马士英谋国不忠,称为"奸相"②。鲁王时期,张岱上书声讨马士英,称其为"奸佞""贼臣"③,等等。

　　以上这些指责,有些固然是马士英难以逃脱的,即是说,他的诸多劣迹,应是他背负奸臣骂名的重要原因。但除此之外,也与东林、复社人士对他的敌视有关,前文已提到东林、复社人士影响清朝上层对马士英的评判。再看前述弘光时期最早骂马士英为"奸臣"的黄澍,其依仗的左良玉就与东林党人侯恂关系密切。④ 左良玉弘光元年在武昌以讨伐马士英为名"称兵",也与东林、复社的怂恿有关,以致后来东林对此事的记述也存在偏颇,如清人王士祯说左良玉:"杀掠甚于流贼,东林诸公快其以讨马、阮为名,而并讳其作贼"⑤。近代贵州安顺人姚大荣对于曹澍与马士英"奸臣"骂名的形成有一番推演,值得注意:

　　　　因左良玉之子梦庚及其监军御史曹澍降清以后,怀恨士英不已,目见士英抗敌忠贞,百折不回,必邀异代褒奖,相形之下,伊等叛旧主迎新主,实所难堪,欲借文字毁誉之力以掩其真,俾蜚语流布,与良玉造反之檄文遥相呼应,缘士英拥立福王,甫弥一月,黄澍即以"奸臣"呼之,与传(指《明史·马士英传》——笔者按)之主文适合,与尚任传奇中嘲谑士英之

　　① 夏完淳:《续幸存录》"南都杂志"条,留云居士辑:《明季稗史初编》卷16,上海书店1988年版,第325页。

　　② 计六奇:《明季南略》卷3《左良玉讨马士英檄》、卷5《王思任请斩马士英疏》,任道斌、魏得良点校,中华书局1984年版,第196、285页。

　　③ 张岱:《石匮书后集》卷48《马士英传》,中华书局1959年版,第275—279页。

　　④ 参见朱子彦《论左良玉起兵"清君侧"》,《社会科学战线》2009年第7期。

　　⑤ 王士祯:《分甘余话》卷2"柳敬亭"条,中华书局1989年版,第52页。

微词，无非描写奸臣状态，机牙相应也。①

简言之，曹澍降清后为遮饰自己降清的丑态，为左良玉起兵"清君侧"讨伐马士英回护，利用孔尚任所作《桃花扇》影响《明史》的编纂，将自己弘光时期对马士英的奸臣骂名坐实。据史料记载，黄澍降清后，还曾导引清军击败福州唐王政权黄道周的军队。②至于骂马士英为权奸的姜曰广，自身就是东林党人。③马士英与魏党阮大铖交往甚密，而东林、复社则与阮大铖势同水火，详细情形已见于前文论述，这也是东林、复社对马士英冠以这样恶名的重要原因。

纵观来看，从张岱到万斯同再到温睿临又到王鸿绪各自的撰述，最后到清朝官方刊行之《明史》，马士英传的内容越来越丰富，对其人政治活动的勾勒也越来越清晰；但他的奸臣之名自弘光时期形成以来，经清初几朝一直都没有改变。这跟另一《明史》中的奸臣周延儒不同，他是明末的状元，崇祯时期位至首辅，在明末的史籍中并没有称他为奸臣者，万斯同《明史》、王鸿绪《明史稿》也都没有把他列入《奸臣传》，到雍正时期他才被史官汪由敦纳入《奸臣传》。④但传记内容却与万、王所撰没有变化，因而受到清人赵翼、近人李晋华的批驳。⑤关于奸臣的标准，史官汤斌说："立心杀戮正人，败坏国家事，此之谓奸臣"⑥。汪由敦也有相似表述："所谓奸

---

① 姚大荣：《马阁老洗冤录》卷上"论孔尚任斥马士英为奸臣系受左良玉家族指唆"条，民国二十三年（1934）安顺姚氏铅印本。

② 计六奇：《明季南略》卷4《黄澍降清》，任道斌、魏得良点校，中华书局1984年版，第273页。

③ 张廷玉：《明史》卷274《姜曰广传赞》，中华书局1974年版，第7029页。

④ 汪由敦：《松泉文集》卷20《史裁蠡说》，《文渊阁四库全书》，台湾商务印书馆1983年影印本，集部，第1328册，第901页。

⑤ 赵翼著、王树民校注：《廿二史札记校注》卷31"周延儒之入奸臣传"条，中华书局1984年版，第729—730页；李晋华：《明史纂修考》，哈佛燕京学社1933年版，第36、52页。据杜维运《赵翼传》，赵翼受知于汪由敦，汪将周延儒定为奸臣，赵却对周有所辩护（台北时报出版公司1983年版，第17—209页）。

⑥ 汤斌：《潜庵先生拟明史稿》卷首《明史凡例议》，清康熙二十七年刻后印本。

臣，必其包藏祸心，忮害良善，毒宗社而自立门户者，方足当之。"① 二人说的"正人""良善"，显然是指东林、复社人士，马士英曾对他们不利，是他被称为奸臣的原因所在。应该说，在弘光时期马士英确曾逼迫史可法外出扬州督师，与阮大铖合谋制造"顺案"以打击东林、复社等，也曾有"败坏国家事""毒宗社而自立门户"的表现，如张岱就说他："兵权自握，政柄自操，从不讲战守之事，只知上贪黩之谋，酒色逢君，门户固党"②。但是他逼迫史可法、制造顺案，实际都是事出有因，毋宁说是被东林、复社逼迫后的自卫反击。他在弘光时期对东林、复社的态度不同于阮大铖，后者是与之决然对立，利用各种机会，制造各种名目，必欲将其置于死地。马士英虽然也与东林、复社存在矛盾，并在一定程度上成为阮大铖报复东林、复社的帮凶，但他并无意要对其动杀机，在阮大铖制造大狱陷害东林、复社时，他还施加干预，保护了不少东林、复社人士。如"大悲案"③，阮大铖将大量东林、复社人士牵连其中，拟出报复的名单④，夏允彝说："马意颇不欲杀人，故中止"，并说："方诸奸欲起大狱，肆诛锄之时，即余亦赖士英知其无辜得免陷阱"⑤，对马士英对自己的搭救颇为感激。陆圻说："大狱垂成而不就者，则

---

① 汪由敦：《松泉文集》卷20《史裁蠡说》，第901页。

② 张岱：《石匮书后集》卷48《马士英传》，中华书局1959年版，第278页。

③ 详情见钱澄之《藏山阁集·文存》卷5《南渡三疑案》条，《续修四库全书》上海古籍出版社2002年影印本，集部，1400册，第644—645页；抱阳生：《甲申朝事小纪·三编》卷3"南都荒政"条，任道斌校点，书目文献出版社1987年版，第357—358页；陆圻：《纤言》卷下"大悲和尚"条，上海书店1982年版，第538页。马士英对这些事件取什么态度，万斯同、王鸿绪的看法完全不同，万说马阮"谋将尽杀东林人士"，王则说阮制造大悲案，"士英不欲兴大狱"，才没有衍成政治大迫害（分见万斯同：《明史》卷402《马士英传》，《续修四库全书》，上海古籍出版社2002年影印本，史部，330册，第344页；王鸿绪：《明史稿列传》卷287《阮大铖传》，周骏富辑：《明代传记丛刊》，台湾明文书局1991年影印本，97册，第648页）。张廷玉：《明史》的记载同于王鸿绪。

④ 见抱阳生《甲申朝事小纪·三编》卷5"周镳、雷縯祚合纪"条，任道斌校点，书目文献出版社1987年版，第583页。

⑤ 夏允彝：《幸存录》"门户杂志"条，留云居士辑：《明季稗史初编》卷15，上海书店1988年版，第308—309页。夏氏指的是，御史徐复阳受人唆使，参劾他与文德翼"居丧授职为非制"（张廷玉：《明史》卷277《夏允彝传》，第7099页）。

以贵阳与东林本无仇隙，虽失足比匪，而怨毒不深"①，夏完淳也说："士英虽有用小人之意，而无杀君子之心"②，都表明马士英并不想陷害东林，这一点是与阮大铖截然不同的。即使是阮大铖对东林、复社的这种刻骨仇恨，也是后者对他的过度逼迫所致。《明史》把马士英定为奸臣，是只看到他排挤史可法，打压东林、复社的一面，却不顾弘光朝廷建立初期，东林、复社利用掌控朝局的机会，虽然让马士英入阁，却"总督凤阳如故"，实际是将他排挤出政治中枢，以及马士英为报答起复之恩，情不得已举荐阮大铖，却招致"举朝唾骂"③，虽然他有意要与东林和解，却仍受到新起复的左都御史刘宗周的严厉斥责，"于是士英之怒不可回"④，在阮大铖的教唆下，制造顺案打击东林、复社等等史实⑤；也不顾马士英有别于阮大铖，曾对东林、复社多方保护，明显就是偏向东林、复社，以其是非为是非。总而言之，马士英的奸臣骂名，他自己虽确有不少劣迹，但也与东林、复社出于敌视，而对他的口诛笔伐分不开，二者共同影响了明末清初私修史书、清初统治者、清朝官修《明史》对马士英的态度。

清初官方、民间均对马士英完全否定，如乾隆时期的赵翼评述弘光人事说："群奸处堂嬉燕雀，诸将争地斗豺虎"⑥，"群奸"指马

---

① 陆圻：《纤言》卷下"大悲和尚"条，第 45 页。

② 夏完淳：《续幸存录》"南都杂志"条，留云居士辑：《明季稗史初编》卷 16，上海书店 1988 年版，第 322 页。

③ 夏完淳：《续幸存录》"南都大略"条，留云居士辑：《明季稗史初编》卷 16，上海书店 1988 年版，第 322 页。

④ 参见李清《三垣笔记》卷下《弘光》，顾思点校，中华书局 1982 年版，第 97 页。张捷先经刘泽清举荐，马士英继之，最后魏国公徐弘基特疏举荐，内传起复故官。徐石麒罢吏部尚书之职后，阮大铖操纵中旨让张捷代之。张捷对于逆案人员的复起、马士英与阮大铖等人的纳贿，都负有责任（万斯同：《明史》卷 359《张捷传》，《续修四库全书》，上海古籍出版社 2002 年影印本，史部，330 册，第 364 页）。

⑤ 参见拙著《善恶忠奸任评说——马士英政治行迹研究》，云南人民出版社 2013 年版，第 62—64 页。

⑥ 赵翼著，李学颖、曹光甫校点：《瓯北集》卷 2《梅花岭》，上海古籍出版社 1994 年版，第 27 页。

士英、阮大铖及其同党，在他看来，他们在危乱时期身居要职却无所作为，致使史可法身死扬州，但也成全了他的忠义美名。这种情形至清末则有所改变。同治时，江苏吴县人叶廷琯称马士英"善画能文""论其初，实亦文人之具干济才者""即其余艺亦尚可观。余尝于郡中收藏家见其山水便画，深得元人苍逸之趣；字亦学苏，颇无俗韵"。马士英为当时诗人徐元叹诗集作《序》，"论诗颇有妙语，未可尽呵为门外汉"①。叶廷琯说马士英是"文人之具干济才者"，即可称为文武全才，但主要还是对他的画、字、诗等"余艺"重新加以审视，并给予较高评价。光绪时，贵州安顺人姚大荣撰《马阁老洗冤录》，则直接打出"洗冤"的旗号，要为马士英奸臣骂名全盘翻案。同一时期的贵州贵阳人邢端，也说马士英"百战不屈"②，俨然就是一门忠烈。清末对马士英的认识、评价与之前发生转变，应该与当时清朝的统治基础松动，思想控制逐渐宽松有关。而姚大荣、邢端都是贵州人，为马士英辩护，很可能是出于一种地域情结，想为所谓的"乡贤"正名。但是也有如晚清时期的贵州独龙人莫友芝，对马士英并无好感。他非常赞赏马的姻戚杨龙友，先是听说他一门全部死于仙霞岭，为其没有后人伤感，后来得知其有后人存世而高兴不已。他还指出杨受到马的牵累，"不幸为士英戚，予人议"③。

---

① 叶廷琯：《鸥陂渔话》"马士英有才艺"条，大连图书供应社 1942 年版，第 66—67 页。
② 邢端：《永城纪略·序》，《丛书集成续编》本。
③ 莫友芝：《郘亭遗文》卷 6《龙友杨公有后记》，清同治至光绪刻本。

明末"盗宝案"考论

"盗宝案"作为明末移宫案的一个小插曲,史学界向来把它看作是东林党人与魏忠贤决裂的开始,如孟森《明史讲义》①、徐凯《泰昌帝天启帝》②、温功义《三案始末》③、林金树和高寿仙《天启皇帝大传》④ 等。盗宝案看似是个小问题,但因为它是具有天启党争源头性的问题,其真实情形究竟为何,实际关涉对天启政争及党局中人物的论定。相较而言,学界对移宫案关注较多,对此案的一般看法与研究成果,可参见张宪博《再论"移宫"》一文。⑤ 此文对相关史事细加考论,合理推断。由东林在天启初复出掌权,后期却被魏忠贤一网打尽追溯前因,即在移宫事件中过于逼迫李选侍,使后宫无主,客氏、魏忠贤乘势坐大,而自身也错失"宫府一体"的良机,对杨涟等人的失策有所批评。而关于盗宝案的来龙去脉、相关人员的是非曲直等问题,仍是扑朔迷离,众说纷纭。本书旨在通过钩稽、考辨史籍的记载,对前后相关事件作逻辑推理,打破在晚明党争问题研究中较常见的立场预设和情感倾向,以丰富和深化对这一问题及晚明党争有关人、事的认识。

---

① 孟森:《明史讲义》,上海古籍出版社 2002 年版,第 300 页。
② 徐凯:《泰昌帝天启帝》,吉林文史出版社 1996 年版,第 51 页。
③ 温功义:《三案始末》,重庆出版社 2004 年版,第 505 页。
④ 林金树、高寿仙:《天启皇帝大传》,中国社会出版 2008 年版,第 86 页。
⑤ 张宪博:《再论"移宫"》,《中国史研究》2002 年第 3 期。

一

"盗宝案"首先是由东林党人杨涟提出的。据《明熹宗实录》，泰昌元年九月，在明光宗驾崩后不久，兵科左给事中杨涟上疏催促不符合规定占据乾清宫不去的李选侍移宫，并称李选侍指使身边的太监盗宝，"人言纷纷，且谓（李选侍）令李进忠、刘逊、魏进忠等擅开宝库，盗取珍藏"，奉旨着司礼监查明具奏。① 这个魏进忠应即是后来的魏忠贤，因为福建道御史周宗建天启二年参劾魏进忠时说："进忠者，魏忠贤故名也"②。杨涟天启四年六月弹劾魏忠贤二十四大罪状，把东林反对魏忠贤的斗争推向高潮，标志着双方的彻底决裂，正如复社人士夏允彝所说："杨涟二十四大罪之疏上，遂为不共仇"③，因此，他此时参魏盗宝，很容易被认为是东林与魏忠贤决裂的起始。但是不久司礼监回奏魏进忠不是李选侍手下太监，魏进忠又奉旨照旧供职。④ 另据张廷玉《明史·魏忠贤传》说："忠贤自万历中选入宫，隶太监孙暹，夤缘入甲子库，又求为皇长孙母王才人典膳"，"皇长孙"即后来的明熹宗朱由校，魏忠贤曾为其母王才人"典膳"，而与李选侍没有什么瓜葛。此外，该《明史·魏忠贤传》更明言魏忠贤没有参与移宫事件："朝臣争三案及辛亥、癸亥两京察与熊廷弼狱事，忠贤本无预"⑤，所谓"三案"就是明末的梃击、红丸、移宫三个宫廷政治事件。魏忠贤既然不是李选侍下役，

---

① 《明熹宗实录》卷1，泰昌元年九月癸未，台湾"中央"研究院历史语言研究所1967年校印本，第16—19页。

② 张廷玉：《明史》卷245《周宗建传》，中华书局1974年版，第6357页。

③ 夏允彝：《幸存录》"门户大略"条，留云居士辑：《明季稗史初编》卷14，上海书店1988年版，第290页。

④ 《明熹宗实录》卷1，泰昌元年九月己卯，台湾"中央"研究院历史语言研究所1967年校印本，第37页。

⑤ 张廷玉：《明史》卷305《魏忠贤传》，中华书局1974年版，第7819页。

又未参与移宫之事，自然不可能像杨涟说的受李选侍之命参与盗宝。杨涟所参不实，稍后参与推动移宫的另一主要人员左光斗上疏再参盗宝之人，"乞将刘逊、姚进忠等正法，暴其盗宝罪状，与天下共见，勿使播弄脱罪"，已没有魏进忠之名；而魏忠贤也没有因此受到处分，所以此事似乎还不足以引起东林与魏忠贤的决裂。

魏忠贤虽然无预盗宝案，但据有关材料表明，他此次免受处分仍是得到司礼监掌印太监王安的相救。如亲历其事的太监刘若愚所作《酌中志》载："九月初一日，光庙升遐，先帝暂居慈庆宫。科臣杨涟时为给谏，疏参逆贤，贤无措，泣恳魏朝，朝在王太监安前力营救之，遂得旨着司礼监查明具奏。贤，先年原名李进忠，遂将西李娘娘下用事之李进忠算作一人，以欺外廷。"[1] 这段记载更加丰富了上述《明熹宗实录》所说的一些细节，即魏忠贤受到杨涟参劾后，向另一太监魏朝求救，魏朝又代魏忠贤向王安求救，在王安的帮助下，因为魏忠贤曾经使用"李进忠"之名，如张廷玉《明史·魏忠贤传》说魏忠贤自入宫为太监后，"变姓名曰李进忠，其后乃复姓，赐名忠贤云"[2]，而李选侍手下正好也有一名叫李进忠的太监，王安于是以他代魏忠贤受罪。魏忠贤多次更改姓名，上述《明史·魏忠贤传》外，《明史·沈潅传》又谓："李进忠者，魏忠贤始名也"[3]。再如刘若愚《酌中志》云：魏忠贤原名李进忠，入宫后复本姓曰魏进忠。[4] 时人钱谦益说："魏忠贤，故名进忠。"[5] 那么，在称呼上魏忠贤到底与李进忠、魏进忠存在什么样的关系？笔者据有关材料推断其大致情况是：魏忠贤本姓魏，自宫后，"变姓名曰李进

---

① 刘若愚：《酌中志》卷 14《客魏始末纪略》，《续修四库全书》，上海古籍出版社 2002 年影印本，史部，437 册，第 2961 页。

② 张廷玉：《明史》卷 305《魏忠贤传》，中华书局 1974 年版，第 7816 页。

③ 张廷玉：《明史》218《沈潅传》，中华书局 1974 年版，第 5767 页。

④ 刘若愚：《酌中志》卷 14《客魏始末纪略》，《续修四库全书》，上海古籍出版社 2002 年影印本，史部，437 册，第 483 页。

⑤ 钱谦益：《牧斋有学集》卷 28《特进光禄大夫柱国少傅兼太子太傅吏部尚书中极殿大学士谥文端刘公墓志铭》，《四部丛刊初编》，上海书店 1989 年版，集部，349 册，第 269 页。

忠"，《沈潅传》所说应是指此而言。但"其后乃复姓"，复称魏进忠，直到天启二年天启帝赐名魏忠贤，即"自壬癸改为忠贤"①。上述杨涟参疏中已有李进忠之名，因此，所谓代魏忠贤受罪，实际就是把魏从盗宝名单中剔除，让李进忠顶替其担罪，也就是刘若愚说的"算作一人"。查继佐《罪惟录》②、四库本《明史·魏忠贤传》③对此有相同记载，应是源自刘若愚的说法。而四库本《明史》之前的张廷玉版《明史》没有这一内容，鉴于四库本《明史》是对后者的进一步修订，此处增加这一内容必然有所考订。

　　但是以李选侍手下的李进忠代魏忠贤受罪，却不仅是他与魏忠贤曾经使用的姓名相同这么简单。张廷玉《明史》谓："西宫李选侍怙宠陵熹宗生母王才人，安内忿不平。及光宗崩，选侍与心腹阉李进忠等谋挟皇长子自重，安发其谋于涟。"④ 李进忠是李选侍的"心腹阉"，而王安同情受李选侍欺侮的皇长子朱由校的生母王才人，当光宗驾崩后，李选侍与李进忠协谋挟持朱由校，王安将其告知杨涟，杨涟于是有上述催促李选侍移宫的举动。由此来看，王安以李选侍手下的李进忠代魏忠贤受罪，背后还有宫廷妃嫔及其身边太监争斗的因素。同月，因御史贾继春上揭阁臣倡言催促李选侍仓促移宫带来的弊端，左光斗上疏辩解，同时，他还"乞将刘逊、姚进忠等正法，暴其盗宝罪状，与天下共见，勿使播弄脱罪"，圣旨责备他列举的盗宝之人不提李进忠。之后不久，皇帝又谕示内阁重审移宫之事，再次提到李进忠、田诏等盗宝，宜正国法，"勿使渠魁贿属当事，播弄脱罪"⑤。这些打着皇帝名义的圣旨背后都有王安的影

---

　　① 黄尊素：《黄忠端公文略》卷1《灾异陈十失劾奏魏忠贤客氏疏》，《四库禁毁书丛刊》，北京出版社1997年影印本，集部，185册，第33—34页。
　　② 查继佐：《罪惟录》卷29《魏忠贤客氏》，浙江古籍出版社1986年版，第495页。
　　③ 《明史》卷305《魏忠贤传》，《文渊阁四库全书》，台湾商务印书馆1983年影印本，史部，302册，第306页。
　　④ 张廷玉：《明史》卷305《王安传》，中华书局1974年版，第7815页。
　　⑤ 《明熹宗实录》卷1，泰昌元年九月己亥，台湾"中央"研究院历史语言研究所1967年校印本，第66—67页。

子，明末清初的顾炎武就说李选侍移宫后，朝廷以天启帝名义发布的几道诏谕，都是"太监王安等之笔也"①，这也显示出他必欲严处李进忠的用心。

二

上文已提到在移宫事件中王安与东林人士杨涟的关系，顾炎武说：王安"素不快于（李）选侍，为涟等内应""兵科给事中杨涟先上疏自明，被旨褒嘉过当。人谓其结王安以取旨如响答者"②。王安在内宫监视李选侍，将其动态告知外廷的杨涟，杨涟上疏催促李选侍移宫，又能得到王安操纵圣旨的"褒嘉"。两人互通声气，彼此呼应。同时期的王夫之则说："杨大洪（指杨涟——笔者按）之刚，而所用以卫主者王安。"③ 在他看来，是杨涟主导了移宫，目的是要"卫主"即保护皇长子朱由校，而王安不过是他利用的棋子，这与顾炎武、王安与杨涟内外串合推动移宫的说法不同。而清人吴岳说王安因不为李选侍所礼遇，于是制造她想要垂帘听政的谣言，杨涟、左光斗等人出于"社稷之虑""君为重"等考虑催促李选侍移宫，"安是安，涟是涟，安是修隙，涟是痴忠"④，认为杨涟与王安在移宫事件中动因不同而将其截然分开，与王夫之又不同。显然，三人都没有否认杨涟与王安在移宫事件上存在事实上的关联，但在侧重点和情感倾向上又有所差别，顾炎武认为杨涟和王安内外串合而对杨涟有所批评，王夫之、吴岳则从主辅关系和动因的不同想要将两

---

① 顾炎武：《顾亭林诗文集·熹庙谅阴记事》，华忱之点校，中华书局1959年版，第436、440—441页。

② 顾炎武：《顾亭林诗文集·熹庙谅阴记事》，第434、443页。

③ 王夫之：《读通鉴论》卷25《顺宗》，中华书局1975年版，第874页。

④ 吴岳：《清流摘镜》卷1《党祸根源》，《四库禁毁书丛刊补编》，北京出版社2005年影印本，17册，第589页。

人区分开来。看上去这只是三人对此事的不同看法而已，实则其背后还有他们对移宫事件及相关东林人士所为、品德等评价的差异，进而也反映出他们对东林及明末党争是非所持的不同立场和态度。如果从当时的事理来看，顾炎武的看法应该最符合实情。

王安与东林的关系，除了移宫事件外还有其他表现，如万历末年东林与政敌的争斗，以及东林万历末年被排挤出朝堂后，在泰昌及天启初期又得以复起，都得到过王安的帮助。① 但这种交结内官的"通内"行为，在当时受到法律严厉禁止，也违背士大夫的政治伦理。② 而且，在党争过程中，这也成为政敌攻击东林的口实，如崇祯初期杨维垣说："今之提衡君子、小人者，勿以门户为案，亦勿徒以崔魏为案，惟以有无通内为案""希王安之旨以号召天下者，岂得不谓之通内也"③。阮大铖也曾"函两疏驰示维垣。其一专劾崔（呈秀）、魏（忠贤）。其一以七年合算为言，谓天启四年以后，乱政者忠贤，而翼以呈秀；四年以前，乱政者王安，而翼以东林。"④ 夏允彝还曾因此对东林与王安的关系进行辩护："珰之慕贤，非诸贤之通珰者。"⑤ 由此来看，上文王夫之、吴岳对移宫案的言论，应也是出于同一用意。

三

但这里仍有一个疑问，王安和杨涟既然联合推动移宫之事，为何

---

① 黄尊素：《黄忠端公文略》卷3《汪文言传》，《四库禁毁书丛刊》，北京出版社1997年影印本，集部，185册，第46页；夏允彝：《幸存录》"门户大略"条，留云居士辑：《明季稗史初编》卷14，上海书店1988年版，第297—298页。

② 《大明律》卷2《职制》，《续修四库全书》，上海古籍出版社2002年影印本，史部，862册，第433页；《明熹宗实录》卷32，天启三年三月戊申，台湾"中央"研究院历史语言研究所1967年校印本，第1654页。

③ 《崇祯长编》，台湾"中央"研究院历史语言研究所1967年校印本，第144—145、223页。

④ 钱澄之：《藏山阁文存》，《续修四库全书》，上海古籍出版社2002年版，集部，1400册，第645—646页。

⑤ 夏允彝：《幸存录》"门户大略"条，留云居士辑：《明季稗史初编》卷14，上海书店1988年版，第293页。

杨涟参劾魏进忠，王安又要相救，两人在这点上为什么会出现分歧？刘若愚说王安以李进忠代魏忠贤受罪"以欺外廷"，外廷对此蒙然不知，表明当时内外相隔较严，杨涟作为外廷官员，本不容易知道内宫的事情，他对盗宝之事的了解，应来自内宫即王安之处；甚至他所参之人，也可能是王安所授意。杨涟与王安对魏忠贤一参一保的矛盾，要么是两人授受之间的过失，要么是有意为之，鉴于移宫事涉宫闱，关系身家性命，两人必定慎之又慎，因此有意为之，即两人合起来唱一出双簧的可能性更大。而杨涟参劾魏忠贤又应该是出自王安授意，魏忠贤曾为王才人"典膳"，跟他效忠的主子相同，他为何要这样对待魏忠贤，因没有见到相关材料尚不清楚，由上述王安对待李进忠的做法推测，大概不出宫廷内争权夺利的范畴。魏忠贤通过魏朝向王安说项，才使王安有所释怀，而使他免受其他被参者一样的牢狱之灾。而杨涟参劾魏忠贤盗宝不实，魏却仍要向王安求救，王安相救即能保魏平安，把对魏忠贤的弹劾转嫁给李进忠，表明盗宝案可以随王安之意拉入和移出人员，也可想见他当时的权势之大。

据张廷玉《明史·王安传》：天启元年五月，王安被任命为司礼监掌印太监，当他按照惯例上疏推辞时，给事中霍维华迎合熹宗乳母客氏和魏忠贤之意上疏参劾他，于是圣旨贬降他为南海子净军，不久客、魏又借与王安在盗宝案上有积怨的太监刘朝之手将其杀死。[①]

时隔八月，魏忠贤就借机陷害王安致死，让人不由得联想这是否与上述王安对他的先参后保有关，即王安到底逼迫他到何种境地，而他又做出多大妥协，才换来王安的释怀，否则魏忠贤何至于时隔不久就对自己有援救之恩的王安狠心起动杀念？而这也可以反证前文杨涟参劾魏忠贤是王安有意为之的推断，先参后保可能就是王安一手导演的，这在人际复杂、权谋盛行的宫廷内并不是没有可能。

当时的首辅叶向高在评述王安生前的功过是非时说：

---

① 张廷玉：《明史》卷315《王安传》，中华书局1974年版，第7815—7816页。

王安者，颇读书，知好名义。光皇初出阁，安为伴读，日侍左右，诸事赖其调护，诸讲官皆重之。光皇居东宫二十余年，处危疑之地，杌陧不安，惟安悉心拥翼，有失必归正。光皇亦推心委信。登极不浃月，悉行诸善政，安殊有力。今上初立，亦恃安而强。然不学无术，悻直自遂，以上冲龄可以行其意，欲一旦尽划宫中积弊，发诸珰奸利与盗内藏诸不法事，下之法司，其賫缘赐玉者，悉夺之。诸珰大不堪，共搆之上。上英明欲自操断，憎安刚劘严切，绳束举动不自由，属安求退，遂黜充南海子净军，而尽用安所排挤者管机事，从狱中赦刘朝，使掌南海，讥察之，安遂缢死，暴其尸。

王安虽然对泰昌、天启父子及其政治立有功绩，但他为了清除“宫中积弊”惩治诸珰盗宝等行为，且有所扩大化，“賫缘赐玉者，悉夺之”，引起诸珰的不满，向天启帝进谗言；而天启帝也“憎安刚劘严切，绳束举动不自由”，所以将他贬黜，并召回被王安以盗宝罪名下狱的刘朝等人，这些人最后逼死了王安。由此而言，王安兴起盗宝案，除了前面说的打击政敌外，也有清除内宫积弊的目的。在魏忠贤专权的天启后期，也曾有类似的做法：

忠贤于上前亦时有匡正。一日有飞鸟入宫，上乘梯手攫之，忠贤挽上衣阻之不得升。有小珰，偶赐绯，忠贤叱之曰：‘此非汝分！虽赐，不许穿’。其认真如此。若大洪（指杨涟——笔者按）疏行，今后恐难再得此小心谨慎者侍上左右矣。①

这或许也表明，魏忠贤陷害王安致死，主要并不是其铲除宫中积弊的举动，而是另有原因，应该就是对王安在盗宝案上陷害自己的报复。叶向高作为亲历者，所说应该可以信据。但与上述张廷玉《明

① 文秉：《先拨志始》，上海书店1982年版，第149—150页。

史·王安传》说魏忠贤陷害王安不同，叶向高只提到天启帝对王安之死所起的作用。其他多种材料表明魏忠贤的确参与了谋害王安，笔者推断，他应是利用了天启帝、诸珰对王安的不满才将其斗败，否则很难想象几个月前他还要向王安求救才能保得平安，此时他就有能量反击获胜。

据陈建等人所辑《皇明通纪集要》记载，天启元年圣旨降王安为南海子净军，同时，释放曾被参盗宝的太监田诏、刘朝、刘忠、陈应科等人出狱。① 这里没有提李进忠，应该是已经遇害。王安垮台即开释被参盗宝者，而这些人只对王安报复，没有牵连杨涟、左光斗等人，这似乎说明他们把王安当作兴起盗宝案的冤头债主、幕后主使，也可佐证上文笔者对杨涟在盗宝案上听王安指授的推断。

而曾参劾盗宝诸珰的杨涟、左光斗，当王安遭贬被杀时却未见有任何异议，也是耐人寻味的。或许是他们对盗宝之事的了解原是来自王安，自己并没有确切的根据，所以即使贬黜王安、开释自己曾参盗宝的太监，对盗宝案的处理完全翻转过来，他们也无话可说；而且王安垮台已成定局，他们为撇清干系，免受牵连，保持沉默才是明智的选择，与前文说的对待汪文言的做法一样。而被释放的刘朝等人虽杀死王安，却没有追究当初参劾自己的杨涟等人。刘朝等人背后的魏忠贤，虽也曾被杨涟参劾盗宝，但此时也没有对杨涟施行报复，反倒是屡屡向东林党人示好，"初亦雅意诸贤"②，如对赵南星"倾意皈往"③；营造坟墓于玉泉山，请缪昌期书写墓碑④；向督师大学士孙承宗申意⑤，等等。而杨涟也在移宫事件后一度在仕途

---

① 陈建：《皇明通纪集要》，《四库禁毁书丛刊》，北京出版社 1997 年影印本，史部，34 册，第 223 页。

② 夏允彝：《幸存录》"门户大略"条，留云居士辑：《明季稗史初编》卷 14，上海书店 1988 年版，第 290 页。

③ 李逊之：《三朝野纪》，上海书店 1982 年版，第 48 页。

④ 汪有典：《史外》卷 6《缪昌期传》，《四库禁毁书丛刊》，北京出版社 1997 年影印本，史部，20 册，第 394 页。

⑤ 张廷玉：《明史》，中华书局 1974 年版，第 6469 页。

上青云直上，于天启元年正月乞归回籍，天启二年又起为礼科都给事中，不久又擢为太常少卿，三年冬拜左佥都御史，四年春进左副都御史。① 另外，杨涟在天启四年六月弹劾魏忠贤的二十四大罪状中的第十一条为王安鸣冤，只说被魏忠贤陷害，但没有提盗宝，对于拿不准、被叶向高批评的魏忠贤陷害宫妃之事都写上去②，如盗宝能确定有其事，应该不会遗漏。这或许表明所谓魏忠贤盗宝，当时在杨涟等人心中，也已能确定并不存在。

基于以上论述，盗宝案随着王安之死和开释当初被参盗宝的太监，在几个月内就被推翻了。清人吴岳《清流摘镜》说：盗宝者实为王安，却反诬李进忠等人，对王安完全贬斥。③ 吴岳说王安盗宝不一定可靠，但他很有可能利用了这一名目以打击宫内的异己。王安曾救被参盗宝的魏进忠，没过多久魏却和客氏联手害死王安，借助的是也曾被参盗宝的太监刘朝之手。王安到底是救蛇反被蛇咬的农夫，还是制造的盗宝案另有隐情，结怨于人，招致杀身之祸？持前一种看法的人较多，因为这有利于证明魏忠贤的恶劣本性以及东林讨伐他的正义性，显然他们所秉持的是东林的立场。后一种看法虽与以往的看法大异其趣，但笔者前面的推论也不无合理性。

另外，杨涟参劾魏忠贤盗宝，魏在化险为夷后并没有跟他计较，反倒一再向东林示好，杨涟的官位也一再升迁，但东林在王安死后虽几乎没有为他鸣冤，却掀起持续的"讨魏斗争"。至杨涟上疏弹劾魏忠贤二十四大罪状将其推向高潮，与魏忠贤彻底决裂，导致其疯狂反扑，残酷迫害"六君子""七君子"致死，刊布《东林党人榜》禁锢东林。这样贯通起来看杨涟的参劾、魏忠贤的报复，也不免会对过去的褒贬倾向产生些许质疑。

---

① 张廷玉：《明史》，中华书局 1974 年版，第 6323—6324 页。
② 叶向高：《蕉编》卷 17，《四库禁毁书丛刊补编》，北京出版社 2005 年影印本，25 册，第 575 页。
③ 吴岳：《清流摘镜》，《四库禁毁书丛刊补编》，北京出版社 2005 年影印本，17 册，第 589 页。

张廷玉《明史·阉党传》的
编撰与政治意蕴

一 晚明"阉党"的形成

"阉党"之称，就笔者目力所及的史籍，最早应见于《东观汉记》："荀昙，字元智，颍川颍阴人，为广陵太守，正身疾恶。其兄昱为沛相，乃相与共除阉党。后昱与大将军窦武谋诛中官，与李膺俱死。昙亦禁锢终身"①。显然，这里的阉党是指东汉后期专权的宦官。后来史书中的阉党，则基本都是指某个朝代专权宦官的党羽，主要又指官僚士大夫，如《御批资治通鉴纲目》称唐代依倚宦官王守澄的郑注为阉党。② 在各种史书中，阉党用于指称明朝魏忠贤的党羽最为多见。究其原因，应不外乎两点：一是明朝距今时间相对较近，流传的史料也较其他时期丰富；二是魏忠贤的党羽在人数规模、对当时政治的影响程度等方面，都超过以往任何时候，正如万斯同所说："小人肺肠面孔，千古一辙，而举国若狂，良心丧尽，则载籍以来所未曾有"③。或许正是如此，在中国古代二十四部正史中，只

① 刘珍等撰：《东观汉记》卷 21《荀昙》，《文渊阁四库全书》，台湾商务印书馆 1983 年影印本，史部，370 册，第 205 页。

② 朱熹撰，清圣祖批：《御批资治通鉴纲目》卷 49 下"唐文宗太和七年九月以郑注为右神策判官"条，《文渊阁四库全书》，台湾商务印书馆 1983 年影印本，史部，691 册，第 622 页。

③ 万斯同：《明史》卷 355《传论》，《续修四库全书》，上海古籍出版社 2002 年影印本，史部，330 册，第 295 页。

有《明史》列有《阉党传》。

崇祯初期对魏忠贤及其党羽进行惩处，是为"钦定逆案"，清朝乾隆四年刊行的《明史》设《阉党传》，将除魏忠贤、客氏之外的所有入案人员都列入该传。① 从构成人员来看，晚明阉党应形成于万历、泰昌、天启三个时期，它是这一时期党争的产物。崇祯钦定逆案，实质是为万历后期以来东林与非东林，尤其是天启时期东林与魏党的争斗作个了结，具有进东林退魏党的倾向。但是，此案之后以至南明弘光时期，仍有不少魏党人员在积极活动以谋求复出，弘光时期甚至推翻逆案得以复出，至清初顺治时期才走向末路。阉党是张廷玉《明史》的称法，此前以崇祯钦定逆案为界，在这之前常称为"魏党"，之后除沿用魏党之称外，还称为"逆案中人"。

万历后期朝堂上的党争趋于激烈。张居正死后，"言路势力"由于得到万历帝的扶持和失去阁臣的控驭得以"舒张"，掌握官员的进退，逐渐形成齐、楚、浙、昆、宣诸党与东林党对立的局面。但是双方究竟是因为什么事由导致对立，学界实际并未完全厘清，因为过去认为划分双方阵营的"淮抚"、王元翰、"三案"等争端，一些非东林人员的主张也与东林一致，如商周祚、过庭训、亓诗教等人。这表明双方的对立，并非全是由于政见不同，它顶多只是造成对立的一个原因，甚至有时只是表象，此外，应该还有地缘、科举、私人恩怨、利益冲突等多重因素。非东林与东林都以京察为主要手段打击对方，互有消长，都不无过泛、过重等弊端，受到处分的人复出后有变本加厉地报复，这无疑进一步加剧了纷争。如邵辅忠、徐兆魁、乔应甲因参劾李三才、东林党，在万历三十九年东林官员主持的京察中受到处分，天启后期被魏忠贤等人召还后，又对东林大肆报复。再如东林党人王之寀因在"梃击案"中反对"疯癫说"，

---

① 魏忠贤和客氏是阉党的党魁，在钦定逆案中被定为第一等"首逆"，但两人都被列入《明史·宦官传》（客氏附记于魏传），而未入《阉党传》，这或许是出于体例统一的需要，本书也将他们称作"阉党"。

在万历四十五年的京察中被贬黜，天启初期复出后便追论此案以"报仇"。非东林与东林不仅对一些政治事件的看法常常相同，其相互关系也非常复杂，并非铁板一块，严格区分阵营，而是常有变动，如邹之麟的情形就颇具代表性。他万历时为浙党成员，与齐党亓诗教、赵兴邦等人有矛盾，而与亲近东林的夏嘉遇相善，助其离散齐、浙之党。① 天启时他列名"皆不附东林者"的"天鉴录"中②，近人罗继祖也说他天启时投附魏忠贤，作《东林点将录》与东林为难③，但崇祯时却未入逆案。弘光时期他为夺取郭维经左佥都御史之职，"与阮大铖百计媒孽"，唆使隆平侯张拱日、抚宁侯朱国弼参劾郭维经④；但他又与顾宪成的从孙、列于《留都防乱公揭》之首的顾杲结为姻戚。⑤ 入清以后他拒不仕清，成为明朝遗民。⑥

进入泰昌、天启初期，东林由于争"国本"、争"移宫"以及太监王安的支持等原因掌握政权，清算万历后期的宿敌，致使部分齐、楚、浙、昆、宣诸党的成员离开朝堂。东林在"红丸案""移宫案"的争论中，新树了不少敌人；又因客氏、魏忠贤杀害与己关系密切的王安，掀起长期的、连续的"讨魏斗争"，与客魏及其内宫、外廷的支持者走向对立。尤其值得注意的是，东林还把本跟己方同一阵营的阮大铖逼向魏党，这在东林中是独一无二的案例。阮是东林"叛徒"，或许是他劣迹并不显著，却仍入逆案，在崇祯一朝不但复出受阻，还一再受到东林、复社过度逼迫的原因所在；也是他千方百计谋求复出，弘光时期终于夤缘复出后，大肆报复东林、复社，有意"倒行逆施"，促使小朝廷一年覆亡，之后更投降清朝，充当间谍，最后与东林、复社负气争胜而死的原因所在。再如周应秋早年为官"有善政"，

---

① 万斯同：《明史》卷341《夏嘉遇传》，《续修四库全书》，上海古籍出版社 2002 年影印本，史部，330 册，第 122 页。

② 计六奇：《明季北略》卷 2 "天鉴录"，魏得良、任道斌点校，中华书局 1984 年版，第 45 页。

③ 罗继祖：《枫窗脞语》"邹之麟题画语"条，中华书局 1984 年版，第 125—126 页。

④ 李清：《南渡录》卷 4，何槐昌点校，浙江古籍出版社 1988 年版，第 209、225 页。

⑤ 温睿临：《南疆逸史》卷 30《顾杲传》，中华书局 1959 年版，第 265 页。

⑥ 罗继祖：《枫窗脞语》"邹之麟题画语"条，中华书局 1984 年版，第 125—126 页。

还曾主动向赵南星示好，却仍然被东林拒之门外；李春烨、姚宗文早年官声可嘉，只因持论与东林相异也被排斥。天启四年六月杨涟上疏弹劾魏忠贤二十四大罪状，是一个关键点，如果扳倒了魏忠贤，"树倒猢狲散"，其党羽也必将土崩瓦解，也就不会出现后来的"魏党""逆案中人""阉党"，东林专权的局面将更加稳固；但是结果并不是如此，魏忠贤靠内外支持者的护佑和天启帝的信任，得以转危为安，之后便向东林展开报复。于是天启初被东林斥退的官员纷纷被魏忠贤等人召回，二者结成联盟共同打击东林。应该说，天启初被东林斥退的官员，有些并不是出于门户之见，或意见相左，而是自身品行不端本该受处，如崔呈秀、石三畏。也有一些官员在万历、泰昌、天启初期与东林并无过节，天启后期看到魏忠贤势力熏灼，便投附他打击东林，如杨所修（他在崇祯初见形势变化，又率先"自相携贰"，可见他善于看风使舵，没有操守）、倪文焕。还有些官员与东林无过节，也没有迫害东林，只是跟风颂珰、建祠，这类人员占到很大比重。以上这些官员，便是钦定逆案的入案人员和后来张廷玉《明史·阉党传》中的成员，标准主要有两个：一是曾与东林对立或是陷害东林，二是曾投附魏忠贤。

但也有一些例外，如刘光复曾参淮抚李三才，梃击案主张疯癫说，但因其死于泰昌时期，故未入逆案。与此相同的还有沈灌、吴亮嗣，天启初期都受到东林的攻击，但因在天启后期魏党专权之前已死去，故也都不入逆案。而魏广微在钦定逆案前已死，但仍入案，应该是他在天启时期投附魏忠贤，陷害东林的"劣迹"太显著使然。与他情形相同的还有卢承钦，虽然也在天启后期死去，但因为曾请求榜示东林党人名单等，也入逆案。还有如方从哲、官应震、黄克缵、崔景荣，要么在魏党专权时没有召还，要么召还后没有以上劣迹（崔还曾营救杨涟等"六君子"），也都没有入逆案。而徐景濂、傅櫆又有不同，徐虽召还，但未见有何劣迹，傅櫆则拒绝召还，两人却都入逆案，应该是徐在天启初关于红丸案的争论中持论与东林相左，而傅则有天启四年参邹维琏、汪文言牵连左光斗、魏大中的

"肇祸"之举。有意思的是，与徐景濂不同，同样在移宫案的争论中与东林相左，在天启后期被召还的黄克缵却没有入逆案，而与崔景荣一起被《明史》称为"中立者"。受命处理逆案的东林党人韩爌，也曾在移宫案的争论中为首辅方从哲辩护，同于徐景濂，徐氏入逆案的罪由是"昏聩潦倒，持论舛误"，不知韩爌当时是如何感想？这样来看弘光时期逆案人员杨维垣，对韩爌处理逆案提出批评而要"重复审订"，以及前面提到的对逆案处理的诸多批评，或许会有更切实的体会。

魏党本来是外廷官员与内廷客魏，为了共同对付东林而结成的政治联盟，具有临时性和松散性的特点，当东林被逐杀殆尽后，其内部的矛盾也暴露出来。刘志刚的论文《天变与党争——天启六年王恭厂大灾下的明末政治》，指出魏党内部的外廷官员因王恭厂灾变纷纷上疏言事，就是想设法约束魏忠贤等内官的权力。[①] 除外官与内官的矛盾外，外官依据是来自万历后期还是天启时期，又可分为"老人集团"和"新人集团"，相互争权夺利，最终"老人集团"落败，而"新人"之间也有矛盾和争斗。不少魏党成员在天启后期被罢黜，就是这种内部矛盾发展的结果。直到天启帝死，崇祯帝登基，政局的变动让魏党的内部矛盾更加激化，其中的一些人开始"自相携贰"，相互攻击，由此，拉开魏党垮台的序幕。当然，天启后期一些魏党成员是本身违法应受处分，如徐大化、徐兆魁。还有一些魏党成员本想向魏忠贤献媚，却不得其法而被其处分，如陈以瑞、石三畏、曹钦程。这些人在崇祯帝登基后，都以曾受魏忠贤处分而自诩"忤珰"，幻想逃过处罚，也确曾为辨识其真实面目带来麻烦，但最终都被列入逆案。不可否认，天启后期也有一些人是因为指陈时弊触怒魏忠贤而被处分，王永光就是其中突出的代表，与王绍徽等人忤珰被处崇祯时入逆案不同，他并没有列入逆案，且因为与东林的对立关系，一度受到崇祯帝的信任。他们中的一些才杰之士，还

---

① 刘志刚：《天变与党争——天启六年王恭厂大灾下的明末政治》，《史林》2009 年第 2 期。

在一直败退的辽东战场，为明朝取得了"宁远大捷"的重要胜利。

外廷官员与魏忠贤互相借助以报复东林，同时也满足了各自的利禄之欲。如刘诏"释褐九年骤至极品"①，冯铨"释褐十三年为宰辅"，吴淳夫"岁中六迁，骤至极品"②；魏忠贤的家族成员也无不加官晋爵，果真是"一人飞升，仙及鸡犬"。而就天启后期对东林打击之严酷来说，外廷官员在其中起了更重要的作用。他们是报复东林的主要策动者，有些固然是出于逢迎魏忠贤，大部分则是因为先前与东林相争失利，或者为东林所激。有史料表明魏忠贤曾想对东林网开一面，却因受到其党徒的挑激而作罢，如吴应箕《两朝剥复录》说：当"六君子狱"兴起时，郭万程曾"私为营救于内，忠贤意亦将释，而傅应星、毛昂霄力沮之，且有放虎自噬之语，故诸君子卒不免"③。文官士大夫对同僚心肠、手段之狠毒，比向来被指责身体残缺、心理变态的阉宦有过之而无不及。万斯同说魏忠贤作恶，"要皆群小成之也"④，确实是一语中的。

二 张廷玉《明史·阉党传》的形成与政治意蕴

就笔者所见，在张廷玉《明史》之前成书的史籍，一般都称魏忠贤的党羽为"魏党""珰党""逆党"，而没有称为"阉党"的，

① 万斯同：《明史》卷355《刘诏传》，《续修四库全书》，上海古籍出版社2002年影印本，史部，330册，第287页。

② 王鸿绪：《明史稿列传》卷287《吴淳夫传》，周骏富辑：《明代传记丛刊》，台湾明文书局1991年影印本，97册，第638页。

③ 吴应箕：《两朝剥复录》卷1，《四库禁毁书丛刊》，北京出版社1997年影印本，史部，19册，第131页。郭万程与东林有所交往，见邹元标《邹忠介公奏疏》卷5《救郭中翰疏》，《续修四库全书》，上海古籍出版社2002年影印本，史部，481册，第144—145页；缪昌期：《从野堂存稿》卷6《答郭中翰》，《续修四库全书》，上海古籍出版社2002年影印本，集部，1373册，第548页。

④ 张廷玉：《明史》卷355《传论》，中华书局1974年版，第295页。

即使万斯同、王鸿绪各自修撰的《明史稿》也没有设《阉党传》。由此当可断定,《明史》设《阉党传》这一体例,是在雍正重开明史馆至乾隆四年刊行《明史》这一时期,这也与史馆总裁张廷玉以王鸿绪《明史稿》为基础,不纠缠于史实,而重在义例与论断的指导思想相符。①《明史》列传开创的三个特例,其中"土司""流贼"在万斯同、王鸿绪《明史稿》中已有体现②,只有"阉党"至张廷玉《明史》才出现。之后出现的史籍都称魏忠贤的党羽为阉党,应是依据于此传。

正如"东林党"的称法是来自其反对者一样,阉党一词也显然来自东林、复社及其支持者。但它又不是直接来自东林、复社,后者所处时代主要称为"魏党""珰党""孽党",阉党之称则形成于张廷玉的《明史》,但对魏党、珰党、孽党也显然有继承关系,且贬斥意味更为显著和浓厚。张廷玉《明史》之所以称为阉党,应该是因为其党魁魏忠贤是阉宦,在中国古代士大夫趋附阉宦,是有违道德准则和政治操守的。它显然是一种"春秋笔法",既是明末东林话语延续到清代,影响《明史》编纂,总体上为东林人士立佳传,而将与其对立的人员则极力贬低的体现;也是清朝统治者出于自身统治利益的需要,借用较近的历史资源,从正反两方面为官员们树立参照的体现。《四库全书总目》在提到《明史》设《阉党传》的原因时说:"貂珰之祸,虽汉唐以下皆有,而士大夫趋势附膻则惟明人为最夥,其流毒天下亦至酷,别为一传,所以著乱亡之源,不但示斧钺之诛也。"③即想通过编写此传告诫清朝官员,应吸取明朝灭亡

---

① 乔治忠:《清朝官方史学研究》,文津出版社1994年版,第192—193页。

② 万斯同《明史》卷407、卷408为《盗贼传》,卷409至卷412为《土司传》。(《续修四库全书》,上海古籍出版社2002年影印本,史部,331册)王鸿绪:《明史稿列传》卷288为《流贼传》,但不立《土司传》(周骏富辑:《明代传记丛刊》,台湾明文书局1991年影印本,97册)。

③ 纪昀等:《四库全书总目》卷46,史部正史类,"《明史》"条,艺文印书馆1969年版,第1001页。《明史》对官员依附宦官的行为加以鞭挞,除立《阉党传》外,再如说英宗、宪宗、孝宗时的王骥等人,"其才皆有过人者",但因为依附宦官王振、王直、李广等而影响声名。"顾以噪于进取,依附攀缘,虽剖符受封,在文臣为希世之遇,而誉望因之隳损,甚亦不免削夺。名节所系,可不重哉!"(卷171《赞》,中华书局1974年版,第4577页)

的教训，砥砺臣节，不可交结宦官，结党亡国。陈文豪《读明史
"阉党"传——明史体例研究之一》一文，也认为该传的主要寓意
在于警示当时官员勾结宦官，此外，还探讨了该传得立的三方面原
因：传承惩恶扬善、激浊扬清的史学传统，反映明中后期宦官干政
的历史事实，黄宗羲党派思想的影响。① 而与魏党有关联者，如温体
仁、周延儒、马士英等人则被《明史》列入《奸臣传》。乾隆时期
的钱大昕说："阉党前代所无，较之奸臣、佞幸，又下一格，特书以
儆人臣"②，清末陆以湉也说："阉党、佞幸、奸臣列于宦官之后流
贼之前，其嫉之也深，而贬之也至矣"③，正可反映《明史》对阉党
的极度贬斥。《明史·阉党传》所列人员来自崇祯钦定逆案，对这些
人员的评价也主要依据此案，具有扬东林而抑阉党的倾向。但崇祯
帝以东林为"朋党"加意提防，也反映在《明史》的一些篇目中。
这就形成了《明史》对东林撰述的特点，即在总体上褒扬，但也有
或隐或显的批评，这些内容已在前文详细论述过了。

　　前文说乾隆帝对东林缺乏好感，但是他对魏党人员也绝不放过。
如乾隆四十一年敕修之《钦定胜朝殉节诸臣录》，对明朝自万历以降
与清朝、农民军作战抗节而死者予以赐谥，其中对弘光时期的阉党
或与阉党有关联的杨维垣、张捷两人，虽承认是殉难而死，但又因
为其阉党身份而不肯对其赐谥，"明臣如杨所修、王大年、李应荐、
张捷、杨维垣辈虽临难不屈，而名丽阉党，其素行已属有亏，自不
便令其滥邀谥典"④。既沿用《明史》对二人"殉难""晚节自盖"⑤
的评议，又再次强调其阉党身份和德行亏损，不给其赐谥，实际是
表明了相对于殉难的结局，阉党的身份对于人物品评更为重要。

---

　　① 陈文豪：《读明史"阉党"传——明史体例研究之一》，吴智和编：《明史研究专刊》
1980 年第 3 期。
　　② 钱大昕：《十驾斋养新录》卷 9 "明史"条，上海书店 1983 年版，第 219 页。
　　③ 陆以湉：《冷庐杂识》卷 5 "明史体例"条，中华书局 1984 年版，第 274 页。
　　④ 舒赫德、于敏中等撰：《钦定胜朝殉节诸臣录》，《文渊阁四库全书》，台湾商务印书馆
1983 年影印本，史部，456 册，第 402 页。
　　⑤ 张廷玉：《明史》卷 275《高倬传》、卷 306《阉党传》，第 7047、7834 页。

再如清初学者朱彝尊因鄙薄阮大铖人品而废其诗文①；钱大昕说张瑞图因为为魏忠贤生祠撰写碑文而名列逆案，"笔墨遂不为世所珍"②。清代嘉庆时人戴璐《藤阴杂记》记载，庙市中有人将刘理顺与马士英之书法作品并列出售，白仲调看见后，随即购回刘之作品，并且说："不令与奸邪同列"③。刘理顺是在李自成农民军攻占北京后，殉难而死的明朝官员。可以看出清人因鄙薄魏党及与之有关人员的为人，而连带其艺术、文学作品也一并憎恶。有清一代，只在清初多尔衮、顺治时期因一些魏党人员积极投顺，尚要利用他们来为统治服务，魏党人员虽然起起落落，但基本还能保住权位；之后清朝统治者则对他们率归于贬斥，这一论调一直延续至今，真可谓永远被钉在历史的耻辱柱上。

顺治时期官修《明史》基本没有什么成绩，史官傅维鳞私修的《明书》没有魏党人物的传记。据《清史列传》卷七十《庞垲传》，康熙时期的史官庞垲参与了撰写魏党人物的传记。他是直隶任丘人，康熙十四年中举人，"召试博学鸿儒，授翰林院检讨，分修《明史》。明都御使某者，谄附魏阉，其裔暮夜怀金，求勿入魏党传，力拒之"。这里的"魏党传"不是指《明史》馆当时创立了这一体例，因为康熙时期修成《明史》的各种版本都没有这一体例，它应该是指传主为魏忠贤党羽。魏党在天启后期任都御史的大有人在，其后人想要通过行贿史官，摆脱史书中其先祖与魏忠贤党羽的关系，也表明当时清朝官方已对魏忠贤及其党羽取批判态度。康熙时期修成的徐乾学《明史列传》，时间下限只到万历时期，也没有涉及魏党人物。之后相继形成的万斯同、王鸿绪、张廷玉诸版本《明史》，才为魏党人物作传（见表1）。

---

① 顾廷龙：《中国历代人物年谱考录》，中华书局1992年版，第326页。
② 钱大昕：《潜研堂文集》卷32《跋张晋江札》，江苏古籍出版社1997年版，第560页。
③ 戴璐：《藤阴杂记》卷7，北京古籍出版社1982年版，第62页。

表1　　　　　　　　　清修诸版本《明史》记载阉党人物对比

	万斯同《明史》	王鸿绪《明史稿列传》	张廷玉《明史》	备注
魏忠贤	卷四〇六。魏的发迹过程；受众人弹劾状；残害宫妃；杨涟参魏；魏党对东林的报复及祠颂、摇动中宫、冒功封赏等劣迹；魏之擅权、宠耀及败亡。	卷二八四。万传说劝魏忠贤用廷杖的是冯铨，王传则说是王体乾；王传加叶向高教刘侨只罪汪文言，而不要牵连他人；王传记官员投附魏忠贤陷害东林及其他恶状，较万传更详。	卷三〇五。近于王传。	
涂文辅	卷四〇六。教授客氏子侯国兴；提督户工二部，威逼驸马都尉李承恩，权势熏灼；助魏忠贤打击异己；逆案"以贿免，居南京"。	卷二八四。相比万传，内容更简略，逆案"谪南京死"。	卷三〇五。基本同于王传。	
王体乾	卷四〇六。参与杀王安，夺其司礼监职；杨涟参魏，王护佑魏；指使田尔耕杖死万燝；为魏忠贤李承恩；与李永贞一起控制"批红"；逆案"贿免"。	卷二八四。逆案"坐诣附革职籍其家"，其他基本同于万传。	卷三〇五。同于王传。	
李永贞	卷四〇六。有才学；助魏忠贤打击东林；"贪狼专恣"状；治信王府邸贪墨；天启帝死后首先背离魏忠贤，想行贿逃避罪责，终以代李实草疏参周起元等人被斩。	卷二八四。相比万传，无才华内容，其他相同。	卷三〇五。同于王传。	
刘若愚	卷四〇六。有才学；为李永贞主笔札，了解李的密谋；被杨维垣参；牵连"七君子"狱初拟大辟，久得减等；狱中作《酌中志》。	卷二八四。相比万传，内容更简略。	卷三〇五。同于王传。	

续表

	万斯同《明史》	王鸿绪《明史稿列传》	张廷玉《明史》	备注
崔呈秀	卷四〇二《奸臣传》。由许秉彝通魏忠贤；教魏忠贤识字；嫁祸李思诚。	卷二八七《奸臣传》。相比万传，不记所载三事。加载其荐李三才求入东林，被拒；冯铨与熊廷弼之矛盾及兴大狱。	卷三〇六。近于王传。	三书都记：被高攀龙参，投附魏忠贤，进《同志录》《天鉴录》；首倡颂珰；疏陈《要典》之源，追论并封、妖书、之藩三事；天启帝死后，与魏忠贤密谋篡位。在万书之前，查继佐《罪惟录》卷三十《奸壬传》，有崔呈秀。
吴淳夫	无传。	附于崔呈秀传。与倪文焕、田吉、李夔龙由崔呈秀进为魏忠贤义子，助崔攻冯铨。	卷三〇六。同于王传。	
倪文焕	无传。	附于崔呈秀传。受贿；得罪中官，求救于崔呈秀，引入魏忠贤幕；参李邦华等人；颂珰、建祠。	卷三〇六。同于王传。	
田吉	无传。	附于崔呈秀传。官位超擢为魏党之最。	卷三〇六。基本同于王传，稍显简略。	
李夔龙	无传。	附于崔呈秀传。按照魏忠贤、崔呈秀之意，引用"邪人"。传后附"钦定逆案"大致过程和入案人员。	卷三〇六。基本同于王传，稍显简略。	
顾秉谦	卷三五四。请皇帝"节嗜欲，慎起居"，诞育皇子；请将杨涟等人从诏狱以往刑部；争内臣出镇。有恕词。	卷二八七《奸臣传》。记万书所说诸事都较简略，主贬斥。	卷三〇六。顾秉谦、魏广微合传，相比万传、王传，内容对二传有所融合，各有详略。对二人均主贬斥。	
丁绍轼	附于顾秉谦传。	不附于顾秉谦传。	不附于顾秉谦传。	天启六年夏死，未入逆案。

	万斯同《明史》	王鸿绪《明史稿列传》	张廷玉《明史》	备注
魏广微	卷四〇二《奸臣传》。记其因享庙之事受魏大中等人弹劾，援救杨涟等人触怒魏忠贤较简略。认为其死有余辜。	卷二八七《奸臣传》。相比万传，记万传所说诸事更详细，加载其靠魏忠贤力入阁而为赵南星所拒。		
阮大铖	卷四〇二《奸臣传》。阮与左光斗"同里有隙"，魏大中、左光斗被杀"多大铖意"；降清后通唐王被杀。	卷二八七《奸臣传》。阮对左"倚为重"；左召阮任吏科都给事中，因赵南星等欲用魏大中而"意中变"；刘宗周说魏大中被杀，阮为"主使"；随清军攻仙霞关死。	卷三〇八《奸臣传》。与马士英合传，内容近于王传。阮之结局，采用王传之说，而以万传之说为"野乘"。	在万书之前，查继佐《罪惟录》卷三二《列朝诸臣逸传》，有阮大铖，未入其《奸壬传》。此处所列，只是三书的不同之处，阮之详细行迹，可参见本书有关部分论述。
黄立极	卷三五四。被监生胡焕猷参劾，详记辩护全文和给事中马斯理参黄疏。	卷二二五。相比万传，内容较简略。	卷三〇六。同于王传。	
施凤来	附于黄立极传。"素无节概"。	同于万传。	卷三〇六。同于万传。	
张瑞图	附于黄立极传。会试策文不辨君子小人；为魏忠贤写碑文，拟诏奖美魏忠贤。	同于万传。	卷三〇六。同于万传。	
来宗道	附于黄立极传。为崔呈秀父请恤典；"清客宰相"。	同于万传。	卷三〇六。同于万传。	
杨景辰	附于黄立极传。《要典》副总裁，崇祯初又请毁之；颂珰。	同于万传。	卷三〇六。同于万传。	
李国普	附于黄立极传。请复胡焕猷监生身份；去官前荐韩爌、孙承宗；不入逆案。	附于李标传。		未入逆案。

	万斯同《明史》	王鸿绪《明史稿列传》	张廷玉《明史》	备注
王绍徽	卷三五四。参李三才,为座师汤宾尹谋官,被孙丕扬贬谪;从魏忠贤意封其从子魏良卿为伯爵;争内臣出镇;救周顺昌等人;请缓殿工以纾民力;打击东林应有度,不应大事牵连;制造《点将录》。	卷二二五。相比万传,孙杰等人逐王,加:"后进者求速化……"一段评论。其他相同。	卷三〇六。融合万传、王传。	
周应秋	附于王绍徽传。早年"有善政";天启三年避东林而去,五年复起;以善烹饪迎合魏良卿;代王绍徽为吏部尚书,与文选郎李夔龙"鬻官分贿",为"十狗"之首。	附于王绍徽传。相比万传,不记其早年行迹,其他相同。	卷三〇六。同于王传。	
周维持	附于王绍徽传。周应秋弟。请刊党籍,毁天下书院;参赵彦等人。	同于万传。	相比万传、王传,未全部列出所参之人,其他相同。	
乔应甲	卷三五四。万历时参钱梦皋,刺及首辅沈一贯;参李三才,被孙丕扬贬谪;天启后期复出攻东林,以李三才为党魁;王绍徽用为陕西巡抚,毁冯建书院,追夺孙玮诰命;"大纳贿赂",激成"流寇之祸";被魏党袁鲸、张文熙劾罢。	卷二二五。相比万传,不记万历时参钱事,其他相同。	无传。	
徐兆魁	附于乔应甲传。首攻东林,先后依附沈一贯、李廷机;因属吏行私落职。有"后进者竞谋躐迁……"一段评论。	附于乔应甲传。相比万传,评论稍微改变表达放在王绍徽传中,其他相同。	无传。	

	万斯同《明史》	王鸿绪《明史稿列传》	张廷玉《明史》	备注
邵辅忠	附于乔应甲传。首劾李三才；受魏忠贤指使，参劾毛士龙。	附于刘志选传。相比万传，多"诸奸党攻击正人多其所主使"一句，其他相同。	相比万传、王传，不记参毛士龙，其他相同。	
刘廷元	卷三五四。庇护韩敬；"梃击案"首倡"疯癫说"；反对涂宗浚为兵部尚书；齐楚浙三党人员及其离散；请改光宗实录；请毁曹学佺所撰野史。	卷二二五。相比万传，无庇韩、参涂之事，三党人员及其离散较简略，其他相同。	无传。	
刘光复	附于刘廷元传。参李三才；慈宁宫咆哮触怒神宗。	附于刘廷元传。相比万传，参李较简略，其他相同。	无传。	泰昌时死，不入逆案。
姚宗文	附于刘廷元传。万历时谏缺官不补，参说使；与刘廷元谋"梃击案"；阅辽东兵马，请加派，参熊廷弼。	同于万传。	无传。	
亓诗教	附于刘廷元传。天启三年赵南星让"四凶"落职；五年因冯铨起复；因不敬崔呈秀被劾罢。	同于万传。	无传。	
赵兴邦	附于刘廷元传。万历时促杨镐出战导致败绩，被夏嘉遇、唐世济劾罢；天启末年召还，参练国事等五人；与赵南星的矛盾。	同于万传。	无传。	
官应震	附于刘廷元传。天启末未复起，不入逆案。	同于万传。	无传。	
吴亮嗣	附于刘廷元传。天启末死，不入逆案。	同于万传。	无传。	

续表

	万斯同《明史》	王鸿绪《明史稿列传》	张廷玉《明史》	备注
李春晔	卷三五四。刘一燝、周嘉谟批言官，李反驳；论移宫，参王安及客氏。	无传。	无传。	
郭允厚	附于李春晔传。参邹元标建首善书院。	无传。	无传。	
杨梦衮	附于李春晔传。	无传。	无传。	
李养德	附于李春晔传。	无传。	无传。	
单明诩	附于李春晔传。为魏忠贤修缮肃宁城。	无传。	无传。	
张文郁	附于李春晔传。	无传。	无传。	
杨所修	万斯同《明史》卷三五四，王鸿绪《明史稿》卷二二五。群阉辱钟羽正，抗疏请治罪；请搜集三案章疏仿《明伦大典》编辑成书，颁示天下；参姚希孟等人；崇祯初与陈尔翼、李蕃等谋逐崔呈秀；寇陷商城，被执不屈而死。附陈尔翼、徐绍吉、谢启光（徐、谢二人纂修《要典》）。	无传。		万传、王传内容相同。
陈尔翼	附于杨所修传。	同于万传。	无传	
徐绍吉	附于杨所修传。	同于万传。	无传。	
谢启光	附于杨所修传。	同于万传。	无传。	
贾继春	卷三五四。"移宫案"请安选侍，受到处分；高弘图、张慎言相救，王安想要严惩二人；天启末年复出追论"移宫案"；崇祯初参崔呈秀"自相携贰"；称赞高弘图救杨涟，荐韩爌、倪元璐，崇祯因其"反覆"加入逆案。	卷二二五。万传说"李选侍之移也，颇逼迫"，王传在其后加"然固无恙也"，其他相同。	卷三〇六。同于王传。	
霍维华	卷三五五。参王安被贬；天启末复起，追论"三案"，请改《光宗实录》；进灵露饮使帝得病，有意以己荫授袁崇焕违逆魏忠贤；崇祯初与杨维垣等谋维持"残局"不果；献治河策谋复出，唐世济因荐他被遣戍，忧愤而死。	卷二二五。相比万传，传后附弘光时期杨维垣"翻逆案"内容，其他相同。所加内容，万书记在孙杰传后。	卷三〇六。同于王传。	在万书之前，查继佐《罪惟录》卷三十《奸壬传》，有霍维华。

	万斯同《明史》	王鸿绪《明史稿列传》	张廷玉《明史》	备注
孙杰	附于霍维华传。为霍维华参刘一燨、周嘉谟，被贬；参与冯铨和崔呈秀之争，参去吏部尚书王绍徽。传后附杨维垣"翻逆案"内容。	附于刘志选传。内容基本与万传相同。	卷三〇六。相比万传、王传，内容更简略。无万传后附记内容。	王书将邵辅忠、孙杰都附于刘志选传，因二人"本谋摇中宫"。
阎鸣泰	万斯同《明史》卷三五五，王鸿绪《明史稿》卷二二五，张廷玉《明史》。受知于孙承宗，"颂珰"。传后附各地各官建祠、称颂情形。			三书所记内容相同。
刘志选	卷三五五。万历时谏皇帝禁止诸曹言事受处；天启末复起，弹劾东林；参劾国丈张国纪；称颂《要典》。	卷二八七。相比万传，记其万历时建言得罪较简略；记参张国纪多"惑家人言，谓己老必先忠贤死"，其他相同。	卷三〇六。融合万传、王传。	
梁梦环	附于刘志选传。参汪文言；参唐世济等人；"宁远大捷"，为崔呈秀请叙功；参熊廷弼；继刘志选后参张国纪；"颂珰"。	同于万传。	卷三〇六。相比万传、王传，不记参唐世济等人，其他相同。	
刘诏	附于刘志选传。早年"强敏以才称""释褐九年骤至极品"崇祯时高弘图参他与刘、梁"谋危社稷，摇动宫闱"。	附于刘志选传。相比万传，无早年称赞语，其他相同。	卷三〇六。同于王传。	
杨维垣	万斯同《明史》卷三五五。参王纪、顾大章，被赵南星贬外；天启末复起，追论梃击案；由其叔徐大化通魏忠贤，为座主徐绍吉探官忤魏忠贤意，官位不进；罗织甘肃巡抚李若星罪状；崇祯初被刘鸿训削籍；弘光时被钱谦益荐起，重刊《要典》；南京破，殉明。 王鸿绪《明史稿》卷二二五。相比万传，为徐绍吉谋官处，加"魏广微潜于忠贤"一句，其他相同。		无传。	
徐大化	万斯同《明史》、王鸿绪《明史稿》均附于杨维垣传，张廷玉《明史》卷三〇六。万历时罢京察；参熊廷弼，与周朝瑞相诘，被刑部尚书王纪劾罢；为魏忠贤献计串入移宫案、封疆案，以陷害东林；挪移金钱事发，闲住。			三书所记内容相同。

272

续表

	万斯同《明史》	王鸿绪《明史稿列传》	张廷玉《明史》	备注
李鲁生	万斯同《明史》卷三五五，王鸿绪《明史稿》附于李蕃传，张廷玉《明史》卷三〇六。参周起元；言中旨；与李蕃谋推冯铨入阁；参韩爌；典试湖广骂杨涟。			三书所记内容相同。
李蕃	万斯同《明史》附于李鲁生传，王鸿绪《明史稿》卷二二五，张廷玉《明史》卷三〇六。阻孙承宗入朝；参去朱国祯；与李鲁生先后依附魏广微、冯铨、崔呈秀。			三书所记内容相同。
李恒茂	万斯同《明史》附于李鲁生传，王鸿绪《明史稿》附于李蕃传，张廷玉《明史》卷三〇六。荐起崔呈秀，后又与崔交恶，削籍；劾罢不附魏忠贤诸人。			三书所记内容相同。
曹钦程	万斯同《明史》卷三五五，王鸿绪《明史稿》卷二八七《奸臣传》，张廷玉《明史》卷三〇六，早年为官赃私狼藉，为周起元所参；依附汪文言谋官，汪败后"力挤之"；通过座主冯铨父事魏忠贤，为"十狗"之一，助冯参罢张慎言等四人；"败群"被潘士闻参罢；逆案论死，后降李自成，不知所终。			三书所记内容相同。
石三畏	万斯同《明史》、王鸿绪《明史稿》均附于曹钦程传，张廷玉《明史》卷三〇六。早年为官大著贪声，赵南星出为王府长史；依靠李恒茂、崔呈秀升迁，为魏忠贤"十孩儿"之一，参劾弘化等人，追论京察、三案；误命优人演刘瑾酗酒，触怒魏忠贤被罢。			三书所记内容相同。
张讷	附于曹钦程传。参赵南星等人；请毁东林等四书院；请瑞王等"三王封国。"	同于万传。	卷三〇六。相比万传、王传，不记"三王封国"，其他相同。	
卢承钦	附于曹钦程传。请颁东林党人榜；助崔呈秀参冯铨；天启时死，仍入逆案。	同于万传。	卷三〇六。相比万传、王传，不记助崔呈秀参冯铨，其他相同。	
门克新	附于曹钦程传。请杀熊廷弼，与吴裕中绝交；请优礼魏广微；制造孙文豸、顾同寅文字狱。	附于曹钦程传。相比万传，加冯铨唆使吴裕中参丁绍轼，又事先告知魏忠贤，使吴被杖死。其他相同	卷三〇六。同于王传。	

	万斯同《明史》	王鸿绪《明史稿列传》	张廷玉《明史》	备注
刘徽	万斯同《明史》、王鸿绪《明史稿》均附于曹钦程传，张廷玉《明史》卷三〇六。继陈朝辅后参冯铨；与梁梦环请追熊廷弼赃。			三书所记内容相同。
智铤	万斯同《明史》、王鸿绪《明史稿》均附于曹钦程传，张廷玉《明史》卷三〇六。赵南星门生，由魏广微通魏忠贤参赵；参徐光启等人。			三书所记内容相同。
田尔耕	卷三五五。与魏良卿交好；与魏广微缔姻；助魏忠贤为虐，崇祯初伏诛。	卷二八七。相比万传，不记明代锦衣卫主官任职资格的演变，其他相同。	卷三〇六。同于王传。	
许显纯	附于田尔耕传。杀东林六君子、七君子，问案听魏忠贤指授。	附于田尔耕传。相比万传，不记天启后期升官，其他相同。	卷三〇六。同于王传。	
崔应元	附于田尔耕传。听命魏忠贤，助许显纯杀害东林。	同于万传。	卷三〇六。同于王传。	
孙云鹤	附于田尔耕传。	同于万传。	卷三〇六。同于王传。	
杨寰	附于田尔耕传。	同于万传。	卷三〇六。同于王传。	

　　三书共列 67 人，但丁绍轼、李国槽、刘光复 3 人未入逆案，只有万书将他们附于魏党人物传后，王书、张书则将他们置于其他卷篇中，因此，三书实际只为 64 名魏党人员立传。而张廷玉《明史》又只给其中的 43 名魏党人员立传，相比"钦定逆案"中二百五六十人的魏党人数已是很少，况且 43 人中很多传记内容简略，不足以窥见整个魏党的状貌。另外，它把魏忠贤等人置于《宦官传》，阮大铖置于《奸臣传》，可能是出于人物身份、活动与体例相符的考虑，但也造成魏党人物的分散立传，与《阉党传》体例又不符。张书除了周应秋、张讷两传附记其各自兄弟周维持、张朴外，其他人员全部都是单独立传，这也是与万、王二书较多附传的不同之处。在三书中，阮大城是魏党成员中唯一都被纳入《奸臣传》的人，表明三书

作者对他共同的贬斥之意。

由表 1 可以来看学界有较多争论的，王书对万书的所谓"抄袭"问题。魏党人物传记，万书分布于卷三五四、卷三五五、卷四〇二《奸臣传》、卷四〇六《宦官传》，王书分布于卷二二五、卷二八七《奸臣传》、卷二八四《宦官传》。王书卷二二五包括了万书卷三五四、卷三五五所列的多数人，剩下的除李春烨及其附传人物万书有而王书无外，其他的如刘志选、曹钦程、顾秉谦、田尔耕都在王书《奸臣传》中，这四人也是王书《奸臣传》比万书所增加的。王书《宦官传》所列魏党人物，与万书相同。就魏党人物的传记内容来看，王书很多地方确实都与万书相同，有的只是变更表达的形式，或者是重新编排传主及其附传人物，如李蕃、邵辅忠、孙杰，内容仍与万书相同，因此"抄袭"之说是有根据的。

但王书《崔呈秀传》附吴淳夫、倪文焕、田吉、李夔龙，万书则没有；王书《魏忠贤传》对万书所载有所改动；王书《魏广微传》《顾秉谦传》，不仅内容不同于万书，对二人的态度也不同于万书。有的虽然只是增减几句话，但意义完全不同，如《贾继春传》。这表明王氏对晚明史事尤其是党争问题，有较多的了解和独到的看法，所以能够按照自己的理解、具有一定合理性地重新编排传主及其附传人物，对一些人物、事件的评价也与万氏有别。而张书虽然大多取材王书，但也有《施凤来传》等取材万书，《刘志选传》《王绍徽传》融合万书和王书所载。王书与万书的这种关系，放到明代其他时段的人物、事件上是否也成立，需要具体比较阅读。

由表 1 还可以来看万书、王书，对魏党和东林的态度问题。一般认为王书偏袒魏党，故对东林有所批评，万书则与此相反，如清末的魏源、缪荃孙和民国的李晋华就是这样认为。王书《崔呈秀传》说崔呈秀举荐李三才，仍被东林拒斥；《魏广微传》说魏广微靠魏忠贤之力入阁而被赵南星羞辱，万书对这两条都没有记载。王书增加这两条，似乎想要表明崔、魏都是被东林逼迫，才投靠魏忠贤与东林为敌；万书不载，则可能是想为东林回护。最能体现二者对魏党态度不同的是《阮大铖传》，万书否认阮大铖与东林党人左光斗的关系，王书则认为阮对左曾"倚为重"；万书认为阮对于魏大中、左光斗之死负有责任，王书则委婉地表明万氏的看法，可能是受到其师祖刘宗周的影响。经过本书的有关论述可知，王书的看法是更为客观的。

但是两书对东林、魏党的态度也不全然如此。如万书《刘志选传》《刘诏传》《王绍徽传》《周应秋传》，对这些魏党人员早年的活动有所称道，这些在王书中都被删掉了。万书《顾秉谦传》对顾秉谦有所宽恕，王书则将他置于《奸臣传》。而对于东林，万书《贾继春传》说移宫案"李选侍之移也，颇逼迫"，王书在其后加上"然故无恙也"，对主持移宫的杨涟、左光斗等人的责备之意顿减。以此来看，两书对东林、魏党究竟持什么态度，要通过全面、具体比对有关的记载来判定，不能想当然。

引用文献

（一）研究论著

仓修良、吕建楚：《全祖望和〈宋元学案〉》，《史学月刊》1986 年
第 2 期。

柴德赓：《史学丛考》，中华书局 1982 年版。

陈宝良：《中国的社与会》，浙江人民出版社 1996 年版。

陈文豪：《读明史"阉党"传——明史体例研究之一》，吴智和编：
《明史研究专刊》1980 年第 3 期。

陈寅恪：《柳如是别传》，生活·读书·新知三联书店 2001 年版。

邓志峰：《万历中期以后的在朝王学》，《薪火学刊》第 3 卷，复旦
大学出版社 2016 年版。

杜维运：《赵翼传》，台北时报出版公司 1983 年版。

樊树志：《东林非党论》，《复旦学报》（社会科学版）2001 年第
1 期。

樊树志：《晚明史（1573—1644 年）》，复旦大学出版社 2003 年版。

范金民：《晚明东林人士的经济主张及其社会实践》，《安徽大学学
报》（哲学社会科学版）2019 年第 1 期。

方志远：《盖棺未必论定：王阳明评价中的庙堂和舆论》，《清华大
学学报》（哲学社会科学版）2021 年第 2 期。

方志远：《明朝百年的社会进步与社会问题》，《吉林大学社会科学
学报》2012 年第 5 期。

葛荃：《作为政治人格的狂狷、乡愿与伪君子》，《东岳论丛》2008

年第 6 期。

葛兆光：《拆了门槛便无内无外：在政治、思想与社会史之间——读余英时先生〈朱熹的历史世界〉及相关评论》，《书城》2014 年第 1 期。

葛兆光：《洛阳与汴梁：文化重心与政治重心的分离——关于 11 世纪 80 年代理学历史与思想的考察》，《历史研究》2000 年第 5 期。

耿庆国等：《王恭厂大爆炸——明末京师奇灾研究》，地震出版社 1990 年版。

顾廷龙：《中国历代人物年谱考录》，中华书局 1992 年版。

何怀宏：《正义：历史的与现实的》，北京出版社 2017 年版。

何宗美：《明末清初文人结社研究》，南开大学出版社 2003 年版。

侯旭东：《为中国奠基的秦汉时代》，甘阳、侯旭东主编：《新雅中国史八讲》，生活·读书·新知三联书店 2021 年版。

侯振龙：《崇祯南迁之议考辨》，《历史档案》2019 年第 3 期。

胡玉缙撰、王欣夫辑：《四库全书总目提要补正》，中华书局 1964 年版。

黄江华：《明大学士张瑞图及其夫人墓志铭浅析》，《福建文博》2010 年第 4 期。

黄仁宇：《万历十五年》，中华书局 1982 年版。

黄云眉：《明史编纂考略》，见氏著《史学杂稿订存》，齐鲁书社 1980 年版。

黄兆：《建国以来明末东林党研究述评》，《中国史研究动态》1991 年第 11 期。

嵇文甫：《晚明思想史论》，东方出版社 1996 年版。

冷东：《叶向高与明末政坛》，汕头大学出版社 1996 年版。

李晋华：《明史纂修考》，哈佛燕京学社 1933 年版。

李圣华：《汪琬与〈明史〉纂修》，《史学史研究》2011 年第 2 期。

李宪堂：《明末清初王学修正派社会政治思想述要》，《史学集刊》2014 年第 2 期。

李揆：《东林党籍考》，人民出版社 1957 年版。

李治安：《宋元明清基层社会秩序的新构建》，《南开学报》（哲学社
　会科学版）2008 年第 3 期。

梁启超：《中国近三百年学术史》，东方出版社 2004 年版。

林金树、高寿仙：《天启皇帝大传》，中国社会出版社 2008 年版。

林丽月：《阁部冲突与明万历朝的党争》，《台湾师范大学历史学报》
　1982 年第 10 期。

林丽月：《"击内"抑或"调和"？——试论东林领袖的制宦策略》，
　《台湾师范大学历史学报》1986 年第 14 期。

林丽月：《明末东林运动新探》，博士学位论文，"国立"台湾师范
　大学历史研究所，1984 年。

林语堂：《中国新闻舆论史》，王海等主译，中国人民大学出版社
　2008 年版。

刘成国：《稀见史料与王安石后裔考——兼辨宋代笔记中相关记载之
　讹》，《浙江大学学报》（人文社会科学版）2017 年第 4 期。

刘志刚：《康熙帝对明朝君臣的评论及其政治影响》，《清史研究》
　2009 年第 1 期

刘志刚：《天变与党争——天启六年王恭厂大灾下的明末政治》，
　《史林》2009 年第 2 期。

刘子健：《王安石、曾布与北宋晚期官僚的类型》，《两宋史研究汇
　编》，台湾联经出版事业股份有限公司 1987 年版。

吕士朋：《崇祯初年钱谦益事件与东林内阁的瓦解》，《明史研究》
　第 12 辑，黄山书社 2012 年版。

吕杨：《党争与乡评旋涡中的江南缙绅——明末郑鄤案考论》，《常
　州大学学报》（社会科学版）2019 年第 2 期。

罗继祖：《枫窗脞语》，中华书局 1984 年版。

孟森：《明史讲义》，上海古籍出版社 2002 年版。

苗棣：《魏忠贤专权研究》，中国社会科学出版社 1994 年版。

倪会鼎：《倪元璐年谱》，中华书局 1994 年版。

钱穆：《中国历史研究法》，生活·读书·新知三联书店 2001 年版。

乔治忠：《清朝官方史学研究》，文津出版社 1994 年版。

汤纲、王鸿江、傅贵九：《〈明史〉的纂修及史学思想》，中国社会科学院历史研究所明史研究室编：《明史研究论丛》第二辑，江苏古籍出版社 1983 年版。

田澍：《防范第二个张居正的出现：万历朝的政治特点——"明亡于万历"新解》，《史学集刊》2020 年第 4 期。

万明：《晚明社会变迁问题与研究》，商务印书馆 2005 年版。

王家范：《明清江南社会史散论》，上海人民出版社 2019 年版。

王建农、王成军：《清代传记文学论——以顾炎武、方苞、曾国藩、沈复为个案》，《江苏教育学院学报》（社会科学版）2005 年第 2 期。

王桐龄：《中国历代党争史》，北平文化学社 1931 年版。

韦庆远：《张居正和明代中后期政局》，广东高等教育出版社 1999 年版。

维舟：《以文制武：中国早熟政治制度的起源》，《经济观察报·书评》2019 年 6 月。

温功义：《三案始末》，重庆出版社 2004 年版。

吴航：《清代南明史撰述研究》，天津人民出版社 2015 年版。

吴铮强：《从理学的党争史到理学的政治文化史——评余英时〈朱熹的历史世界〉》，载《历史与思想（第 1 辑）：文化记忆与历史主义》，浙江古籍出版社 2014 年版。

谢国桢：《明清之际党社运动考》，中华书局 1982 年版。

谢国桢：《增订晚明史籍考》，上海古籍出版社 1981 年版。

谢正光：《新君旧主与遗臣——独木陈道忞〈北游集〉》，《中国社会科学》2009 年第 3 期。

徐凯：《泰昌帝天启帝》，吉林文史出版社 1996 年版。

阳正伟：《〈弘光实录钞〉辨误及其他》，《书品》2008 年第 4 辑。

阳正伟：《善恶忠奸人评说——马士英政治行迹研究》，云南人民出版社 2013 年版。

阳正伟：《"小人"的轨迹："阉党"与晚明政治》，中国社会科学出版社 2016 年版。

杨光：《政治过程与历史书写——景祐三年范仲淹被贬事件发微》，《北京社会科学》2019 年第 12 期。

杨奎松：《近代以来中国民族主义问题》，《社会科学论坛》2005 年第 9 期。

杨奎松：《历史写作的情感、概念与叙事》，2019 年 4 月。

杨文骢著、关贤柱校注：《杨文骢诗文三种校注》，贵州人民出版社 1990 年版。

杨艳秋：《〈明光宗实录〉与〈三朝要典〉的编修》，《史学史研究》1998 年第 4 期。

杨艳秋：《明世宗朝官修〈明伦大典〉述论》，《苏州大学学报》（哲学社会科学版）2012 年第 3 期。

姚大荣：《马阁老洗冤录》，民国二十三年（1934）安顺姚氏铅印本。

余英时：《戊戌政变今读》，香港《二十一世纪》1998 年 2 月号。

余英时：《朱熹的历史世界——宋代士大夫政治文化的研究》，生活·读书·新知三联书店 2011 年版。

虞云国：《风雅赵宋，如何总被雨打风吹去——细说南宋之"光宁时代"》，《光明日报》2019 年 1 月 5 日第 9 版。

张宪博：《顾宪成赠谥、从祀文庙成败探析》，《中国史研究》2010 年第 4 期。

张宪博：《再论"移宫"》，《中国史研究》2002 年第 3 期。

张宪博：《政治诉求与理学气节——东林党人讲学考》，载陈支平、万明主编：《明史在中国历史上的地位》，天津古籍出版社 2011 年版。

张鑫：《传衣钵：明代中后期内阁辅臣新型关系考论》，《内蒙古大学学报》（哲学社会科学版）2021 年第 1 期。

张兆裕:《从建言到舆论——明代民情表达方式的变化》,《山东社会科学》2018 年第 9 期。

赵冬梅:《和解的破灭:司马光最后 18 个月的宋朝政治》,《文史哲》2019 年第 5 期。

郑小悠:《庚子事变"误国者":出身寒微的技术官僚》,《东方历史评论》2019 年 7 月 30 日。

周明初:《晚明士人心态及文学个案》,东方出版社 1997 年版。

朱东润:《陈子龙及其时代》,上海古籍出版社 1984 年版。

朱倓:《明季桐城中江社考》,《国立中央研究院历史语言研究所集刊》第一本第二分,商务印书馆 1930 年版。

朱希祖:《明季史料题跋》,辽宁教育出版社 1998 年版。

朱学博、和溪:《杨时身后形象的人为塑造——兼论杨时墓志撰写的风波》,《复旦学报》(社会科学版)2020 年第 3 期。

朱子彦:《论复社与晚明科举》,《社会科学》2009 年第 2 期。

朱子彦:《论左良玉起兵"清君侧"》,《社会科学战线》2009 年第 7 期。

庄兴亮、黄涛:《〈明儒学案〉文本研究和校点整理——访朱鸿林教授》,《中国史研究动态》2018 年第 2 期。

〔美〕贺凯:《晚明东林运动》,见费正清:《中国的思想和制度》,Chicago Press 1957 年版。

〔美〕牟复礼、〔英〕崔瑞德:《剑桥中国明代史》,张书生等译,中国社会科学出版社 1992 年版。

〔美〕司徒琳:《南明史》,李荣庆等译,上海古籍出版社 1992 年版。

〔日〕岸本美绪:《"五人像"的成立》,《明清交替与江南社会——十七世纪中国的秩序问题》,东京大学出版社 1999 年版。

〔日〕大木康:《明末江南的出版文化》,周保雄译,上海古籍出版社 2020 年版。

〔日〕宫崎市定:《明代苏松地方的士大夫和民众》,《日本学者研究中国史论著选译》第六卷，中华书局 1993 年版。

［日］沟口雄三：《中国的思想》，赵士林译，中国社会科学出版社 1995 年版。

［日］鹤成久章：《论东林学派'性学'思想之成立》，陈翀译，朱 汉民、李弘祺主编：《中国书院》第六辑，湖南教育出版社 2004 年版。

［日］小野和子：《明季党社考——东林党与复社》，李庆等译，上 海古籍出版社 2005 年版。

（二）古籍

抱阳生：《甲申朝事小纪》，书目文献出版社 1987 年版。

蔡士顺：《傒庵野抄》，《四库禁毁书丛刊·史部》69 册，北京出版 社 1997 年影印本。

查继佐：《罪惟录》，浙江古籍出版社 1986 年版。

陈鼎：《东林列传》，《文渊阁四库全书·史部》458 册，台湾商务印 书馆 1983 年影印本。

陈鹤：《明纪》，《四库备要》43 册，中华书局 1989 年版。

陈康祺：《郎潜纪闻初笔》，中华书局 1984 年版。

陈盟：《崇祯内阁行略》，《四库全书存目丛书·史部》116 册，齐鲁 书社 1997 年影印本。

陈维崧：《陈迦陵文集》，《四部丛刊初编·集部》281 册，上海书店 1989 年版。

陈贞慧：《书事七则》，《昭代丛书》本。

陈子龙：《安雅堂稿》，《续修四库全书·集部》1387 册，上海古籍 出版社 2002 年影印本。

陈子龙：《陈子龙诗集》，施蛰存、马祖熙标校，上海古籍出版社 1983 年版。

陈子龙等：《明经世文编》，中华书局 1962 年版。

《崇祯长编》，台湾"中央"研究院历史语言研究所 1967 年校印本。

《大明律》，《续修四库全书·史部》862 册，上海古籍出版社 2002
　　年影印本。

《大清世祖章皇帝实录》，日本东京大藏出版株式会社承印本。

戴璐：《藤阴杂记》，北京古籍出版社 1982 年版。

戴名世：《弘光朝伪东宫伪后及党祸纪略》，见《忧患集偶钞》，《四
　　库禁毁书丛刊·集部》187 册，北京出版社 1997 年影印本。

方苞：《方苞集》，刘季高校点，上海古籍出版社 1983 年版。

方濬师：《蕉轩随录》，盛冬玲点校，中华书局 1995 年版。

高攀龙：《高子遗书》，《文渊阁四库全书·集部》1292 册，台湾商
　　务印书馆 1983 年影印本。

谷应泰：《明史纪事本末》，中华书局 1977 年版。

顾宪成：《泾皋藏稿》，《文渊阁四库全书·集部》1292 册，台湾商
　　务印书馆 1983 年影印本。

顾宪成：《小心斋札记》，清光绪三年至十二年（1877—1886）
　　刻本。

顾炎武：《顾亭林诗文集》，华忱之点校，中华书局 1959 年版。

顾炎武：《圣安皇帝本纪》，见《南明史料（八种）》，江苏古籍出版
　　社 1999 年版。

顾炎武著、黄汝成集释：《日知录集释》，栾保群、吕宗力校点，上
　　海古籍出版社 2006 年版。

归庄：《归庄集》，上海古籍出版社 1984 年版。

黄景昉：《国史唯疑》，陈士楷等点校，上海古籍出版社 2002 年版。

黄煜：《碧血录》，《中国野史集成》第 27 册，巴蜀书社 1993 年版。

黄宗羲：《弘光实录钞》，见《南明史料（八种）》，江苏古籍出版社
　　1999 年版。

黄宗羲：《黄宗羲全集》，浙江古籍出版社 1985 年版。

黄宗羲：《明儒学案》，周骏富辑：《明代传记丛刊》2 册，台湾明文
　　书局 1991 年影印本。

黄宗羲：《南雷文定》，《丛书集成初编》2463 册，商务印书馆 1936

年版。

黄尊素：《黄忠端公文略》，《四库禁毁书丛刊·集部》185 册，北京
  出版社 1997 年影印本。

计六奇：《明季北略》，任道斌等点校，中华书局 1984 年版。

计六奇：《明季南略》，任道斌等点校，中华书局 1984 年版。

纪昀等：《四库全书总目》，艺文印书馆 1969 年版。

《甲乙记政录》，《续修四库全书·史部》438 册，上海古籍出版社
  2002 年影印本。

蒋棻：《明史纪事》，《清代稿本百种汇刊》44 册，台湾文海出版社
  1974 年版。

蒋良骐：《东华录》，中华书局 1980 年版。

蒋平阶：《东林始末》，《四库全书存目丛书·史部》55 册，齐鲁书
  社 1997 年影印本。

焦竑：《国朝献征录》，周骏富辑：《明代传记丛刊》119 册，台湾明
  文书局 1991 年影印本。

金日升：《颂天胪笔》，《续修四库全书·史部》439 册，上海古籍出
  版社 2002 年影印本。

瞿式耜：《瞿忠宣公集》，《续修四库全书·集部》1375 册，上海古
  籍出版社 2002 年影印本。

李清：《南渡录》，何槐昌点校，浙江古籍出版社 1988 年版。

李清：《三垣笔记》，顾思点校，中华书局 1982 年版。

李逊之：《三朝野纪》，上海书店 1982 年版。

李聿求：《鲁之春秋》，浙江古籍出版社 1984 年版。

林时对：《荷牐丛谈》，《清代稿本百种汇刊》26 册，台湾文海出版
  社 1974 年影印本。

林时对：《留补堂文集选》，《四明丛书》本。

刘世珩：《贵池二妙集》，《贵池先哲遗书》本。

刘珍等：《东观汉记》，《文渊阁四库全书·史部》370 册，台湾商务
  印书馆 1983 年影印本。

刘宗周：《刘蕺山先生奏疏》，《四库禁毁书丛刊·史部》38 册，北京出版社 1997 年版。

刘宗周：《刘子全书》，清道光会稽吴氏刊本。

陆陇其：《陆子全书》，清光绪间刻本。

陆圻：《纤言》，上海书店 1982 年版。

陆以湉：《冷庐杂识》，中华书局 1984 年版。

马士英：《永城纪略》，《丛书集成续编》本。

毛奇龄：《西河集》，《文渊阁四库全书·集部》1320 册，台湾商务印书馆 1983 年影印本，

眉史氏：《复社纪略》，上海书店 1982 年版。

《明光宗实录》，台湾"中央"研究院历史语言研究所 1931 年校印本。

《明神宗实录》，台湾"中央"研究院历史语言研究所 1962 年校印本。

《明熹宗实录》，台湾"中央"研究院历史语言研究所 1966 年校印本。

缪昌期：《从野堂存稿》，《续修四库全书·集部》1373 册，上海古籍出版社 2002 年影印本。

缪荃孙：《艺风堂文续集》，《续修四库全书·集部》1574 册，上海古籍出版社 2002 年影印本。

莫友芝：《郘亭遗文》，清同治至光绪刻本。

欧阳兆熊、金安清：《水窗春呓》，中华书局 1984 年版。

钱澄之：《藏山阁集》，《续修四库全书·集部》1400 册，上海古籍出版社 2002 年影印本。

钱澄之：《所知录》，《四库禁毁书丛刊·史部》72 册，北京出版社 1997 年影印本。

钱大昕：《潜研堂文集》，江苏古籍出版社 1997 年版。

钱大昕：《十驾斋养新录》，上海书店 1983 年版。

钱谦益：《列朝诗集小传》，周骏富辑：《明代传记丛刊》11 册，台

湾明文书局 1991 年影印本。

钱谦益:《牧斋初学集》,《四部丛刊初编·集部》345 册,上海书店 1989 年版。

《清史列传》,中华书局 1987 年版。

全祖望:《鲒埼亭集》,《四部丛刊初编·集部》376 册,上海书店 1989 年版。

沈国元:《两朝从信录》,《续修四库全书·史部》356 册,上海古籍 出版社 2002 年影印本。

沈一贯:《敬事草》,《续修四库全书·集部》1358 册,上海古籍出 版社 2002 年影印本。

史惇:《恸余杂记》,《四库禁毁书丛刊·史部》72 册,北京出版社 1997 年影印本。

舒赫德、于敏中等撰:《钦定胜朝殉节诸臣录》,《文渊阁四库全 书·史部》456 册,台湾商务印书馆 1983 年影印本。

孙承泽:《畿辅人物志》,《续修四库全书·集部》540 册,上海古籍 出版社 2002 年影印本。

孙承泽:《天府广记》,《续修四库全书·史部》730 册,上海古籍出 版社 2002 年影印本。

孙静庵:《栖霞阁野乘》,山西古籍出版社 1997 年版。

孙奇逢:《夏峰先生集》,《四库禁毁书丛刊·集部》118 册,北京出 版社 1997 年影印本。

孙奇逢:《乙丙纪事》,《中国野史集成》27 册,巴蜀书社 1993 年版。

孙慎行:《恩恤诸公志略》,《中国野史集成》27 册,巴蜀书社 1993 年版。

谈迁:《北游录》,汪北平点校,中华书局 1960 年版。

谈迁:《国榷》,张宗祥点校,中华书局 1958 年版。

谈迁:《枣林杂俎》,罗仲辉点校,中华书局 2006 年版。

谭元春:《谭元春集》,上海古籍出版社 1998 年版。

汤斌：《潜庵先生拟明史稿》，清康熙二十七年刻后印本。

唐昌世：《随笔漫记》，《中国野史集成》27 册，巴蜀书社 1993 年版。

外史氏辑：《圣朝新政要略》，《续修四库全书·史部》439 册，上海古籍出版社 2002 年影印本。

万斯同：《明史》，《续修四库全书·史部》330 册，上海古籍出版社 2002 年影印本。

汪琬：《尧峰文钞》，《四部丛刊初编·集部》356 册，上海书店 1989 年版。

汪由敦：《松泉文集》，《文渊阁四库全·集部》1328 册，台湾商务印书馆 1983 年影印本。

汪有典：《史外》，《四库禁毁书丛刊·史部》20 册，北京出版社 1997 年影印本。

王夫之：《读通鉴论》，中华书局 1975 年版。

王弘撰：《山志》，何本方点校，中华书局 1999 年版。

王鸿绪：《明史稿列传》，周骏富辑：《明代传记丛刊》96 册，台湾明文书局 1991 年影印本。

王士祯：《蚕尾续文集》，《续修四库全书·集部》1415 册，上海古籍出版社 2002 年影印本。

王士祯：《分甘余话》，中华书局 1989 年版。

王世德：《崇祯遗录》，《四库禁毁书丛刊·史部》72 册，北京出版社 1997 年影印本。

王世贞撰、王政敏订、王汝南补：《新刻明朝通纪会纂》，《四库禁毁书丛刊·史部》13 册，北京出版社 1997 年影印本。

魏源：《魏源集》，中华书局 1976 年版。

温睿临：《南疆逸史》，中华书局 1959 年版。

文秉：《定陵注略》，北京大学图书馆藏善本。

文秉：《甲乙事案》，见《南明史料（八种）》，江苏古籍出版社 1999 年版。

文秉：《烈皇小识》，留云居士辑：《明季稗史初编》，上海书店 1988 年版。

文秉：《先拨志始》，上海书店 1982 年版。

无名氏：《东林事略》，《中国野史集成》27 册，巴蜀书社 1993 年版。

吴肃公：《明语林》，《续修四库全书·子部》1175 册，上海古籍出版社 2002 年影印本。

吴应箕：《东林本末》，《四库禁毁书丛刊补编》16 册，北京出版社 2005 年影印本。

吴应箕：《两朝剥复录》，《四库禁毁书丛刊·史部》19 册，北京出版社 1997 年影印本。

吴应箕：《楼山堂集》，王云五编：《丛书集成初编》216 册，商务印书馆 1935 年版。

吴应箕：《熹庙忠节死臣列传》，《中国野史集成》27 册，巴蜀书社 1993 年版。

吴应箕：《忠节吴次尾先生年谱》，上海图书馆 1995 年影印本。

吴岳：《清流摘镜》，《四库禁毁书丛刊补编》17 册，北京出版社 2005 年影印本。

夏完淳：《续幸存录》，留云居士辑：《明季稗史初编》，上海书店 1988 年版。

夏燮：《明通鉴》，沈仲九点校，中华书局 1959 年版。

夏允彝：《幸存录》，留云居士辑：《明季稗史初编》，上海书店 1988 年版。

萧穆：《敬孚类稿》，《续修四库全书·集部》1561 册，上海古籍出版社 2002 年影印本。

徐秉义：《明末忠烈纪实》，张金庄点校，浙江古籍出版社 1987 年版。

徐乾学：《憺园文集》，《续修四库全书·集部》1412 册，上海古籍出版社 2002 年影印本。

徐乾学：《明史列传》，周骏富辑：《明代传记丛刊·综录类》8 册，
　　台北明文书局 1991 年版。

徐元文：《含经堂集》，《续修四库全书·集部》1413 册，上海古籍
　　出版社 2002 年影印本。

严有禧：《漱华随笔》，《守山阁丛书》本。

阎若璩撰、吴玉搢编：《潜邱札记》，《文渊阁四库全书·子部》859
　　册，台湾商务印书馆 1983 年影印本。

杨凤苞：《秋室集》，《续修四库全书·集部》1476 册，上海古籍出
　　版社 2002 年影印本。

杨陆荣：《三藩纪事本末》，中华书局 1985 年版。

杨士聪：《玉堂荟记》，《续修四库全书·集部》1175 册，上海古籍
　　出版社 2002 年影印本。

姚希孟：《公槐集》，《四库禁毁书丛刊·集部》178 册，北京出版社
　　1997 年影印本。

叶廷琯：《鸥陂渔话》，《续修四库全书·子部》1163 册，上海古籍
　　出版社 2002 年影印本。

叶向高：《蘧编》，《四库禁毁书丛刊补编》25 册，北京出版社 2005
　　年影印本。

叶珍：《明季编遗》，《四库禁毁书丛刊·史部》19 册，北京出版社
　　1997 年版。

佚名：《鹿樵纪闻》，《痛史》本。

佚名：《明亡述略》，上海书店 1982 年版。

永瑢等：《四库全书总目》，中华书局 1965 年版。

尤侗：《艮斋杂说》，《续修四库全书·集部》1136 册，上海古籍出
　　版社 2002 年影印本。

于孔谦：《山居稿》，转引自〔日〕小野和子：《明季党社考——东
　　林党与复社》，李庆等译，上海古籍出版社 2006 年版。

俞正燮：《癸巳存稿》，辽宁教育出版社 2003 年版。

张纯修编辑、罗振常点校：《史可法集》，上海古籍出版社 1984

年版。

张岱：《琅嬛文集》，云告点校，岳麓书社 1985 年版。

张岱：《石匮书后集》，中华书局 1959 年版。

张鉴：《冬青馆甲集》，《续修四库全书·集部》1492 册，上海古籍
　　出版社 2002 年影印本。

张鉴：《冬青馆乙集》，《续修四库全书·集部》1492 册，上海古籍
　　出版社 2002 年影印本。

张廷玉：《明史》，中华书局 1974 年版。

赵吉士：《续表忠记》，周骏富辑：《明代传记丛刊》64 册，台湾明
　　文书局 1991 年影印本。

赵南星：《味破斋文集》，王云五主编：《丛书集成初编》，商务印书
　　馆 1936 年版。

赵翼：《廿二史札记》，王树民校证，中华书局 1984 年版。

赵翼著，李学颖、曹光甫校点：《瓯北集》，上海古籍出版社 1994
　　年版。

郑郚：《崇阳草堂文集》，《四库禁毁书丛刊·集部》126 册，北京出
　　版社 1997 年版。

周宗建：《周忠毅公奏议》，《四库禁毁书丛刊·史部》38 册，北京
　　出版社 1997 年影印本。

朱长祚：《玉镜新谭》，《四库禁毁书丛刊·史部》71 册，北京出版
　　社 1997 年影印本。

朱鹤龄：《愚庵小集》，上海古籍出版社 1979 年版。

朱舜水：《朱舜水集》，朱谦之整理，中华书局 1981 年版。

朱熹撰、清圣祖批：《御批资治通鉴纲目》，《文渊阁四库全书·史
　　部》691 册，台湾商务印书馆 1983 年影印本。

朱彝尊：《静志居诗话》，《续修四库全书·集部》1698 册，上海古
　　籍出版社 2002 年影印本。

朱彝尊：《明诗综》，《文渊阁四库全书·集部》399 册，台湾商务印
　　书馆 1983 年影印本。

朱彝尊:《曝书亭集》,《四部丛刊初编·集部》358 册,上海书店 1989 年版。

邹漪:《明季遗闻》,《四库禁毁书丛刊·史部》72 册,北京出版社 1997 年影印本。

邹漪:《启祯野乘二集》,《四库禁毁书丛刊·史部》41 册,北京出版社 1997 年影印本。

邹漪:《启祯野乘》,《明代传记丛刊》,台湾明文书局 1991 年影印本。

邹元标:《存真集》,转引自〔日〕小野和子:《明季党社考——东林党与复社》,李庆等译,上海古籍出版社 2006 年版。

邹元标:《邹忠介公奏疏》,《续修四库全书·史部》481 册,上海古籍出版社 2002 年影印本。

后　　记

　　对晚明党争的研究，我已发表了一些论文，出了两本书。但在翻阅清代有关材料，尤其是细读官修的《明史》时，我有个很强烈的感觉，就是东林人物虽已在清初退出历史舞台，但其是非观念却广泛地渗透到清代的史籍中。对此，陆续撰写、发表了一些论文，可能也受到后现代主义思潮"解构""话语"等概念的影响，我在2017年以"清代晚明史书写中的东林话语研究"为题，申请教育部人文社会科学研究项目获得立项。当初是想把视角由以前的晚明转到清代，把东林话语在清代的具体表现梳理清楚，但后来发现还必须上溯到晚明，因为那是东林话语的源头所在。如果说在晚明东林话语得以强势发声，并广泛传播、深入人心，那么清代官、民提倡鼓吹，特别是反映在修史活动中，则使其地位更为巩固，依据这两条线索，便把本书的架构分为上下两编。两编共分为十一个专题，有些内容是自己以前已经发表的文字经过修改而成，大部分则是出自对史料的重新解读和一些新的思考。之前对已出版的两本小书尚有占有材料较为扎实的自信，但现在看来，仍有不少囫囵吞枣，阐析不到位乃至不准确的地方，当然，这或许也说明自己的"功力"又增长了一点。

　　对一些之前未曾寓目尤其是近几年新出的成果，本书有所借鉴、评析乃至商榷。这要感谢智能手机，能够让我获知一些新出的成果，并加以阅读参考，它们多是来自一些微信公众号，或是一些微信群里的朋友所发。我基本上每天都会坚持看如"明清史研究"等十几个学术微信公众号新推出的论文（除了最新出的外，也会有过去的较为重要却尚未看过的论文），如没有时间，也会先存下来，留到后面再看。并不是所有的都看，主要是那些看标题就感兴趣，或觉得可能有用的论文，也会做笔记。在我而言，这对于了解学界前沿动态、扩展视野，吸收一些重要成果充实拙著，确实提供了便利。以前常见有人批评新媒体带来浅阅读、碎片化等问题，我觉得只要使用的人对关注面进行一定的限定，便能收到扬长避短的效果。

此书出版后，算是自己对晚明党争问题研究做个阶段性了结。我从硕士阶段开始关注这个问题，至今已 17 年，如果要拿付出来衡量收获，我自己是不能满意的。或许，在"史学危机"的讨论尚余波未消，新材料、新选题、新理论、新视角等层出不穷的当下，还是不合时宜地关注政治史中的所谓"反面人物"或群体，方法上主要是对旧有材料的重新解读（虽然确实有此必要，且为一些学者所提倡），已不受人待见。

但话说回来，那些付出也让我受益很多。我对东林一直抱不太认可的态度，除了书中说到的他们为了保住自身，抛弃昔日的战友汪文言，为了个人和集团利益在"定策之争"中有违"国本之争"中的做法等典型事例，实在难符忠臣义士之名外，还因为东林的支持者动不动就把对东林持有不利言论的人称为"乱臣贼子""小人之尤"，也有欠宽和，总让人不舒服，并激起一探究竟的好奇心。可惜的是，他们经不起这一探，一些有违讲学之士、忠臣义士面目的细节，都由此纷纷浮出水面。那么，所谓的"乱臣贼子""小人之尤"，就是一种强势话语了。

作为政治人物，阮大铖、魏广微为获得仕途的发展，寻找魏忠贤为靠山，本身并没有什么问题，黄景昉还不是批评东林也热衷"好名好官"。在与东林决裂前，除了借助魏忠贤之力外，他们并没有什么别的劣迹，也没有对东林的不利之处。更重要的是，东林设定的区分敌我的标准，看似基于道德品质，实际则是利益关系。比如接纳太监王安而拒斥魏忠贤，两人在道德品质上未见得有什么高低优劣之分，主要的就是出于利益考量。再如对阮大铖、魏广微的决不宽恕，除了因为二人借力于魏忠贤，跟东林掀起的"讨魏斗争"相悖外，还因为他们打乱了东林让魏大中做吏科都给事中，让成基命和钱谦益入阁的人事安排。更何况他们中的一些同志，其道德品质连自己人也不齿。因此，所谓品德品质有污点，是东林事后给对立者安上的罪名，并且在后来持续的口诛笔伐下将此形成所谓定论。

东林的不足，主要有以下三条：一是不能容人。把阮大铖、魏广微、马士英等本倾向于己方的人推向对立阵营，把居中调停且不乏成效的叶向高也逼走，却从未听闻他们从对立者中吸收人员。二是不做或少做实事。东林并非没有施展的机会，相反给他们提供的机会很多，但他们都把精力用在了拉帮结派、打击异己上，真正关系国家存亡的事情则不关心。这当然也是当时文官群体的弊病。三是喜欢跟人斗。但除了一拥而上、好走极端外，他们又缺少行政经验，政治手段也不高明，因此，在跟政敌的多次较量中，败多胜少。就是古往今来对其称赞的人，要真正跟东林合作共事，"其所宗主者，大都禀清挺之标，而或绳人过刻；树高明之帜，而或持论太深"，好同恶异，待人严苛，言论过激，恐怕也会跟我有一样的看法。他们的称赞，或许更多的是借用东林的符号意义，来表达自己的某种诉求或向往，并不代表他们愿意或能够与东林相处，也不代表他们认可东林的待人处世之道。

这些认识和理解，也让我领悟到：一是待人要宽厚，非大奸大恶之徒，都可结交，不要人为设定一些无谓的标准，把他人拒于千里之外，也让自己很孤立；二是可以少说甚至不说，但要实做，光说不练是假把式，要说别人，之前须先想想自己做得如何，"欲论人者，必先自论"《吕氏春秋·季春纪》。除此之外，广泛搜检、细致梳理史籍，甘于寂寞，坐冷板凳，换来的心里踏实；有别于他人，自圆其说，行诸文字，获得发表乃至为人关注的成就感（虽发表在核心期刊上的很少），以及阅读、思维、写作能力的提升等等，也是那些付出换得的重要收获。

　　家人永远是我努力向前的后盾和动力。父母康健，夫妻和谐，孩子可爱，一家人其乐融融，夫复何求？而且，又有何事不可放开了去求？大女儿3岁多时，我就带着她背诵古代诗词，有段时间每天一首，后来，因为她作业较多，又要上兴趣班，而我生性不善拒绝，故承接的各种杂事较多，精力分散，所以背诵经常间断，但到现在也累计背了四百多首（后来因故中断了，否则到现在应更多，目前还在设法续上）。当时我的想法是，整天都瞎忙，常常觉得空虚而无成就感，把此事坚持下来，哪怕一天什么正事都没干，至少还跟女儿一起学了一首诗词。而且身为历史学博士，钢琴、绘画、舞蹈、奥数等都非自己所长，只好花钱请托他人，文言文倒是读了多年，因此选择了此事，借以应对妻女对自己专业的奚落，使自己内心达致一定平衡，也是响应时下家庭教育非常强调的"陪伴"理念。而如果女儿的文字表达、情操修养能由此受益，当然更是我的愿景，所以一直都还算比较认真地坚持。近几年来，有一个名为"龙的传人"的电视节目，类似传统文化知识竞赛，由十岁左右的孩子参加，诗词掌握情况是重要内容，每级比赛的胜者都能得到丰厚的奖品，最后的冠军更是风光无限。我便常以参赛相鼓励，好胜心强的女儿也算积极配合，当然她毕竟天性爱玩，有时也需要一些强制。她的记性很好，字句咬得很准，不会像我经常混淆。而我自然比她理解得深，为了让她理解记忆，必须逐字逐句解释和全诗概括。长期如此，不经意间，自己的诗词阅读水平也看涨。自己过去在看古籍尤其是古人的文集时，诗词是基本不看的，虽然知道"诗以言志"和"以诗证史"，但因为看不懂，只好割舍。后来会有意识地看，并在自己写的文字里常有运用。这或许也是"共同成长"吧。

　　2018年6月二宝出生，因她的降临，我们一家真可谓累并快乐着。一方面，因妻子抚育二宝的细致程度相比大宝有增无减，当然也连带提高对我带娃的要求；另一方面，也因二宝确实更难带，明显感觉比带大宝累，当然这肯定也与我和妻子的年龄增长，体力已不可与带大宝时同日而语有关。曾请双方的父母来帮忙带，也请过阿姨。但妻子是个十分细心、顾家的人，两个宝贝都是她的掌上明珠，很多事情她都要亲力亲为，务极精细。大宝也能当好姐姐，做好大人的补位，事事让着妹妹，有时被称王称霸的妹妹弄得躲到一旁哭，或是边哭边对她吼几句，但当妹妹去摸她拍她时，她又会破涕为笑，抱住妹妹。才两岁多的二宝，遇到吃的东西时，总是霸道地喊"大的，大的"，再想大宝一直也是如此。所以我怀疑孔融让梨，可能是中国古代建构的众多道德教化故事之一，就像是李白"只要功夫深，铁杵磨成针"的名言，已被人证明是层累而成的励志神话一样。二宝精力超人，生性好动，带她让自己的性子和缓了很多，应对其他事情也能更加裕如，这也是意外收获。

我在 2018 年新增行政事务，顾家自是少了很多，但也还是尽量利用晚饭后的散步时间、周末，抛开一切，全身心地陪陪家人，不仅为了尽责，更因为我在那时也是最放松最开心的。有时也免不了会分心去想工作、学习的事情，竟然常常会找到破解难题的方法。有人说在放松的状态上，人的脑子才是最好用的，我的情形可以印证这一点。但也并非绝对如此，否则又怎会有"情急智生"的说法？因此，那些可能是一些学者有感于今天都很忙很累，但有时又是不知所谓、莫名其妙的忙和累，而希望有所改观，让大家稍得休闲而发。干行政很忙很累，但也历练了不少"本领"，如以前是坐下来十秒钟，脑中不想事就能睡着，现在已升级为站着也能养神。里外的事务较多，但又不敢放松学业，要尽量兼顾，所以也逐渐练就了劳力不劳心，闹中求静，一心多用，"人在此而意在彼"等本领。在写作本书的过程中，很多"卡壳"的地方就是在这样的情形下突破的。常见有人把做行政跟做学术对立起来，做行政，时间不能大块集中，较为零散破碎，应对繁杂的人和事，情绪常波动而不能平稳，这些自然会影响做学术。但在 2019 年 10 月南京大学访学的一段经历，让我对这一看法有了不同的思考。当时国庆节八天假，我天天窝在宿舍修改本书，除了去食堂吃饭基本不下楼，时间短了还没什么，长了就很难受，但又没什么地方可去，也没什么事情可做（也因为自己赶着改完书稿，且不想假期打扰师友）。那时就非常想上班，调剂一下，换下脑筋。天天都看书、写作，也是很难受的。更何况史家常言，阅历会影响对历史问题的认识和理解，做行政自然也是一种阅历。人生在世，"转念一想"很重要，固执己见，可能真会把路越走越窄。

年过不惑的我，已成了二宝口里的"老爸"，没把她改过来，还让大宝也跟着这么叫。白发已是数不胜数，拔不胜拔，须眉竟也常发现有白的，这当然主要是拜忙和累所赐。康熙帝说："士人皆好逸而恶劳，朕心则谓人恒劳而知逸。若安于逸则不惟不知逸，而遇劳即不能堪矣。故《易》有云：'天行健，君子以自强不息。'由是观之，圣人以劳为福，以逸为祸矣。"对于"劳福逸祸"，湘人曾国藩也说："勤则寿，逸则夭；勤则有才而见于用，逸则无劳而见弃；勤则博济斯民而神祇钦仰，逸则无补于人而神鬼不歆。"忙是忙点，累也是真累，但既然勤劳有那么多好处，安逸有那么多坏处，且继续忙和累着吧！

张爱玲在《半生缘》中说："中年以后的男人，时常会觉得孤独，因为他一睁开眼睛，周围都是要依靠他的人，却没有他可以依靠的人。"说实话，我有时也有这种孤独感。但我又经常告诫自己，不要无病呻吟，没事矫情，父母安康，家庭和睦，工作顺利，还能不时搞点所谓成果出来，又夫复何求？

阳正伟

2021 年 12 月 7 日